Philip Broistedt/Christian Hofmann (Hg.)

Planwirtschaft

Bibliografische Information der Deutschen Bibliothek:
Die Deutsche Bibliothek verzeichnet diese Publikation
in der Deutschen Nationalbibliografie.
Detaillierte bibliografische Daten sind im Internet über http://dnb.ddb.de
abrufbar.

Covergestaltung: Gisela Scheubmayr
Druck: Custom Printing, Warszawa
Printed in Poland
ISBN: 978-3-85371-504-8

Fordern Sie die Kataloge unseres Verlags an:
E-Mail: promedia@mediashop.at
Web: www.mediashop.at
www.verlag-promedia.de

Philip Broistedt/Christian Hofmann (Hg.)

Planwirtschaft

Staatssozialismus, Arbeitszeitrechnung, Ökologie

Edition Linke Klassiker

Promedia

Über die Herausgeber

Philip Broistedt, geboren 1979, lebt in Berlin und arbeitet als Programmierer. Er beschäftigt sich mit Marx'scher Kapitalismuskritik und kommunistischer Arbeitszeitrechnung. Zusammen mit Christian Hofmann veröffentlichte er 2020 das Buch »Goodbye Kapital«. Er engagiert sich in verschiedensten linken Zusammenhängen und war zuletzt vor allem bei der Initiative »Deutsche Wohnen & Co enteignen« aktiv.

Christian Hofmann, geboren 1980, lebt in Leipzig und arbeitet im Bildungsbereich. Er publiziert in verschiedenen linken Zeitschriften und auf assoziation.info, oft zusammen mit Philip Broistedt. Er engagiert sich in der ökosozialistischen Strategiedebatte und Vernetzungsarbeit und an der Schnittstelle von Gewerkschaften und Ökologiebewegung.

Editorische Notiz:
Die Dokumente in diesem Buch wurden in ihrer originalen Schreibweise übernommen, das betrifft vor allem die Anwendung der zum Zeitpunkt der ursprünglichen Publikation gängigen deutschen Rechtschreibung.

Inhalt

Kapitel 4:
Planwirtschaftsdebatte 2.0

Philip Broistedt/Christian Hofmann
Einleitung

> Stellen wir uns endlich, zur Abwechslung, einen Verein freier Menschen vor, die mit gemeinschaftlichen Produktionsmitteln arbeiten und ihre vielen individuellen Arbeitskräfte selbstbewußt als eine gesellschaftliche Arbeitskraft verausgaben. [...] Die gesellschaftlichen Beziehungen der Menschen zu ihren Arbeiten und ihren Arbeitsprodukten bleiben hier durchsichtig einfach in der Produktion sowohl als in der Distribution.
>
> *Karl Marx*

> Nie vor der neuzeitlichen Geschichte sind eine Idee und eine Bewegung, die auf die Befreiung des Menschen ausgerichtet waren, bei dem Versuch der gesellschaftlichen Verwirklichung so nachhaltig, so tragisch und zugleich so jämmerlich unheroisch gescheitert.
>
> *Manfred Kossok*[1]

Mit dem Ende des 20. Jahrhunderts schien es ausgemacht: Der kapitalistische Markt hatte über die Planwirtschaft gesiegt. Die Versuche, mittels bewusster Planung von Produktion und Verteilung die kapitalistischen Länder »einzuholen und zu überholen«, waren gescheitert. Planwirtschaftliche Modelle galten als abgeschrieben, hatten sie sich doch als ökonomisch rückständig und ineffizient entpuppt und sich politisch als undemokratisch und repressiv erwiesen. Starker Zentralismus, uferlose Bürokratie und autoritäre Einparteienherrschaften schienen untrennbar mit der Idee des geplanten Wirtschaftens verbunden zu sein. Nicht nur die Sowjetunion und ihre osteuropäischen Satellitenstaaten, auch China, Vietnam, Nordkorea oder Kuba gaben oder geben ein sehr ähnliches Bild ab.

Allerdings verhallt in unserer Zeit das Hohelied des freien Marktes schneller, als von den Apologeten dieser Gesellschaft erhofft. Verschiedene Krisen, wie die Weltwirtschaftskrise 2008, erzwungene Migrations- und Fluchtbewegungen, zunehmende soziale Verwerfungen und Verelendungen und nicht zuletzt die ökologische Katastrophe und ihre dramatischen Auswirkungen auf die Lebensgrundlagen des Menschen, haben zu einer Krise in Permanenz geführt. Dieser ist mit marktwirtschaftlichen Methoden ganz offensichtlich nicht

---
1 Manfred Kossok (1930–1993), Leipziger Historiker.

beizukommen. Und so werden zumindest die destruktiven Auswirkungen des Marktes langsam in einer breiteren Öffentlichkeit diskutiert. Die Fridays-for-Future-Aktivistin Luisa Neubauer hat treffend festgehalten, dass »der Weg in den Untergang mit gut gemeinten, marktbasierten Instrumenten gepflastert« sei.[2] Ulrike Herrmann, Wirtschaftsredakteurin der *tageszeitung,* hat bezüglich der Klimakrise bereits die aus der Not heraus geborene wirtschaftliche Lenkfunktion des englischen Staates während des Zweiten Weltkriegs zum Vorbild auserkoren, weil damals »die Produktionsziele staatlich vorgegeben« wurden.[3] Und zwei der namhaftesten deutschen Klimaforscher, Stefan Rahmstorf und Hans Joachim Schellnhuber, sprachen in puncto notwendiger Entscheidungen zur Senkung von Treibhausgasemissionen bereits von »Reduktionsmaßnahmen, die sich eigentlich nur im Rahmen einer (globalen!) Kriegswirtschaft realisieren lassen«.[4] Was die beiden noch als Schreckensszenario anführten, bekam beim schwedischen Humanökologen Andreas Malm eine positive Wendung. Trotzdem wurde auch er breit rezensiert, als er den Zusammenhang von Corona, Klimakrise und dem chronischen Ausnahmezustand darstellte und als Lösung den »Kriegskommunismus des 21. Jahrhunderts« propagierte.[5] Ob bei den globalen CO2-Budgets, der Impfstoffproduktion oder der Bereitstellung von Atemschutzmasken: Immer öfter war zuletzt, nicht nur im angelsächsischen Raum, von Planwirtschaft, *planning* oder sogar Kommunismus die Rede.

Aber ist die Idee des geplanten Wirtschaftens nicht bereits krachend gescheitert? Sind Zentralismus und politische Repressalien eine logische Folgeerscheinung von geplantem Wirtschaften, wie die ständigen Verweise auf die Kriegswirtschaft nahelegen? Kann der Begriff der Planwirtschaft einfach mit Sozialismus oder Kommunismus in eins gesetzt werden? Und warum sollte ausgerechnet die Idee einer geplanten Wirtschaft die ökologische Katastrophe verhindern, wo doch auch die Planwirtschaft des *real existierenden Sozialismus* durch gigantische Umweltverschmutzungen auffiel?

Wer nach Alternativen zum zerstörerischen Kapitalismus Ausschau halten will, muss sich diesen berechtigten Fragen stellen. Trotz allem Unheil, welches zweifelsohne im Namen der *Planwirtschaft im 20. Jahrhundert* geschehen ist, kommt ernst gemeinte Kritik am Kapitalismus nicht um die Frage nach bewusster und planmäßiger gesellschaftlicher Produktion als Alternative herum. In diesem Buch haben wir deshalb 15 Texte aus über 150 Jahren zusammengestellt, die sich in der einen oder anderen Form auf gesellschaftlich

2 Luisa Neubauer/Alexander Repenning 2019, Vom Ende der Klimakrise, Tropen, S. 154.
3 Ulrike Herrmann 2019: https://taz.de/Abschied-vom-Wachstum/!5629125/
4 Stefan Rahmstorf/Hans Joachim Schellnhuber 2019, Der Klimawandel, C.H. Beck, S. 131.
5 Bereits der Titel des 2020 erschienen Buches lautet in der englischen Originalfassung »Corona, Climate, Chronic Emergency: War Communism in the Twenty-First Century«. Im deutschsprachigen Raum wurde dies sehr zurückhaltend mit »Klima|x« wiedergegeben.

planmäßige Produktion beziehen und in diesem Sinne unter dem Schlagwort Planwirtschaft zusammengefasst werden können.[6]

Die Texte sind in ihren Inhalten äußerst heterogen und repräsentieren vollkommen unterschiedliche politische Perspektiven und Programmatiken. Was sie eint, ist zumindest der selbstbehauptete Anspruch der versammelten AutorInnen, den kapitalistischen Markt überwinden und durch bewusste Planung ersetzen zu wollen. In diesem Sinne bezogen sich alle AutorInnen positiv auf das emanzipatorische Ziel einer kommunistischen Gesellschaft. Referenzpunkt aller Texte ist somit eine Planwirtschaft jenseits von Kapital- und Marktverhältnissen, die – zumindest langfristig – ohne Geld funktionieren sollte. Versuche der Vereinigung von Markt und Plan in einer »sozialistischen Marktwirtschaft« oder einem »Marktsozialismus« fanden bei der Textauswahl zu diesem Buch bewusst keine Berücksichtigung.[7]

Einleitend wollen wir an dieser Stelle diskutieren, welchen positiven und progressiven Gehalt eine geplante Wirtschaft haben könnte. Dabei wollen wir die zentralen Widersprüche der kapitalistischen Produktionsweise darlegen, die eine Planwirtschaft überwinden sollte. Auch auf die Verweise von Karl Marx bezüglich bewusster kommunistischer Produktionsweise, also gesellschaftlich-genossenschaftlicher Produktion und Verteilung, werden wir dabei eingehen. Im Anschluss wird ein Blick auf die Geschichte der Planwirtschaft des 20. Jahrhunderts geworfen, um uns zuletzt damit zu beschäftigen, inwiefern die Entwicklung der Produktivkräfte der letzten Jahrzehnte die Diskussion um genossenschaftlich-gesellschaftliche Planung beeinflusst. Unsere Einleitung schließt mit einer Einführung und Kontextualisierung der ausgewählten Texte.

I. Die Arbeitszeitrechnung und der »Verein freier Menschen«

Der Kapitalismus war in seiner Geschichte umwälzend und hat sowohl technisch als auch gesellschaftlich für Fortschritte gesorgt, die man heute nicht missen möchte. Aber seine Vorzüge schlagen um und werden zum Hemmschuh weiterer

6 Das Wort Planwirtschaft stammt interessanterweise von seinen begrifflichen Ursprüngen nicht aus der Linken, sondern von der Organisation der deutschen Kriegswirtschaft im Ersten Weltkrieg und meinte den Plan als Ergänzung zum Markt. Noch 1921 wurde in der Zeitschrift *Kommunismus. Zeitschrift der Kommunistischen Internationale für die Länder Südosteuropas* von »bürgerlichen Planwirtschaftlern« geschrieben, denen es nicht um einen »Gesamtplan für die ganze Volkswirtschaft« gehe. Ausgabe 21/22, 1921.

7 Im Prinzip ist der »Marktsozialismus« ein Nebenprodukt der Schwächen der Planwirtschaft des 20. Jahrhunderts. Wenn die Pläne ins Stocken gerieten, wurde mehr Markt zugelassen und dies mal mehr, mal weniger offen als »sozialistische Marktwirtschaft« propagiert. Das prominenteste Beispiel eines »Marktsozialismus« war die »Sozialistische Föderative Republik Jugoslawien«. Im heutigen China und Vietnam berufen sich die herrschenden Parteien noch immer auf die »sozialistische Marktwirtschaft«, auch wenn in der Praxis längst bewiesen ist, dass das Markt- und Kapitalverhältnis dort die Oberhand gewonnen hat. Für eine Textauswahl vgl. Felix Wemheuer 2021, Marktsozialismus, Promedia.

Entwicklung. Mehr noch, wer die Fakten zur Klimakrise und dem Massenaussterben ernst nimmt, wird gewahr, wie die Menschheit in die Katastrophe schlittert und trotz aller technischen Innovationen dabei hilflos zusieht. Ob die eigentlichen Wirtschaftskrisen oder die sozialen und ökologischen Krisen, die Triebkraft hinter ihnen ist ein Wirtschaftssystem, dessen Strukturen Profit und stetiges Wachstum voraussetzen. Die Strukturen der kapitalistischen Produktionsweise verlangen, dass Ziel und Maß der Produktion alleine im Mehr am Kapital, dem Profit, bestehen kann. Hier liegen die Wurzeln für den dieser Gesellschaft inhärenten Wachstumszwang und des Zur-Ware-Werdens von allem, jeder und jedem. Das grenzenlose Wachstum steht dabei mehr und mehr im Widerspruch zu den endlichen Lebensgrundlagen auf diesem Planeten. Ein »grüner Kapitalismus« oder ein »Green New Deal« helfen aus diesem grundsätzlichen Dilemma nicht heraus. Auch »Postwachstum« oder »Degrowth« werden auf dieser Grundlage fromme Wünsche bleiben müssen, eben weil sie den Zwang, immer mehr und immer billiger produzieren zu müssen, nicht bändigen können. Jedes Unternehmen, sprich jedes Kapital – mögen die hinter ihm stehenden Menschen, seine Waren und Dienstleistungen nun ehrbar sein oder nicht – *muss* danach streben, Profit zu erwirtschaften. Das Hamsterrad der Profitmaximierung prägt mittlerweile die gesamte Gesellschaft, die ebenfalls einer stetigen Beschleunigung ausgesetzt ist. Der Zwang, immer günstiger zu produzieren, führt geradewegs zur grenzenlosen Ausbeutung von Mensch und Natur. Dabei tun sich sonderbare Widersprüche auf: Krisen entstehen, weil zu viele Waren, zu viel an Reichtum produziert wurde, der vielleicht dringend gebraucht wird, aber keine zahlungskräftige Nachfrage findet. Während die einen immer länger, schneller und mehr arbeiten müssen, verharren andere in Arbeitslosigkeit. Obwohl die Grenzen der Stabilität und Belastbarkeit des Erdsystems, die planetaren Grenzen, längst erkannt und bestimmt sind, ist der Raubbau an der Natur nicht zu stoppen und die Menschheit untergräbt ihre eigenen Lebensgrundlagen.[8]

Dabei wären diese Widersprüche leicht zu beseitigen: Statt profitgetriebener Überproduktionskrisen könnte die Gesellschaft genauso viele Güter produzieren, wie nützlich sind und gebraucht werden. Produktivere Maschinen würden so eingesetzt, dass alle Menschen weniger arbeiten müssten oder aber qualitativ und ökologisch nachhaltigere Produkte in derselben Zeit produzieren. Naturwissenschaftliche Erkenntnisse, gerade bezüglich der planetaren Belastungsgrenzen, könnten die Grundlage jeglichen Produktionsprozesses sein. Was einfach und logisch klingt, ist auf dem Boden dieser Gesellschaft nicht umsetzbar, schließlich bedürfte es dazu gesamtgesellschaftlich abgestimmter Produktions- und Reproduktionspläne.

8 Vgl. Philip Broistedt/Christian Hofmann 2020, Goodbye Kapital, PapyRossa, S. 21–46.

Natürlich gibt es auch heute schon Pläne und Planung in der Produktion. Die Planung endet allerdings unter den aktuellen Bedingungen dort, wo der Konzern endet. Das heißt auch, dass »externe Kosten« und »externer Nutzen« nicht mit kalkuliert bzw. berücksichtigt werden. Da jedes Unternehmen darauf setzt, maximalen Profit zu erwirtschaften, muss es den genauen Bedarf der Menschen gar nicht kennen. Es wird nur zahlungsfähiges Bedürfnis beachten können und darauf setzen, die Konkurrenz mittels Preiskampf, Werbung und Marketing zu übertrumpfen, auch auf die Gefahr der Überproduktion. Eine gesamtgesellschaftliche Planung kann es deshalb unter den privatwirtschaftlichen Eigentumsverhältnissen nicht geben. Man kann nur das verplanen, über das man zumindest verfügen kann. Erst wenn die Gesellschaft sich der Produktionsmittel bemächtigt, kann es auch eine *gesamtgesellschaftliche* Rechnungsführung und Planung geben. Mit dieser vermag man die Produktion insgesamt auf die Bedürfnisbefriedigung umzustellen. Auch der dringend notwendige ökologische Um- und Rückbau der Industrie müsste *alle* Produktionskapazitäten miteinbeziehen und diese bewusst berechnet im Interesse der Menschen neu justieren. Aber die privaten Eigentumstitel, der Privatbesitz an den Produktionsmitteln, verhindern rationales gesellschaftliches Planen. Solange diese bestehen, kann auch der Zwang zum Wachstum nicht unterbunden werden, auf Dauer gesehen kann man ihn nicht einmal nachhaltig regulieren. Der Wachstumszwang ist keine nebensächliche Erscheinung der kapitalistischen Produktionsweise, sondern steckt konstitutiv im Kapital und damit letztlich in Geld, Wert und Ware.

Die Arbeitszeit bestimmt heute den Wert der Produkte und das Wertgesetz regelt damit unbewusst für die Beteiligten die gesamte Produktion. Auch wenn der Wert oberflächlich betrachtet als natürliche Eigenschaft der Waren erscheint, so löst er sich bei der Analyse in Arbeit auf.[9] Die geleistete Arbeitszeit würde auch in geplanter gesellschaftlich-genossenschaftlicher Produktion eine Schlüsselrolle spielen müssen. Maßgeblich wäre, dass die Arbeit bereits vor der Produktion unmittelbar gesellschaftlich wäre. Statt über den Umweg von Wert und Markt könnte sie bei gesellschaftlichem Besitz der Produktionsmittel direkt gemessen werden und als grundlegende Rechnungsgröße für die

9 Tatsächlich ist Arbeit die einzige Substanz von Wert. Je mehr Arbeitszeit in einem Produkt steckt, desto mehr ist es wert. Werden Produkte zum Tausch produziert, entwickelt sich ihre Warenform und mit dieser Tauschwert, Preise und Geld. Solange die Tauschwertproduktion besteht, bleibt das Wertgesetz mindestens latent vorhanden und wird sich als »unsichtbare Hand« immer wieder – und sei es hinter dem Rücken von Gesetzgebung oder Planung – Bahn brechen. Das Verständnis vom Wert und seiner Aufhebung durch gesellschaftlich-genossenschaftliche Produktion und Verteilung ist deshalb die Quintessenz bei der Überwindung der kapitalistischen Produktionsweise. Die fehlende Klarheit über den Wert führt zwangsläufig zu Versuchen, den Markt zu »verbessern«, ohne ihn zu überwinden. Die Wertformanalyse ist nirgends so gut dargelegt wie bei Marx, vgl.vor allem MEW 23. Für eine gekürzte Fassung der »Grundrisse« siehe: https://assoziation.info/?p=54. Vgl. auch Philip Broistedt/Christian Hofmann 2020, s.o.

Produktion dienen. In diesem Sinne wären die gesellschaftlichen Beziehungen der Menschen zu ihren Arbeiten und ihren Arbeitsprodukten bei einer gesamtgesellschaftlichen Arbeitszeitrechnung »durchsichtig einfach«. Während die über den Umweg des Marktes und der Ware-Geld-Beziehungen genommene Arbeitszeit die Gesellschaft unbewusst beherrscht, wäre die direkt gemessene Arbeitszeit die Grundlage bewusster Planung. Eine zweite und untergeordnete Frage ist die nach der Verteilung der produzierten Güter. Auch hier könnte, zumindest vorübergehend, die individuell geleistete Arbeitszeit eine wichtige Rolle spielen, wenn Arbeitszeitkonten an die Stelle des Geldes treten würden.[10]

Eine solche bewusst geplante Arbeitszeitrechnung stellt beim heutigen Stand der gesellschaftlichen Entwicklung kein Problem dar. Ideengeschichtlich kann man sie bereits bei Karl Marx finden, bei dem sie die Konsequenz seiner Analyse der kapitalistischen Produktionsweise markiert. In seinem Hauptwerk, dem »Kapital«, stellt er in einer Passage den Vergleich an zwischen der seinerzeitigen mit einer nachkapitalistischen Gesellschaft: »Nur zur Parallele mit der Warenproduktion setzen wir voraus, der Anteil jedes Produzenten an den Lebensmitteln sei bestimmt durch seine Arbeitszeit. Die Arbeitszeit würde also eine doppelte Rolle spielen. Ihre gesellschaftlich planmäßige Verteilung regelt die richtige Proportion der verschiednen Arbeitsfunktionen zu den verschiednen Bedürfnissen. Andrerseits dient die Arbeitszeit zugleich als Maß des individuellen Anteils des Produzenten an der Gemeinarbeit und daher auch an dem individuell verzehrbaren Teil des Gemeinprodukts. Die gesellschaftlichen Beziehungen der Menschen zu ihren Arbeiten und ihren Arbeitsprodukten bleiben hier durchsichtig einfach in der Produktion sowohl als in der Distribution.«[11]

Im ersten Kapitel haben wir Texte zusammengestellt, die die Arbeitszeit als Dreh- und Angelpunkt einer möglichen kommunistischen Planung theoretisieren. Eine solche Arbeitszeitrechnung spielte in Theorie und Praxis des real existierenden Sozialismus keine Rolle, weshalb diese Texte rein theoretischer Natur sind. Die Gruppe Internationaler Kommunisten Holland (GIK) konnte ihre Theorie allerdings schon in Abgrenzung zur Praxis der Sowjetunion der 1920er-Jahre formulieren. Gegen diese führte sie die Arbeitszeitrechnung ins Feld: Dabei ist diese »Durchführung der Arbeitsstunde als Maßstab« nichts, was den Menschen von oben aufgesetzt oder verordnet werden könnte, sondern funktioniert nur, wenn ArbeiterInnen dies selbsttätig akzeptieren und sich als »Assoziationen von freien und gleichen ProduzentInnen« zusammenschließen.

10 Zu Arbeitszeitrechnung und Arbeitszeitkonten vgl. Philip Broistedt/Christian Hofmann 2020, s. o. S. 88–90.

11 Karl Marx, MEW 23, Dietz Verlag Berlin, S. 92.

Auch Marx hatte schon darauf hingewiesen, dass es in einer kommunistischen Gesellschaft darum gehen müsse, die »vielen individuellen Arbeitskräfte *selbstbewußt* als eine gesellschaftliche Arbeitskraft« zu verausgaben und ihren Zusammenschluss nicht zufällig einen »Verein *freier* Menschen« genannt.[12] Die Durchführung der Arbeitszeitrechnung steht also in einem untrennbaren Zusammenhang zur *freien* und *selbstständigen* politischen Konstitution der Menschen. In der Planwirtschaft des real existierenden Sozialismus war das Gegenteil der Fall, weshalb wir diesen auch synonym als *Staatssozialismus* bezeichnen.

Die Idee, die Menschen mögen sich die Produktionsmittel aneignen, sich politisch als freie und gleiche Wesen assoziieren, um auf dieser Grundlage ihre individuellen Arbeitszeiten als eine gemeinschaftliche planen zu können, wurde nicht im luftleeren Raum geboren, sondern hatte ihrerseits große gesellschaftliche Voraussetzungen. Erst die »Doppelrevolution«, die »Einheit von politisch-sozialer Umwälzung (ausgehend von der Französischen Revolution) und ökonomisch-technologischer Revolution (Zentrum England)«[13] schuf den Boden für die Theorie von der Emanzipation des Menschen im Kommunismus. Die Entwicklung der Produktivkräfte hatte dazu geführt, dass in der modernen Industrie immer mehr Menschen ohne eigene Produktionsmittel arbeiteten und dabei direkt gesellschaftlicher Produktion nachgingen. Dies war die Grundlage für das Postulat, die Gesellschaft als Ganze müsse über diese Produktionsmittel bestimmen und auch über das gesellschaftlich produzierte Produkt verfügen. Die Produktivität der Arbeit sollte dabei einen Entwicklungsstand erreicht haben, der ein deutliches Mehrprodukt über die eigene Subsistenz gewährleisten könne. Marx und Engels stellten einmal in derben Worten fest, dass dies die Voraussetzung für den Kommunismus sei, weil andernfalls »nur der Mangel verallgemeinert, also mit der Notdurft auch der Streit um das Notwendige wieder beginnen und die ganze alte Scheiße sich herstellen müsste«.[14] Entwickelte Produktivkräfte als Voraussetzung der

12 Karl Marx, MEW 23, S. 92. Herv. d. Verf. Einen Überblick darüber, wie Marx sich die politischen Formen der sozialen Emanzipation dachte, erhält man in seinen Schriften zu Pariser Kommune in MEW 17. Dass eine zentralistische Staatsmacht auf die Idee kommt, die individuellen Arbeitskräfte mit tyrannischen Methoden von oben als einheitliche zu planen und zu organisieren, nahm er als Gefahr durchaus wahr. In seiner Kritik an Proudhons Tauschbank, welche alle Arbeitszeiten erfasst und Stundenzettel als Lohnäquivalente ausgibt, heißt es: »In der Tat wäre sie [die Bank, die Arbeitszeiten erfasst, Anm. d. Verf.] entweder die despotische Regierung der Produktion und Verwalterin der Distribution, oder sie wäre in der Tat nichts als ein board, was für die gemeinsam arbeitende Gesellschaft Buch und Rechnung führte.« Karl Marx, MEW 42, Dietz Verlag Berlin, S. 89.

13 Manfred Kossok 2016, Sozialismus an der Peripherie, Dietz, S. 82.

14 Karl Marx/Friedrich Engels, MEW 3, Dietz Verlag Berlin, S. 34. Deshalb haben Marx und Engels ihre Blicke »für eine ernsthafte ökonomische Revolution« vor allem auf das kapitalistisch entwickelte England gerichtet: »Es ist das einzige Land, wo es keine Bauern mehr gibt und wo der Grundbesitz in wenigen Händen konzentriert ist. Es ist das einzige Land, wo die kapitalistische Form […] sich fast der gesamten Produktion bemächtigt hat. Es ist das einzige Land, wo die große Mehrheit der

menschlichen Emanzipation beschreibt hier allerdings nicht nur den Entwicklungsstand der modernen Industrie, sondern auch die gesellschaftlich politische Dimension, die »geistigen Voraussetzungen«. Der gemeinschaftliche Produktionsplan hat schließlich die Selbsttätigkeit und Autonomie der Einzelnen zur Voraussetzung, die sich aus freien Stücken assoziieren, um einen gesellschaftlichen Produktionsplan aufzustellen und umzusetzen. Ebenso wie ein gewisser Entwicklungsstand der Produktionsmittel und der Möglichkeiten der Produktion materiellen Reichtums, sind somit auch das moderne Demokratie-, Gleichheits- und Rechtsverständnis, die bürgerlichen Menschenrechte und die Aufklärung, Voraussetzung für assoziierte Produktion nach Plan. Die soziale Emanzipation setzt die »bürgerliche Emanzipation« voraus, um sie dann ihrerseits weiterzuentwickeln und auf höherer Stufenleiter zu entfalten.

II. Die Planwirtschaft des 20. Jahrhunderts

Der Staatssozialismus lieferte ein trauriges Abbild der kommunistischen Theorie. Nicht der Gesellschaft gehörten die Produktionsmittel, sondern dem Staat. Nicht die Gesellschaft plante, sondern staatliche Behörden. Sämtliche Planung war von oben herab nach einem (Fünfjahres)Plan konzipiert. Die Gesellschaften waren nicht frei, sondern wurden autoritär von der alles dominierenden Staatspartei bzw. deren Führung beherrscht. Die Grundlage der Planung war nicht die Arbeitszeit, sondern eine krude Mischung aus naturalwirtschaftlicher Planung mit vielen und tendenziell wachsenden Konzessionen an Wert- und Marktverhältnisse.

An dieser Stelle kann nicht geklärt werden, welchen politökonomischen Charakter die Gesellschaften des Staatssozialismus hatten.[15] Spätestens seit Beginn der 1990er-Jahre dominierten die Wertverhältnisse, die in den Jahrzehnten zuvor von einem mächtigen Staatsapparat und dessen Wirtschaftsplanern mal mehr, mal weniger im Zaum gehalten wurden. Die staatlichen Pläne waren zentrales Moment der Ökonomie, weshalb es gerechtfertigt ist, von Planwirtschaft zu sprechen. Ideologisch beriefen sich die herrschenden Parteien dabei auf Versatzstücke aus den Werken von Marx und Engels sowie

Bevölkerung aus Lohnarbeitern (wages labourers) besteht. Es ist das einzige Land, wo der Klassenkampf und die Organisation der Arbeiterklasse durch die Trade-Unions einen gewissen Grad der Reife und der Universalität erlangt haben.« MEW 16, Dietz Verlag Berlin, S. 387.

15 Die Analyse des Charakters der sowjetischen Produktionsweise ist eng mit dem Charakter des vorrevolutionären Russlands verbunden. Lesenswert dazu: »Bauern und Sozialismus« von Heiner Karuscheit 1993: https://kommunistische-debatte.de/?page_id=2060. Ein anderer Diskussionsstrang ist die Frage nach dem »asiatischen Erbe«. Lenin und auch Luxemburg bezeichneten zumindest die politische Form des Zarismus als »asiatische Despotie«. Inwiefern dieses vorbürgerliche Erbe die Sowjetunion prägte vgl. Rudi Dutschke 1974, Versuch, Lenin auf die Füße zu stellen, Wagenbach und Rudolf Bahro 1977, Die Alternative, Europäische Verlagsanstalt.

zentrale Gedanken von Lenin, die als Marxismus-Leninismus zur offiziellen Staatsdoktrin erhoben wurden. Im Rahmen dieses Katechismus gaben die Staatsparteien an, als Fernziel die herrschaftsfreie, klassenlose kommunistische Gesellschaft anzustreben, in welcher jeder Mensch »nach seinen Fähigkeiten arbeiten« und ohne Zahlungsmittel nach »seinen Bedürfnissen« bekommen sollte. Der tatsächlich erreichte Entwicklungsstand wurde als Sozialismus bezeichnet, welcher die erste Stufe zum Kommunismus darstellen sollte. Die staatliche Dominanz, die autoritären Formen der politischen Herrschaft und die Existenz von Wert und Geld als Rechen- und Zirkulationsmittel wurden damit gerechtfertigt, dass man sich erst auf dem Weg zum Kommunismus wähnte. In einer fernen Zukunft sollten diese Elemente verschwinden.

Die Form der Planwirtschaft, wie das 20. Jahrhundert sie gesehen hat, stammt aus der Sowjetunion, wo sie sich im Laufe von bitteren Kämpfen in den ersten beiden Jahrzehnten nach der Oktoberrevolution herausbildete. Nach dem Zweiten Weltkrieg wurde sie mit geringer Flexibilität auf die osteuropäischen Länder übertragen. Doch auch in den Ländern, in denen die kommunistischen Parteien nicht durch die Rote Armee an die Macht gehievt wurden, sondern diese aus eigener Kraft eroberten, orientierte man sich sehr stark am sowjetischen Vorbild. Dies gilt für China, Vietnam, Kuba und, mit gewissen Abstrichen, Jugoslawien. Trotz aller Unterschiede im Detail waren die Grundsätze der Planung gleich. Wir werden deshalb bezüglich des Staatssozialismus ausschließlich die Sowjetunion behandeln, wo das Planwirtschaftsmodell des 20. Jahrhunderts originär entstand. Bei der Betrachtung des geplanten Wirtschaftens fallen dabei zwei Phasen auf. In einer ersten, kurzen Phase, die im Nachhinein den Namen *Kriegskommunismus* erhielt, wurde der Versuch unternommen, den Handel zu verbieten und die Produktion direkt auf den Bedarf auszurichten. Als dieser Ansturm auf den Kommunismus 1921 im Desaster endete, wurde mit der *Neuen Ökonomischen Politik* (NÖP) zunächst der Warenhandel wieder zugelassen. Ende der 1920er-Jahre wurden dann die ersten Fünfjahrespläne ausgearbeitet. Nach riesigen Erfolgen und dem Export des *sowjetischen Planungsmodells* nach dem Zweiten Weltkrieg geriet dieses in Stagnation.

Kennzeichnend für den Staatssozialismus war, dass er mit Blick auf den Weltmarkt ein »peripheres Phänomen« blieb, ein »Aufstand der Peripherie gegen das Zentrum«.[16] Natürlich war den Bolschewiki klar, dass das kriegsgeschundene kleinbürgerlich-bäuerliche Russland des Jahres 1917 denkbar ungünstige Voraussetzungen dafür bot, eine kommunistische Umwälzung durchzuführen. Worum es ihnen bei der Machteroberung ging, brachte Lenin 1917

16 Manfred Kossok 2016, s.o., S. 85.

klar zum Ausdruck: »Russland ist ein Bauernland, eines der rückständigsten europäischen Länder. Der Sozialismus kann in Russland nicht sofort und unmittelbar siegen.« Allerdings gebe es die Chance, die bürgerlich-demokratische Revolution in Russland zur ersten Stufe, zum »Vorspiel der sozialistischen Weltrevolution« zu machen.«[17] Es gelte, die Macht zu erobern und auszuharren, bis das Proletariat in Europa nachzieht. Mit dessen Unterstützung gedachte man das rückständige Russland umgestalten zu können.

a) Der Kriegskommunismus

Die Oktoberrevolution fand nicht unter kommunistischem Vorzeichen statt, sondern unter der Losung von »Brot, Land, Frieden«. Für die Mehrheit der Bevölkerung – mehr als 80 % – war sie zunächst eine Agrarrevolution. Die bäuerliche Bevölkerungsmehrheit hatte weder Interesse noch Ahnung von gesellschaftlicher Produktion. Sie betrieb im Wesentlichen Subsistenzwirtschaft und gewann ihre Lebensmittel kaum im Austausch mit der Gesellschaft. Die Bauern akzeptierten, dass die Bolschewiki die Führung übernahmen, da diese die einzige politische Kraft von Relevanz darstellten, die versprach, schnellstmöglich den Krieg zu beenden und die verhassten Gutsbesitzer zu enteignen. Nachdem der Sturz des Zaren nicht die erwünschten Ergebnisse brachte, begannen die Bauern aus der Armee zu desertieren und auf eigene Faust das Land unter sich aufzuteilen. Die Bolschewiki duldeten diese von der Bauernschaft selbst vorgenommene Verteilung. Die Oktoberrevolution war somit keine *sozialistische*, sondern eine Revolution zur Umverteilung des Grundbesitzes. Diese Besitzergreifung des Bodens durch die Bauern war unvereinbar mit der Idee von geplanter gesellschaftlicher Produktion auf Grundlage von gemeinschaftlichem Besitz an den Produktionsmitteln.[18]

Auch führenden Bolschewiki war dieser Widerspruch klar. »Die Revolution hatte auch deshalb leicht gesiegt, weil das Proletariat, das zum Kommunismus strebte, vom Bauerntum unterstützt wurde, das gegen die Gutsbesitzer marschierte. Aber dasselbe Bauerntum erweist sich in der Periode des Aufbaus der kommunistischen Produktionsverhältnisse als größter Hemmschuh«, hielt etwa Nikolaj Bucharin Ende 1919 fest.[19] Den Widerspruch lösen sollte die sehnsüch-

---

17 Wladimir Iljitsch Lenin, LW 23, Dietz Verlag Berlin, S. 380–387.

18 Rosa Luxemburg hat dies in ihrer Auseinandersetzung mit den Bolschewiki gesehen: »Die Parole nun, die von den Bolschewiki herausgegeben wurde: sofortige Besitzergreifung und Aufteilung des Grund und Bodens durch die Bauern [...] ist nicht nur keine sozialistische Maßnahme, sondern sie schneidet den Weg zu einer solchen ab. [...] Die Leninsche Agrarreform hat dem Sozialismus auf dem Lande eine neue mächtige Volksschicht von Feinden geschaffen, deren Widerstand viel gefährlicher und zäher sein wird, als es derjenige der adligen Großgrundbesitzer war.« Rosa Luxemburg Werke 4, Karl Dietz Verlag Berlin, S. 344f.

19 Nikolai Iwanowitsch Bucharin 1970 [1919], Ökonomik der Transformationsperiode, Rowohlt, S. 163.

tig erwartete Revolution in Europa. Derweil gab es in den russischen Städten eine spontane Bewegung der ArbeiterInnen, die ihre Betriebe enteigneten. Voller revolutionärer Euphorie begrüßten die russischen KommunistInnen diese Maßnahmen, auch wenn sie die Gefahren einer planlosen Enteignung durchaus sahen. Selbst Lenin, der der spontanen Bewegung zunächst eher skeptisch gegenüberstand, sprach ab Jahresende 1917 vom anstehenden »Übergang zum Sozialismus«. Die dafür notwendige »Rechnungsführung und Kontrolle« erhoffte er sich zu diesem Zeitpunkt als spontanes »Werk der Massen«.[20] Das neue Programm, welches sich die Kommunistische Partei Russlands Anfang 1919 gab, wies noch ganz diese Handschrift auf.[21]

Der Kriegskommunismus war vor allem durch den erbittert geführten Bürgerkrieg geprägt. Die drakonischen Konfiskationen, allen voran die Ablieferungspflicht der Bauernschaft, machten die Grundlage aus für den Aufbau und Sieg der Roten Armee. Aber anders als spätere parteioffizielle Darstellungen glauben machen wollen, waren diese Maßnahmen nicht nur durch Krieg und Intervention aufgezwungen, sondern sollten den Weg in die Zukunft weisen. »Die Sowjetregierung hoffte und trachtete, die Reglementierungsmethoden auf direktem Wege zu einem Planwirtschaftssystem zu entwickeln, sowohl auf dem Gebiet der Verteilung wie der Produktion. Mit anderen Worten: vom ›Kriegskommunismus‹ gedachte sie allmählich, aber ohne das System zu verletzen, zum echten Kommunismus überzugehen.«[22]

Tatsächlich gab es in jenen Jahren in den Städten eine zentralisierte Produktion, »die in jedem Industriezweige im wesentlichen auf Grund des Produktionsplans für diesen Industriezweig geleitet wurde.«[23] Es galten Arbeitszwang und verschiedenste Arbeitspflichten, für deren Umsetzung nach »Maßregeln des Klassenzwanges« die Gewerkschaften zu sorgen hatten.[24] Das Hauptkomitee zur Durchführung der Arbeitspflicht sorgte zusätzlich für Massenmobilisierungen. Die galoppierende Inflation führte dazu, dass man von festen Preisen dazu überging, jede Bezahlung einzustellen. Zumindest in den großen Städten gab es zur Verteilung der Güter ein Kartensystem, Bezahlung in Naturalien, außerdem Speisehallen und allerhand kostenlose Dienstleistungen. Auf dem Land wurden alle über eine bestimmte Verbrauchsnorm hinausgehenden »Überschüsse« beschlagnahmt und der Handel verboten.

20 Wladimir Iljitsch Lenin, LW 26, Dietz Verlag Berlin, S. 464 u. 362f. »Einen konkreten Plan zur Organisierung des wirtschaftlichen Lebens gibt es nicht und kann es nicht geben. Niemand kann ihn geben. Nur die Masse kann das tun, von unten, auf Grund der Erfahrung.« Ebd., S. 468.

21 Programm der KP Rußlands (Bolschewiki) 1919: www.trend.infopartisan.net/100JAHRE/100jahre-18.html

22 Leo Trotzki 1997 [1936], Verratene Revolution, Arbeiterpresse Verlag, S. 77.

23 Leo N. Kritzman 1971 [1924], Die heroische Periode der grossen Russischen Revolution, Verlag Neue Kritik Frankfurt, S. 227.

24 Ebd., S. 114.

Leo Kritzman, ein führender Bolschewik dieser Tage, sprach »der alten Garde« seiner Genossen aus dem Herzen, wenn er am Kriegskommunismus die klare Tendenz zur »Vernichtung des Marktes, zur Vernichtung der Geld-, Waren- und Kreditverhältnisse, zur Vernichtung der Warenwirtschaft« positiv hervorhob.[25] Zwei Grundzüge stellte er bezüglich der Ökonomik fest: »Sie war erstens eine Naturalwirtschaft, zweitens eine zentralisierte Wirtschaft.« Der stark zentralisierte und erzwungene Produktaustausch, der weitgehend ohne Geld abgewickelt wurde, schürte die Illusion, sich auf eine planmäßige gesellschaftliche Produktion zuzubewegen. Doch auch wenn wir den Zwangscharakter und die desaströsen Ergebnisse ausblenden, fällt sofort das Fehlen jeglicher Planmäßigkeit auf. Dies musste auch Kritzman zugeben.[26] Zwar wurden in Parteiforen und allerlei Kommissionen große Pläne diskutiert, aber die objektive Lage war mit diesen nicht vereinbar. Die *Pravda* berichtete bereits im Winter 1920 von Verfall, Hunger, Epidemien und Tod und klagte: »Die Industrie ist zugrunde gerichtet.«[27] Die einzige Möglichkeit für mehr gesellschaftlich geplante Arbeit wäre noch mehr Zwang gewesen, wie es die »Parteilinke« um Leo Trotzki mit dem Programm der »Militarisierung der Arbeit« verfocht. In der Praxis wurde allerdings ohnehin schon einer widerstrebenden Bauernschaft mit Waffengewalt so viel Getreide wie möglich abgepresst, wobei man im Gegenzug nichts mehr anzubieten hatte. Vor »die Wahl gestellt, entweder den Gutsherren das Land zu überlassen oder auf die Freiheit des Handels zu verzichten, wählte sie das zweite. Die Bauernschaft ging auf die verhaßte Forderung des Verbots des Handels, auf die Ablieferung der Überschüsse ein, wenn (und solange) das notwendig war, um ihr das Land zu sichern«.[28] Mit dem Sieg im Bürgerkrieg entfiel dieser Grund und es kam zu massenhaften Bauernaufständen und der Rebellion von Kronstadt. Die Bolschewiki mussten den Kriegskommunismus Anfang 1921 aufgeben und die NÖP einführen. Damit entfiel die Ablieferungspflicht der Bauern, der Markt- und Geldverkehr wurde wieder legal und die städtische Industrie staatskapitalistisch reglementiert.

Im zweiten Kapitel des Buches haben wir Texte zusammengestellt, die stellvertretend für die Euphorie und Hoffnung der KommunistInnen in der Zeit des Kriegskommunismus stehen. Vor allem die Idee, man könne gesellschaftlich geplante Produktion und Verteilung ohne Recheneinheit durchführen, ist dabei augenfällig.

---

25 Ebd., S. 134.

26 »Nicht daß der Plan hier unvollkommen und unvollständig gewesen wäre, dieser Plan fehlte, es gab keinen solchen Plan«, der festgelegt hätte, wer »was und in welchem Umfange produzieren sollte.« Ebd.,S. 188.

27 Fischer Weltgeschichte Bd. 31, 2000, Fischer Taschenbuch Verlag, S. 292f.

28 Leo N. Kritzman 1971, s.o., S. 106

b) Die »planmäßige Anwendung des Wertgesetzes«

Da die von den Bolschewiki erhoffte Revolution in Europa ausblieb, sahen sie sich zunehmend auf sich allein gestellt. Die Hoffnung auf einen direkten Weg Richtung gesellschaftlich planmäßiger Produktion hatte sich zerschlagen und Lenin erklärte reumütig, das Programm der Bolschewiki wäre zwar »theoretisch richtig, aber praktisch unhaltbar«.[29] Die russischen KommunistInnen hatten die politische Macht in einem Land erobert und behauptet, in welchem nach der eigenen Theorie die objektiven Voraussetzungen für eine kommunistische Umwälzung fehlten. In seinen letzten theoretischen Äußerungen ging Lenin noch einmal auf diesen Widerspruch ein und gelangte dabei zu folgendem Schluss: »Wenn zur Schaffung des Sozialismus ein bestimmtes Kulturniveau notwendig ist [...], warum sollten wir also nicht damit anfangen, auf revolutionärem Wege die Voraussetzungen für dieses bestimmte Niveau zu erringen, und *dann* schon, auf der Grundlage der Arbeiter- und Bauernmacht und der Sowjetordnung, vorwärtsschreiten und die anderen Völker einholen.«[30]

Tatsächlich rückte die Hoffnung auf die baldige Revolution in Europa mehr und mehr in den Hintergrund und Lenins Nachfolger sprachen schon bald nach dessen Tod vom »Aufbau des Sozialismus in einem Land«, wobei das Wort »Aufbau« durchaus verriet, dass es zunächst einmal um gewisse Voraussetzungen gehen müsse. Das Gefühl der permanenten Bedrohung durch das »imperialistische Ausland« wurde ausschlaggebend für ein mit brachialer Gewalt durchgesetztes Programm der nachholenden Industrialisierung.[31] Ab Ende der 1920er-Jahre bestand das erklärte Ziel darin, »in kürzester Zeit zumindest den Anschluß an das Produktivkraftniveau und damit auch an die ökonomische und militärische Potenz der Industrieländer« zu schaffen.[32] Die Akkumulationsmittel für die beschleunigte Industrialisierung musste die Landwirtschaft liefern. Dazu leitete der Staat ab Ende der 1920er-Jahre eine Kollektivierungspolitik ein, bei der es zur »schlagartigen Enteignung von einigen zwanzig Millionen Kleinbauern« kam.[33] Der erzwungene Zusammenschluss in großen Kollektivwirtschaften sollte in einer Flurbereinigung das Problem der Bodenzersplitterung lösen und zugleich dem Staat direkten Zugriff auf das Mehrprodukt der bäuerlichen Mehrheitsbevölkerung liefern. Diese »zweite

---

29 Wladimir Iljitsch Lenin, LW 32, Dietz Verlag Berlin, S. 227.

30 Wladimir Iljitsch Lenin, LW 33, Dietz Verlag Berlin, S. 464.

31 In Stalins Worten: »Wir sind hinter den fortgeschrittenen Ländern um 50 bis 100 Jahre zurückgeblieben. Wir müssen diese Distanz in 10 Jahren durchlaufen. Entweder wir bringen das zuwege, oder wir werden zermalmt.« Josef Stalin, SW 13, Dietz Verlag Berlin, S. 36.

32 Anna-Jutta Pietsch, Stalinismus als Phänomen der nichtkapitalistischen ursprünglichen Akkumulation, in Gernot Erler/Walter Süß 1982, Stalinismus, Campus Verlag, S. 373f.

33 Isaac Deutscher 1972, Trotzki II, Kohlhammer, S. 488.

Revolution« war von Hungersnöten und bürgerkriegsähnlichen Zuständen begleitet, verfehlte ihr Ziel aber dennoch nicht gänzlich. »[D]urch extreme Gewaltanwendung« gelang es, die Ablieferungen der Landwirtschaft »stark zu erhöhen«.[34] Da die Produktivität der Kollektivwirtschaften anders als erhofft nicht stieg, gingen die erhöhten Abgaben direkt auf einen sinkenden Lebensstandard der Bauern zurück.

Auf Grundlage der Kollektivierung begann die Sowjetführung die forcierte Industrialisierung, die in der schnellstmöglichen »Produktionsmaximierung in ausgewählten Industriezweigen«, allen voran der Schwerindustrie bestand.[35] Tatsächlich gelang in nur 2 Planjahrfünften ein Industrialisierungsprogramm, welches in Tempo und Umfang bis dahin keinen Vergleich kannte. Bereits 1940 nahm die Stahlproduktion mit ihrem Produktionsumfang »den ersten Platz in Europa und – den zweiten Platz in der Welt ein.«[36] Mittels Planung, die allerdings massiv auf Gewalt als »außerökonomischer Potenz« setzte, war es gelungen, die Sowjetunion binnen kürzester Zeit aus einem Agrarland in eine Industrienation zu verwandeln, der es gelang, den Zweiten Weltkrieg zu gewinnen und kaum zehn Jahre später die erste Rakete ins Weltall zu schießen. Eine solche Entwicklung mit bewusstem Fokus auf die Entwicklung der Schwerindustrie hätte es auf Grundlage des Marktes kaum geben können. Die permanente direkte Gewalt war allerdings die Kehrseite der Erfolge und sollte nicht ausschließlich an den Namen Stalin geknüpft werden. Vielmehr setzte dieser seit den 1930er-Jahren das Programm um, welches die Parteilinke um Trotzki bereits im Bürgerkrieg gefordert hatte und durchaus eng mit den objektiven Entwicklungsmöglichkeiten verknüpft war.[37]

Wenn die sowjetische Verfassung 1936 verkündete, das Land habe den Sozialismus als niedere Phase des Kommunismus bereits erreicht, war dies sowohl in politisch-gesellschaftlicher wie in ökonomischer Hinsicht grotesk. Während Marx noch davon gesprochen hatte, dass im Kommunismus die »assoziierten Produzenten, diesen ihren Stoffwechsel mit der Natur rationell regeln, unter ihre gemeinschaftliche Kontrolle bringen«,[38] war nun in vielerlei Hinsicht das genaue Gegenteil der Fall. »Die hohen Wachstumsraten der Industrieproduktion, die in den westlichen Ländern nicht ihresgleichen fanden, wurden zu einem großen Teil durch den Raubbau an den natürlichen

34 Anna-Jutta Pietsch 1982, s.o., S. 375.

35 Fischer Weltgeschichte Bd. 31, s.o., S. 336.

36 Ebd., S. 342.

37 Vgl Isaac Deutscher 1972, s.o. S. 445. Aus seinem Exil heraus lobte Trotzki konsequenterweise die Erfolge der Industrialisierungspolitik und die »Tatsache [...] dass allein dank der proletarischen Revolution ein zurückgebliebenes Land in weniger als zwei Jahrzehnten in der Geschichte beispiellos dastehende Erfolge erzielte«. Leo Trotzki 1997 [1936], s.o., S. 65f.

38 Karl Marx, MEW 25, Dietz Verlag Berlin, S. 828.

und menschlichen Ressourcen erzielt.«[39] Die einseitige Ausrichtung auf die Schwerindustrie prägte die Gesellschaft in fast jeder Hinsicht: »Der größte Teil der Bevölkerung lebte von Kohl und Kartoffeln, war in Lumpen gekleidet und hauste in Elendsquartieren. Während die höchstentwickelten Werkzeugmaschinenfabriken der UdSSR ebenso leistungsfähig waren wie die der USA, lagen die rückständigen Verbrauchsgüterindustrien um mindestens ein halbes Jahrhundert zurück.«[40] Die ArbeiterInnen der Städte waren längst nicht mehr die klassenbewussten ProletarierInnen, die die Oktoberrevolution angeführt hatten. »Mehr als zwanzig Millionen Bauern wurden während der 30er Jahre in die Städte umgesiedelt. [...] Sie wurden auf die Arbeit in der Fabrik abgerichtet und einem grausamen Drill und strenger Disziplin unterworfen. Sie waren es, die den Sowjetstädten das graue, elende, halbbarbarische Aussehen gaben.«[41] Es ging also nicht ausschließlich um das Mehrprodukt der Bauernschaft. Auch die ArbeiterInnen in den Städten – der Anteil der Frauen an der Industriearbeiterschaft betrug Anfang der 1940er-Jahre über 40 % – bezahlten die »ursprüngliche sozialistische Akkumulation« mit sinkendem Lebensstandard, Konsumverzicht und einer Zwangsorganisation der Arbeit.

Weit davon entfernt, eine herrschaftsfreie Gesellschaft zu repräsentieren, gelang es dem sowjetischen Planungsmodell »die traditionelle Modernisierung in großem Umfang nachzuvollziehen und dabei Wachstumsraten weit über denen der westlichen Länder zu erreichen«.[42] »Dieses Planungsmodell wurde in starkem Maße durch die Aufgaben der Industrialisierung eines zurückgebliebenen Landes in kurzer Zeit und durch die Mobilisierung der dazu erforderlichen Akkumulationsmittel auf Kosten der bäuerlichen Bevölkerungsmehrheit, eine hiermit verbundene extremen Zentralisierung wirtschaftlicher Entscheidungen sowie die dominierende Orientierung der Wirtschaftstätigkeit auf die extensive Vergrößerung der Produktion geprägt.«[43] Das gesamte Planungsprogramm war auf diese Zielstellung zugeschnitten. Fünf Jahre standen dabei sowohl für die Umsetzbarkeit von neuen, industriellen Megaprojekten, als auch für einen Zeitraum, in dem landwirtschaftliche Durchschnittsernten erzielt werden sollten.[44] Es ist kein Zufall, dass dieses Planungsmodell nur sehr wenig Ausstrahlungskraft auf die Lohnabhängigen in den entwickelten kapitalistischen Gesellschaften besaß, dafür allerdings um so mehr auf die antikolonialen Umwälzungen in peripheren Ländern, die sich vor ähnlichen Aufgabenstellungen sahen.

39 Fischer Weltgeschichte Bd. 31, s. o., S. 346
40 Isaac Deutscher 1992, Stalin, Rowohlt, S. 756.
41 Isaac Deutscher 1973, Die unvollendete Revolution, Fischer, S. 45.
42 Manfred Kossok 2016, s. o., S. 86.
43 Klaus Steinitz/Dieter Walter 2014, Plan – Markt – Demokratie, VSA, S. 18.
44 Manfred Hildermeier 2017, Die Geschichte der Sowjetunion 1917–1991, C. H. Beck, S. 382.

Nach den Umbrüchen und Katastrophen von Kollektivierung, Industrialisierung, Weltkrieg und Wiederaufbau verfestigte sich ein System der industriellen Planung und Steuerung, das – wenn auch mehrfach Reformen unterworfen – im Wesentlichen bis zum Ende der Sowjetunion Bestand hatte. Industrielle Produktionsmittel, waren dabei genauso wie die Banken und ein Großteil des Handels in Staatsbesitz, Preise wurden zentral festgelegt. Diese staatliche Kontrolle bildete die Grundlage der Fünfjahrespläne, die durch Perspektiv- und Jahrespläne ergänzt wurden. Hauptwerkzeuge der sowjetischen Planwirtschaft waren Materialbilanzen für Produktion, Verbrauch und Lagerbewegungen. Die Bilanzen konnten allerdings nur für einige hundert Produkte aufgestellt werden. Sie wurden auf Grundlage von Erfahrungswerten und den erwarteten technischen Fortschritten für die je folgenden Pläne fortgeschrieben. Der Planungsbehörde Gosplan fiel zumindest der Theorie nach die Aufgabe der zentralen Steuerung der gesamten Wirtschaft zu. Es handelte sich im Kern um eine Naturalplanung, die angesichts mehrerer Millionen Produkte aber nur einen sehr kleinen Teil von Grundstoffen berücksichtigen konnte. Dazu kamen eigene Pläne der verschiedenen Wirtschaftszweige: »Die Inputs, die im Bereich eines Ministeriums für die Verwendung eigener Unternehmen hergestellt werden, brauchen in den Allokationsplänen von Gosplan und Gossnap nicht berücksichtigt zu werden.«[45] Der *eine,* von *oben zentral* erstellte Wirtschaftsplan, der sämtliche Daten enthalten sollte, blieb zwar das theoretische Ziel, war aber praktisch unmöglich zu erstellen.

Das Wertgesetz sowie Geld- und Marktbeziehungen ließen sich zu keinem Zeitpunkt aus dem sowjetischen System der wirtschaftlichen Planung wegdenken:[46] Es existierte erst illegal, dann als Notlösung, theoretisch in der »planmäßigen Anwendung des Wertgesetzes« und zum Schluss in der Idee des Marktsozialismus. Herrschte Anfang der 1930er-Jahre noch die Meinung vor, die Geldwirtschaft würde bald verschwinden, wurde spätestens nach dem ersten Fünfjahresplan das Wirken des Wertgesetzes auch offiziell anerkannt, es sollte fortan planmäßig ausgenutzt werden. Ein Blick in die ökonomischen Lehrbücher zeigt die zentrale Bedeutung, die der »planmäßigen Anwendung des Wertgesetzes« beigemessen wurde. Dies kam nicht von ungefähr. Die

45 Alec Nove 1980, Das sowjetische Wirtschaftssystem, Nomos, S. 71. Die Planungsorgane waren u. a.: Gosplan (Wirtschaftsplanung), Gossnab (materiell-technische Versorgung), Gosstroj (Bauwirtschaft)

46 Vieles funktionierte nur, weil die Planer in Wirklichkeit nicht wie in der Theorie behauptet alle Entscheidungen trafen, sondern dies faktisch vor Ort geschah. Der »Schieber« wurde zu einem legalen Ausgleich für die Planungslücken, er war »eine Art inoffizieller Versorgungsmakler, dessen Arbeit darin besteht, sich zu rühren, zu nörgeln, zu betteln, zu borgen und manchmal zu bestechen, damit die erforderlichen Rohstoffe, Einzelteile und Ausrüstungen geliefert werden.« Die *Pravda* merkte an, dass es nur möglich sei, den Schieber loszuwerden, »wenn die Versorgung korrekt geplant wird, und dafür muß man mit tatsächlichen Kapazitäten der Lieferfirmen rechnen«. Alec Nove 1980, s. o., S. 120.

»Ware-Geld-Beziehungen« waren schließlich trotz »Volkswirtschaftsplanung« und »Volkseigentum« als unverzichtbare gesellschaftliche Formen des Staatssozialismus allgemein anerkannt. Die unter kapitalistischen Bedingungen entstandene Kostenrechnung wurde nicht abgeschafft, sondern inhaltlich modifiziert, im Kern also beibehalten. Der Staatssozialismus operierte faktisch mit kapitalistischen Kostenbegriffen und Berechnungsmethoden.

So stellte sich in groben Umrissen das sowjetische Planungsmodell dar, das in ähnlicher Form auch in China und bei einigen weiteren antikolonialen Umwälzungen zum Tragen kam.[47] In Osteuropa wurde es nach dem Zweiten Weltkrieg von oben oktroyiert, wobei es sich auch hier, mit Ausnahme der Tschechoslowakei und der DDR, um rückständige Agrarländer handelte. Die entscheidende Rolle fiel bei der Umgestaltung der osteuropäischen Länder der Roten Armee zu. Den Staaten wurde die in der Sowjetunion entwickelte Planung mit starkem Zentralismus, rigoroser Arbeitsgesetzgebung und einem Primat der Schwerindustrie verordnet. Auch in anderer Hinsicht stand man dem sowjetischen Beispiel in nichts nach: »Die langfristigen Pläne – in der Tschechoslowakei und in Bulgarien trat 1949, in Ungarn 1950, in Rumänien und der DDR 1951 ein Fünfjahrplan, in Polen 1950 ein Sechsjahrplan in Kraft – führten diese Politik fort, die der Bevölkerung ein hohes Maß an Konsumverzicht auferlegte.«[48] Gerade in den geringer entwickelten Agrarländern ließen sich die Ergebnisse zunächst sehen. Aber wie auch in der Sowjetunion stockte die Entwicklung, sobald die großen Fabriken einmal standen, das rein quantitative Wachstum mehr oder weniger abgeschlossen war. Die Problematik machte sich bereits in den 1950er-Jahren bemerkbar: »Zwar wiesen die Planerfüllungsdaten kontinuierlich ein eindrucksvolles wirtschaftliches Wachstum aus, doch blieb die Qualität der Produkte weiterhin ungenügend, der technologische Fortschritt gering.«[49]

Die Maxime vom »Einholen und Überholen« wurde immer unrealistischer und verlor spätestens in den 1970er-Jahren jeglichen ernst zu nehmenden Gehalt. Bezüglich des Lebensstandards blieb der Staatssozialismus weit hinter seinem kapitalistischen Pendant zurück. Auch in Hinsicht auf die ökologischen Probleme, die ab den 1970er-Jahren global deutlich sichtbar wurden, hatte diese Form der Planwirtschaft wenig vorzuweisen.

47 Für Asien sei noch auf Korea und Vietnam verwiesen. Bezüglich Chinas ist noch anzumerken, dass der »Große Sprung nach vorn« von 1958–1961 viele Parallelen zum Kriegskommunismus aufweist, vgl. Anton Pam: rote-ruhr-uni.com/cms/IMG/pdf/Pam_China.pdf

48 Fischer Weltgeschichte Bd. 35, 2000, Fischer Taschenbuch Verlag, S. 268. »Die Erfolgszahlen, die in den Berichten über die Erfüllung der Volkswirtschaftspläne angeführt wurden, besagten zwar hinsichtlich der Stellung der einzelnen Volkswirtschaften in der Weltwirtschaft wenig oder gar nichts, denn sie brachten nur relative Wachstumsraten, doch der Stolz auf die erzielten Fortschritte war berechtigt.« Ebd.

49 Fischer Weltgeschichte Bd. 35, s.o. S. 352.

Es zeigte sich deutlich, wie Marx einmal formulierte, dass die Entwicklung der Produktivkräfte die wichtigste Produktivkraft – den Menschen – miteinschließen muss. Im Bereich der menschlichen Entwicklung hatten die barbarischen Formen der nachholenden Industrialisierung ihre deutlichsten Auswirkungen. Nicht einmal die vorbürgerlichen Knechtschafts- und Abhängigkeitsverhältnisse konnten überwunden werden, die Menschen im Staatssozialismus blieben Untertanen. »Ökonomische Entwicklung impliziert jedoch qualitative Sprünge – und zwar nicht nur technologische, sondern vor allem auch arbeitsorganisatorische und kommunikative. An dieser Stelle also, als Produktionsbeziehungen tendenziell komplexer wurden und die Vorhersagbarkeit von Prozessen abnahm, scheiterten die zentralstaatlichen Planungsmechanismen.«[50] Die Passivität der Menschen und die Machtlosigkeit der unteren Instanzen hatten den entscheidenden Anteil an der Ineffizienz des späten Staatssozialismus. Administrativ, als zentralstaatliche Top-Down-Planung, waren die immer komplexer werdenden Produktionsabläufe kaum noch zu bewältigen, was zu Inkonsistenzen führen musste. Wirtschaftsministerien, von denen es mehrere Dutzend gab, fungierten als »quasi-autonome Einheiten«, was zu einer Art »zentralisiertem Pluralismus« führte.[51] Kritik und Eigeninitiative erwiesen sich als höchst riskant. Lieber kämpfte man mit Unter- oder Überproduktion, falschen Zuweisungen oder Anweisungen und Vernachlässigung der »Kostenoptimierung«. Die gesamtwirtschaftliche, überbetriebliche Effizienz, die in der Aufbauphase noch bestanden hatte und noch immer von den ökonomischen Lehrbüchern der Partei als großer Vorteil gepriesen wurden, konnte immer weniger realisiert werden.

Die Partei- und Staatsführungen reagierten letztlich mit immer denselben Mustern auf die ökonomischen und gesellschaftlichen Krisenerscheinungen: Mit Gewalt oder Reformen zugunsten des Marktes, wobei letztere oft ersterer folgten. In der Hoffnung, der Markt könne eine effizientere Ressourcenverteilung ermöglichen, blühten marktsozialistische Ideen.[52] Dort, wo sie praktisch wurden, verstärkten sich meist die Nachteile beider Systeme gegenseitig. Ein Wechsel zwischen Reform und Restauration prägte deshalb die Wirtschaftspolitik des Staatssozialismus ab den 1950er-Jahren. Wenn es zu politischem Aufbegehren kam, wurde die Armee eingesetzt: In der DDR 1953, in Ungarn 1956 und der Tschechoslowakei 1968 rollten die Panzer. Im Nachgang ist es vor allem bezeichnend, wie unterschiedlich in Ost und West auf die globale Revolte von 1968 – den Ruf nach mehr Selbstbestimmung – reagiert wurde.

50 Raul Zelik 2011, Nach dem Kapitalismus?, VSA, S. 44.
51 Vgl. Alec Nove 1980, s. o.
52 Eine Textauswahl zum Marktsozialismus, die zeigt, dass diese Diskussionen zu allen Zeitpunkten geführt wurden, findet sich bei Felix Wemheuer 2020, s. o.

Während dieser zumindest längerfristig für die kapitalistische Produktionsweise als Modernisierungsimpuls Niederschlag fand, reagierte der Staatssozialismus rein repressiv. Das Machtmonopol der Partei durfte nicht infrage gestellt werden. In Polen erschütterte im Sommer 1980 eine Streikwelle das Land, in deren Folge ab 1981 ein Militärrat die oberste Gewalt übernahm. Doch anders als in den Jahrzehnten zuvor blieb die Rote Armee bei den Massendemonstrationen, die 1989 in Polen und der DDR einsetzten, in ihren Kasernen. Das System, das zu keinem Zeitpunkt über gesellschaftliche Mehrheiten verfügt hatte, fiel daraufhin wie ein Kartenhaus in sich zusammen.

Die Planwirtschaft des 20. Jahrhunderts wirkte als Entwicklungsdiktatur. Es gelang für einen kurzen Zeitraum und mit enormer Gewalteinwirkung über den Staat das Wertgesetz zu regulieren. Aber hinter dem Rücken der Planungsbehörden setzte es sich letztlich doch durch – ob nun als Schwarzmarkt oder als Marktreform. Am Ende siegte der Wert über den staatlichen Plan. Dies gilt auch für China – mit dem Unterschied, dass die KP dort die politische Macht behielt.[53] Den Aufholrevolutionen gelang es zwar bei Produktionsmitteln und Produktionsumfang zur kapitalistischen Welt aufzuschließen, aber sie scheiterten an einer Entfaltung und Weiterentwicklung der Produktivkräfte. Die Parole vom »Einholen und Überholen« nahm das Scheitern bereits vorweg: Zwar nicht Akkumulation um der Akkumulation willen, wie im kapitalistischen System, aber Akkumulation, um mithalten zu können, war das Mantra, mit der die Planwirtschaft des Staatssozialismus eine rigorose Ausbeutung der Menschen und einen Raubbau an seinen Lebensgrundlagen betrieb. Nicht nur die Idee von der »freien Assoziation der ProduzentInnen« wurde dabei bis zur Unkenntlichkeit entstellt, sondern auch der Anspruch einer Planwirtschaft jenseits von Wert, Geld und Kapital. Ob es möglich gewesen wäre, von den Agrarrevolutionen und der nachholenden Industrialisierung zu einer gesamtgesellschaftlich geplanten Arbeitszeitrechnung überzugehen, kann bezweifelt werden, lässt sich im Nachhinein aber nicht mehr beantworten. Fakt ist, dass diese nirgends zum Tragen kam und von wenigen Ausnahmen abgesehen nicht einmal in Betracht gezogen wurde. Für das dritte Kapitel des Buches haben wir Texte ausgewählt, die eindeutig zeigen, dass die Planwirtschaft im 20. Jahrhundert nicht mehr den Anspruch hatte, den Wert aufzuheben. Vielmehr sollte der Staat für eine »planmäßige Anwendung des Wertgesetzes« Rechnung tragen.

53 Vgl. Felix Wemheuer 2019, Chinas große Umwälzung. Übersetzte Originaldokumente zu Chinas Öffnung zum Weltmarkt bei Felix Wemheuer 2020, s. o., S. 149–168.

III. Produktivkräfte, Destruktivkräfte und neue Herausforderungen für eine gesellschaftlich planmäßige Produktion

Nach den großen Umbrüchen Anfang der 1990er-Jahre nahm die Entwicklung des kapitalistischen Weltmarktes noch einmal in einem ungeheuren Tempo und in einer ungeahnten Qualität ihren Lauf. Die Welt erlebte ein massives Anwachsen internationaler Waren- und Kapitalströme sowie das Fallen von Grenzen und Handelsschranken. Auch die Produktion von Waren und Dienstleistungen wurde internationaler. »Neue technische Errungenschaften waren dafür ebenso eine Voraussetzung wie auch, in ihrer Weiterentwicklung und Verbreitung, eine Folge des Globalisierungsschubes. Man denke nur an die neuen Kommunikationstechniken durch Computer, neue Methoden der Datenverarbeitung und verbesserte Telekommunikation oder auch an den Transport«.[54] Die Globalisierung erforderte dies alles, trieb die Entwicklung und Forschung in diesen Bereichen aber auch enorm voran. Dabei ließ der Weltmarkt den Menschen ganz neue Freiheiten und Horizonte entstehen, gerade bezüglich der gegenseitigen und oft internationalen Vernetzung und Kommunikation.

Doch kapitalistischer Fortschritt ist zweischneidig. Die sozialen und ökologischen Folgen der kapitalistischen Dynamik sind verheerend. Trotz der ungeheuren Produktion und Verschwendung von Reichtum müssen nach wie vor Millionen Menschen hungern und Milliarden mit dem Allernotwendigsten auskommen. Die oft beklagte Schere zwischen Arm und Reich geht dabei sowohl im internationalen Maßstab als auch in den einzelnen Gesellschaften immer weiter auseinander. Die Hilfsorganisation Oxfam berechnete, »dass das reichste Prozent der Weltbevölkerung 50,8 Prozent des weltweiten Vermögens besitzt – und damit mehr als die restlichen 99 Prozent zusammen.«[55] Auch die Zerstörung der menschlichen Lebensgrundlagen hat mittlerweile eine neue Qualität erreicht und ist zu einer Existenzkrise für die Menschheit geworden. Verschärft werden die sozialökologischen Missstände dadurch, dass die kapitalistische Entwicklung nicht nur dynamisch verläuft, sondern krisenhaft: »Wirtschaftskrisen, die nicht, wie so oft behauptet, in externen Auslösern, sondern in eigenen Widersprüchen der Entwicklung ihre Ursache haben, begleiten den Kapitalismus seit seiner Entstehung. Aber waren die Krisen in ihren Auswirkungen früher meistens begrenzt, ziehen sie nun immer weitere Kreise und werden, ebenso wie die globale ökonomische Entwicklung, immer intensiver und extensiver.«[56] Jenseits aller konkreten Erscheinungsformen der

54 Philip Broistedt/Christian Hofman 2020, s.o., S. 22.
55 Oxfam 2017: www.oxfam.de/ueber-uns/aktuelles/2017-01-16-8-maenner-besitzen-so-viel-aermere-haelfte-weltbevoelkerung
56 Philip Broistedt/Christian Hofman 2020, s.o., S. 26.

Krisen kann nicht geleugnet werden, dass diese immanenter Bestandteil der kapitalistischen Produktionsweise sind. Dabei ist nicht die Globalisierung das Problem, sondern die spezifischen kapitalistischen Formen, in denen sie gefangen ist.

Die ökologische Krise erreichte insofern eine neue Dimension, weil die Lebensgrundlagen der Menschen nicht willkürlich modifizierbar sind. Vielmehr gibt es objektive stoffliche Grenzen, die derzeit bereits massiv überschritten werden. Es wird aber nur eine sehr kurze Zeit gelingen, die Ökosysteme zu überanspruchen, also die Ressourcen schneller zu verbrauchen, als sie sich regenerieren. Es gibt nur begrenzt sauberes Wasser, Abfallsenken werden viel schneller gefüllt, als sie sich abbauen und alle diese Probleme werden überlagert von der überbeanspruchten Atmosphäre, die als Mülldeponie für die Treibhausgase fungiert. Sicherlich gibt es in der Geschichte viele Beispiele dafür, dass Menschen den Bogen massiv überspannten und ganze Landstriche verwüsteten. Der derzeitige Raubbau an der Natur hat allerdings eine ganz andere Qualität, da er im Gegensatz zu früheren Auswüchsen sowohl globale Dimensionen hat, als auch für die Menschheit unumkehrbare Folgen.

Im Modell der »planetaren Grenzen« haben NaturwissenschaftlerInnen die stofflichen Belastungsgrenzen der menschlichen Lebensgrundlagen in neun Dimensionen benannt.[57] »Die Forschung zeigt, dass diese neun Prozesse und Systeme die Stabilität und Widerstandskraft des Erdsystems bestimmen – also die Wechselwirkungen zwischen Land, Ozeanen, Atmosphäre und Lebewesen, die zusammen die Umweltbedingungen ausmachen, auf denen unsere Gesellschaften fußen«.[58] Mit anderen Worten, alle diese neun Systeme haben Grenzen, die langfristig nicht überschritten werden dürfen, wenn die Menschheit ihre Existenzbedingungen nicht untergraben will. Ein »umwelthistorischer Sonderfall«, hervorgebracht vor allem durch die seit dem industriellen Zeitalter stetig wachsende und ungeplante Nutzung fossiler Energieträger, also den schnellen »Verbrauch von über Jahrmillionen angesammelter und zersetzter Biomasse«.[59] Die Menschheit darf laut Weltklimarat nur noch weniger als 800 Milliarden Tonnen CO2 ausstoßen, wenn sie die Ziele des Pariser Vertrages von 2015 noch einhalten und unter 2° Temperaturanstieg bleiben will.[60] Für 1,5° wären es weniger als 500 Milliarden Tonnen. Derzeit sind es weltweit fast 45 Milliarden Tonnen pro Jahr. Rational betrachtet ist also klar, was jetzt

57 Die neun planetaren Grenzen: 1. Verlust der Artenvielfalt, 2. Klimawandel, 3. Biogeochemische Kreisläufe, 4. Abbau der Ozonschicht, 5. Abholzung und Änderung der Landnutzung, 6. Ozeanversauerung, 7. Süßwassernutzung, 8. Belastung der Atmosphäre mit Aerosolen und 9. Freisetzung von neuartigen Stoffen. Vgl.: Johan Rockström et al 2009: www.nature.com/articles/461472a

58 Potsdam-Institut für Klimafolgenforschung 2015: idw-online.de/de/news620079

59 Hans-Rudolf Bork/Verena Winiwarter 2014, Geschichte unserer Umwelt, WBG Theiss, S. 11.

60 Bernhard Pötter 2019: taz.de/CO2-Budget-fuer-Deutschland/!5642592/

zu tun ist. Aber die Rationalität kapitalistisch-ökonomischer Kalkulationen ist bestenfalls eine »Rationalität mit Scheuklappen«, weil sie niemals »nicht holistisch aufs Ganze bezogen« ist.[61]

Die Begrenztheit der natürlichen Ressourcen, und wichtiger noch, die Begrenztheit der Tragfähigkeit von Ökosystemen, kollidiert vor unseren Augen mit dem Drang des Kapitals zu unendlichem Wachstum. »Die kapitalistische Produktionsweise kann nicht stabil werden, sie muss wachsen und sich ausdehnen oder sie muß sterben«, brachte Friedrich Engels es einmal auf den Punkt.[62] Selbst die Irreversibilität von Umweltschäden kann den unbedingten Drang zum Maximalprofit nicht stoppen. Allen internationalen Abkommen, Beschlüssen und Gipfeln zum Trotz, der Raubbau an der Natur geht weiter und der Ausstoß der Treibhausgase nimmt zu.

Die Produktivkräfte, die sich in den letzten Jahrzehnten unheimlich entwickelt haben und immerhin potenziell die Grundlage für eine Emanzipation des Menschen bilden könnten, haben uns stattdessen an den Rand des Abgrundes geführt – sie sind zu »Destruktionskräften« geworden.[63] Auf Grundlage der Profitwirtschaft sind die Lebensgrundlagen der Menschheit nicht mehr aufrechtzuerhalten. Ein gutes Leben im Rahmen der planetaren Grenzen ist nur noch auf der Grundlage einer gesamtgesellschaftlichen Planung der Ökonomie umsetzbar, welche die natürlichen Ressourcen und Belastungsgrenzen des Planeten einbezieht. Dabei wäre eine gesellschaftlich planmäßige Produktion nur die notwendige, nicht aber eine hinreichende Bedingung für den Erhalt der menschlichen Lebensgrundlagen. Die kapitalistische Wirtschaft *muss* wachsen und expandieren, um nicht in die Krise zu geraten, eine geplante würde diesen Zwang nicht kennen. Es würde hier ganz auf die Pläne und die diesen zugrunde gelegten Prämissen ankommen. Während der Akkumulationszwang des Kapitals also prinzipiell in einen Widerspruch zu den natürlichen Lebensgrundlagen des Menschen geraten muss, hat bewusst geplantes Wirtschaften immerhin die Möglichkeit, die natürlichen Voraussetzungen zu achten und einzuplanen.

Die ökologische Frage wäre heute ohne Zweifel selbst bei geplanter Produktion jenseits von Wertverhältnissen eine große Herausforderung. Wenn die Ressourcen und planetaren Belastungsgrenzen nicht überbeansprucht werden sollen, bedarf es eines geplanten Um- und Rückbaus ganzer Industriezweige sowie einer grundlegenden Agrar- und Verkehrswende. Verfolgten

61 Elmar Altvater 2015, Engels neu entdecken, VSA, S. 130.

62 MEW 21, Dietz Verlag Berlin, S. 196.

63 Bereits bei Marx und Engels heißt es: »In der Entwicklung der Produktivkräfte tritt eine Stufe ein, auf welcher Produktionskräfte und Verkehrsmittel hervorgerufen werden, welche unter den bestehenden Verhältnissen nur Unheil anrichten, welche keine Produktionskräfte mehr sind, sondern Destruktionskräfte.« MEW 3, Dietz Verlag Berlin, S. 69. Für eine Auseinandersetzung mit »Marx' Ökologie in seiner unvollendeten Kritik des Kapitalismus« vgl. Kohei Saito 2016, Natur gegen Kapital, Campus.

KommunistInnen früher oft das Ideal einer aus dem Vollen schöpfenden Gesellschaft, kann es nunmehr kaum noch darum gehen, dass die Subalternen weltweit auf den heutigen Lebensstandard der »Reichen und Schönen« nachziehen. Während es unmöglich sein dürfte, das Niveau des Konsumwahns der kapitalistischen Zentren zu verallgemeinern und mit intakten Ökosystemen in Einklang zu bringen, so hätten die vom Kapitalverhältnis befreiten Menschen doch nach wie vor sehr viel zu gewinnen. Vor allem, wenn man bedenkt, dass freie Zeit ein wirklicher Reichtum ist und Lebensqualität etwas anderes als Massenkonsum und Wegwerfmentalität. Eine kommunistische Gesellschaft birgt nicht mehr das Versprechen, im Überfluss zu leben, dafür aber eine »Gesellschaft, in der die Erde kein Eigentum ist, sondern von der Gesellschaft verantwortlich genutzt wird, in der die Qualität in der Arbeit und im Genuss regiert, in der der wahre Reichtum jenseits der Produktion des Notwendigen in freier Zeit besteht und in der der Stoffwechsel zwischen Mensch und Natur die Naturgesetze zur Pflege einer schönen Umwelt nutzt. Ein nachhaltiges Bewusstsein, aus dem wirklich nachhaltiges Handeln entspringt.«[64]

An dieser Zielvorstellung wird klar, dass gesellschaftlich planmäßige Produktion nicht einfach ein technisches Verfahren ist, sondern neue gesellschaftliche Beziehungen voraussetzt, die die Menschen nur selber schaffen können. Mit den Grundlagen der bestehenden Gesellschaft müssten sie sich selber und ihr Bewusstsein umwälzen. Konkurrenz, Egoismus und Habsucht sind keine natürlichen Eigenschaften des Menschen, sondern Eigenschaften des kapitalistisch *gewordenen* Menschen. Vieles von dem, was uns heute als »natürliches Verhalten« oder »natürliches Bedürfnis« erscheint, dürfte sich nach der Emanzipation von Klassenherrschaft und Entfremdung als bloßer Ausgleich für die Qualen und Widrigkeiten des kapitalistischen Alltags entpuppen.

Dabei hat die Entwicklung der Produktivkräfte auch Steilvorlagen für gesellschaftlich bewusste Produktion jenseits des »vielberühmten Werts« hervorgebracht. Die Bedingung für die Aufhebung von Ware und Wert spitzte Engels einmal folgendermaßen zu: »Indem sich die Gesellschaft zur Herrin der *sämtlichen* Produktionsmittel macht, um sie gesellschaftlich planmäßig zu verwenden, vernichtet sie die bisherige Knechtung der Menschen unter ihre eignen Produktionsmittel.«[65] In diesem Sinne ist es logisch, den Übergang zu einer geplanten kommunistischen Wirtschaft für Länder zu prognostizieren, in denen die Mehrheit der Bevölkerung lohnabhängig ist und über keinen Besitz an Produktionsmitteln (mehr) verfügt. Nur in solchen Ländern könnte dann, neben die durch die Entwicklung des Kapitalismus *bereits*

64 Assoziation 2019: assoziation.info/?p=241
65 Friedrich Engels, MEW 20, Dietz Verlag Berlin, S. 273, Hervorh. d. Verf.

vorhandene gesellschaftliche Produktion, eine gesellschaftliche Aneignung des Produzierens und des Produzierten treten. Enteignet werden müssten wenige und die gesellschaftliche Produktion für den Markt könnte durch gesellschaftliche Produktion nach Plan ersetzt werden. Konnte von alledem im 19. und beginnenden 20. Jahrhundert mitnichten die Rede sein, so hat die Entwicklung der Produktivkräfte heute – zumindest im globalen Norden – genau diese gesellschaftlichen Voraussetzungen geschaffen. Und auch die Menschen – die wichtigste Produktivkraft – haben sich entwickelt; sie sind tendenziell selbstbewusster, gebildeter und universeller geworden. Die Produktion wird auch heute nicht von KapitalistInnen oder einer abgehobenen Schicht von SpezialistInnen organisiert, sondern vielmehr von den ArbeiterInnen.

Die Arbeitszeit als Rechnungsgröße für die Produktion wäre ebenfalls durch die Entwicklung der Produktivkräfte viel leichter zu erfassen und zu kalkulieren. Der Aufwand an Arbeit zur Herstellung der Produkte kann vergleichsweise einfach festgestellt und mit dem erwarteten Nutzen verglichen werden. Schon heute wird für jedes Produkt die (durchschnittliche) Arbeitszeit kalkuliert und dokumentiert. Die digitale Revolution wirkte in diesem Feld bereits sehr gründlich und müsste nun aus ihren kapitalistischen Formen herausgeholt werden. Die digitalen Tools wären dabei gute Hilfsmittel, entscheidend für die neuen Produktionsbeziehungen bliebe allerdings ihr Inhalt: Das Produkt, das keine Ware mehr ist, stände am Ende eines unmittelbar gesellschaftlichen Produktionsprozesses ohne Lohnarbeit und das bei Abwesenheit von Privatbesitz an den Produktionsmitteln. Unter diesen Voraussetzungen würde die Digitalisierung den Menschen dienen und sie nicht ersticken. Statt die Menschen zu drangsalieren und zu überwachen, könnten die technischen Errungenschaften helfen, Markt, Wert, Geld und Preis zu überwinden und die Güterbewegung auf Grundlage von Bedarf und Arbeitszeitrechnung zu organisieren.

Trotz aller Digitalisierung: Erfassen, wie viel durchschnittliche Arbeitszeit in den Produkten steckt und dementsprechend Planziele aufstellen, können die Menschen nur selber. Die gesellschaftliche Produktion *muss* gemeinschaftlich verwaltet werden. Das zentrale Planungsmodell des Staatssozialismus ist keine Lösung, auch nicht, wenn die Rechenkapazitäten für ein solches Verfahren heute weit besser wären: »Keine Planzentrale kann von den gesamten, detaillierten Vorgängen auf dezentraler Ebene wissen und sie insofern auch nicht adäquat (geschweige denn demokratisch) steuern. Jedes Modell bloß zentraler Planung missachtet diese notwendige Unvollkommenheit des Wissens auf zentraler Ebene.«[66] Auf der anderen Seite dürfte es bei bloß dezentraler oder

66 Jakob Heyer 2021: www.akweb.de/gesellschaft/planwirtschaftdebatte-pat-devine-und-david-laibman-ueber-demokratie-und-planung

autonomer Planung regelrecht unmöglich werden, komplexe Produkte herzustellen oder Infrastrukturen wie das Internet oder ein Bahnnetz zu betreiben. Gerade wer die ökologische Komponente der Planung ernst nimmt und die planetaren Grenzen im Auge hat, muss einsehen, dass es dringend auch zentraler Planungsmomente bedarf. Die entscheidende Frage ist deshalb nicht, ob die Produktionspläne »zentral« oder »dezentral« entstehen, sondern dass die freien ProduzentInnen ihre gesamtgesellschaftlichen Pläne selber erstellen.[67]

Eine selbstständige Planung durch freie und selbstbewusste ProduzentInnen kann es nur auf Grundlage der Errungenschaften und Herausforderungen der Moderne geben. Im vierten Kapitel haben wir deshalb Texte zusammengestellt, die auf ökologische, demokratische und technologische Planungsaspekte im Zusammenhang mit der neueren Produktivkraftentwicklung eingehen. Schließlich geht es nicht um oktroyierte Pläne, sondern freiwillige, nicht um staatliche, sondern gesellschaftliche, nicht um despotische, sondern demokratische. In freiheitlichen Formen könnten die individuellen Arbeitszeiten als eine gesellschaftliche geplant und verrechnet werden. Ob man eine solche Gesellschaft als *Ökosozialismus, Anarchokommunismus oder Communismus* bezeichnet, ist nebensächlich. Ebenso ob man am Begriff der Planwirtschaft festhalten will. Fakt ist: Die gesellschaftlichen Voraussetzungen wären grundverschieden von 1917. Nicht Untertanen des Zaren, nicht nachholende Industrialisierung, nicht »einholen und überholen« – mit der Planwirtschaft des 20. Jahrhunderts hätte ein erneuter Emanzipationsversuch der Menschen wenig zu tun.

IV. Zu den ausgewählten Texten

Das **erste Kapitel** enthält vier Texte, die sich allesamt auf die Arbeitszeit als grundlegende Rechnungsgröße für eine gesellschaftlich-genossenschaftliche Produktion jenseits von Waren- und Wertverhältnissen aussprechen. Sowohl **Karl Marx (1818–1883)** als auch **Friedrich Engels (1820–1895)** gaben sich sehr spärlich, wenn es darum ging, die angestrebte klassenlose Gesellschaft genauer zu fassen. Das Wort *Planwirtschaft* taucht bei ihnen nicht auf, sehr wohl aber Begriffe, die von ihrer Bedeutung klar in diese Richtung zielen. So spricht Engels bezüglich des Kommunismus nicht nur von »Plan« und »Produktionsplan«, sondern sogar von einer Gesellschaft, welche ihre »Produktivkräfte nach einem einzigen großen Plan harmonisch ineinandergreifen läßt.«[68]

---

67 »Der dem berühmten Marktsozialismus-Entwurf von Alexander Nove zugrunde liegende Gegensatz zwischen vertikaler, zentraler Planung einerseits und dem horizontalem, dezentralem Markt andererseits ist abstrakt und falsch.« Ebd.

68 Alle hier unter IV wiedergegebenen Zitate ohne Quellenangabe folgen später im Buch in den ausgewählten Textabschnitten.

Und Marx beschreibt im ersten Band des »Kapital« einen anzustrebenden gesellschaftlichen Lebensprozess, der als »Produkt frei vergesellschafteter Menschen unter deren bewusster planmäßiger Kontrolle steht.«[69]

Es ist wohl kein Zufall, dass sowohl Marx als auch Engels hinsichtlich einer kommunistischen Gesellschaft dort am konkretesten wurden, wo sie meinten, sich von anderen, zeitgenössischen Entwürfen abgrenzen zu müssen. So richten sich beide in diesem Buch abgedruckten Textpassagen direkt gegen konkurrierende Zukunftsentwürfe. Engels setzte sich ab Mitte der 1870er-Jahre in einer Artikelserie intensiv mit den in der deutschen Sozialdemokratie populären Ideen von Eugen Dühring auseinander. Marx' Missbilligung galt dem Entwurf des »Gothaer Programms«, einem 1875 beschlossenem Gründungsmanifest der deutschen Sozialdemokratie. Unter dem Titel »Herrn Eugen Dühring's Umwälzung der Wissenschaft« wurde Engels Artikelserie schon bald in Buchform herausgegeben, während Marx' »Kritik des Gothaer Programms« erst 15 Jahre nach deren Niederschrift publiziert wurde. Es ist erstaunlich, dass diese Texte im Staatssozialismus in den Kanon des Marxismus-Leninismus erhoben werden konnten, geht doch aus ihnen deutlich hervor, dass eine soziale Umwälzung, ganz im Gegensatz zum real existierenden Sozialismus, unmittelbar dazu übergehen müsse, alle Wert-, Geld-, und Warenverhältnisse aufzuheben und den Staat in die Gesellschaft zurückzunehmen. Zwar spricht Engels davon, dass die ArbeiterInnen »die Staatsgewalt« ergreifen sollen und Marx operiert in diesem Zusammenhang mit dem heute missverständlichen Begriff der »revolutionären Diktatur des Proletariats«, doch stehen diese Äußerungen bei ihnen in einem komplett anderen Kontext, als man nach den Erfahrungen des Staatssozialismus annehmen könnte. Beiden geht es im unmittelbaren Zusammenhang um die Aufhebung vom »Staat als Staat« und deshalb ist es gerade kein Widerspruch, wenn sie etwa die basisdemokratische Pariser Kommune von 1871 als »Diktatur des Proletariats« bezeichneten. Sie dachten bei diesem Terminus gerade nicht an die diktatorische Alleinherrschaft einer Partei oder Führungsclique.

Engels hat, gerade auch mit dem »Anti-Dühring«, dazu beigetragen, die Gedanken von Marx zu popularisieren. Ihm ist deshalb oft der Vorwurf gemacht worden, Marx verfälscht zu haben. Wenn es zwar stimmen mag, dass Engels in seiner Form der Darstellung an Marx nicht herankam, so schrieb er den »Anti-Dühring« in Abstimmung mit ihm und Marx steuerte sogar einige Passagen dazu bei. Gerade Engels viel gescholtene dialektische Naturbetrachtung verdient unbedingter Beachtung. Wenn er davon spricht, dass die Menschen zu »wirklichen Herren der Natur« werden müssen, so lohnt es sich

69 Karl Marx, MEW 23, s.o., S. 94.

auch hier genauer hinzusehen: »Schmeicheln wir uns indes nicht zu sehr mit unseren menschlichen Siegen über die Natur. Für jeden solchen Sieg rächt sie sich an uns.« Schließlich könne es bei der menschlichen Herrschaft über die Natur nur darum gehen, »ihre Gesetze« zu »erkennen und richtig anwenden zu können«.[70] Was zählt, ist der »Gesamtzusammenhang«, der die jeweilige Gesellschaftsformation und die Natur umschließt. Nicht zufällig beginnt auch Marx in seiner hier nachgedruckten Schrift mit der Erinnerung an die stofflichen, natürlichen Grundlagen allen durch Arbeit geschaffenen Reichtums.

Bei der anzustrebenden nachkapitalistischen Gesellschaft bestand unter den sozialdemokratischen TheoretikerInnen lange Zeit eine Art Bilderverbot. Dabei konnte man sich durchaus auf Marx und Engels berufen, die einmal geschrieben hatten, dass es nicht darum gehen könne, »Ideale zu verwirklichen«, sondern »Elemente der neuen Gesellschaft in Freiheit zu setzen, die sich bereits im Schoße der zusammenbrechenden«[71] entwickelt hätten. Erst mit dem Ende des Ersten Weltkriegs und den durch ihn verursachten revolutionären Situationen kam ein gewisser Schwung in die Debatte. Vor allem die aus der Kriegswirtschaft herrührende Naturalwirtschaft, eine Produktion vermeintlich ohne zugrunde gelegte Recheneinheit, erfreute sich dabei einiger Beliebtheit in Theorie sowie kriegskommunistischer Praxis. Bürgerliche Ökonomen und Theoretiker wie Ludwig Mises oder Max Weber argumentierten daraufhin, dass eine gesellschaftliche Produktion ohne Rechnungsgröße ein Ding der Unmöglichkeit wäre und fanden mit ihrem Plädoyer für Wert- und Geldverhältnisse Gehör bis weit in die Reihen der sozialdemokratischen TheoretikerInnen. Selbst Karl Kautsky, lange Zeit als »Papst des Marxismus« betrachtet, behauptete 1922 plötzlich, dass die »Fortdauer des Geldes als Wertmaßstab für die Buchführung und die Verrechnung der Austauschverhältnisse in einer sozialistischen Gesellschaft unentbehrlich« sei.[72] Helene Bauer und Otto Leichter sind als seltene Ausnahmen zu nennen, die an der an Marx angelehnten Arbeitszeitrechnung festhielten, was wir mit einem Abdruck in diesem Buch dokumentieren wollen.

Helene Bauer (1871–1942) war zunächst aktiv in der polnischen Sozialdemokratie tätig, später in der österreichischen Sozialdemokratischen Arbeiterpartei (SDAP). Sie war Mitarbeiterin der Zeitschrift *Der Kampf*, in deren redaktionelle Leitung sie zeitweise eingebunden war. Außerdem unterrichtete sie Statistik an der Wiener Arbeiterhochschule. »Helene Bauer war eine überaus belesene Frau, deren umfassende Bildung so manchen der ›großen Männer‹ des Austromarxismus erblassen ließ.«[73] Dass sie diesen auch in »den Bedingungen

70 Friedrich Engels, MEW 20, s.o., S. 452f.
71 Karl Marx, MEW 17, Dietz Verlag Berlin, S. 343.
72 Karl Kautsky 1922, Die proletarische Revolution und ihr Programm, J.H.W. Dietz Nachf., S. 318.
73 Dasrotewien.at: www.dasrotewien.at/seite/bauer-helene-geb-gumplowicz

der Überwindung der bürgerlichen Gesellschaft« überlegen war, zeigt der hier nachgedruckte Text »Geld, Sozialismus und Otto Neurath« aus dem Jahre 1923. Dabei bleibt sie in ihrer Argumentation konsistent: »Kapitalistische Warenwelt und kapitalistische Geldordnung sind so unzertrennlich miteinander und mit dem Kapitalismus überhaupt verbunden, daß ihr Untergang in der Periode der ›allgemeinen Herrschaft des Sozialismus‹ selbstverständlich, ja eine bloße Tautologie ist.« Etwas irritierend ist, dass sie trotzdem mit den alten Begriffen operiert und »in der gesellschaftlichen Planwirtschaft« die Worte Wert, Waren, Preis und Geld auftauchen. Sie macht aber ausdrücklich darauf aufmerksam, dass diese einen ganz anderen »Charakter« hätten, also »Waren ganz eigenartiger Art« seien und wir es mit einem »neuen, ganz anders gearteten Gelde, das an den Goldstoff nicht einmal ideell mehr gebunden ist« zu tun hätten. Die alten Terminologien für neue Verhältnisse mögen verwirren, vom theoretischen Anspruch aber bleibt Bauer schlüssig. Auch dass die Theorie kommunistischer Produktionsverhältnisse mit »unabhängigen bäuerlichen Privatproduzenten« praktisch nicht umsetzbar ist, deutet sie mit Blick auf die junge Sowjetunion bereits an.

Ebenfalls an der theoretischen Konzeption einer Arbeitszeitrechnung orientiert war die **Gruppe Internationaler Kommunisten Holland (GIK)** ein rätekommunistischer Theoriezirkel, der vom Ende der 1920er-Jahre bis zur Besetzung Hollands 1940 existierte. In Abgrenzung zum Kriegskommunismus in der Sowjetunion hielten sie in ihren »Grundprinzipien Kommunistischer Produktion und Verteilung« fest, dass »die geplante Produktion nur auf der Grundlage wirtschaftlicher Prinzipien aufgebaut werden« kann. Ebenso gegen Mises, Weber und Kautsky wie gegen die Bolschewiki gerichtet, rücken sie in ihrem Text die »durchschnittliche gesellschaftliche Arbeitsstunde« als grundlegende Recheneinheit des Kommunismus in Zentrum ihrer Betrachtung. Die Verwendung der »durchschnittlichen gesellschaftlichen Arbeitsstunde« als wirtschaftliche Recheneinheit konkretisiert die Theorie von Marx und Engels. Wesentlich für sie ist, dass diese Arbeitszeit nur von den ProduzentInnen selbstständig und »vor Ort« und erhoben werden kann und muss. Anders als Marx legen sie dabei, mit negativem Bezug auf die Sowjetunion, ein großes Augenmerk auf eine bestimmte Form der Verteilung. Die Festlegung der Arbeitszeit als Maß für den Verbrauch sei nichts anderes als eine technisch notwendige Maßnahme, um planmäßig verbrauchen und produzieren zu können. Um zu einer Aufhebung der Lohnarbeit zu kommen, muss für die GIK die Arbeitszeitrechnung in der Produktion der Verteilung nach Arbeitsstunden entsprechen. »Solange die Arbeit nicht Maßstab für den Konsum ist, solange gibt es einen ›Lohn‹, mag er hoch oder niedrig sein.«[74] Den Zentralismus der Sowjetunion,

74 GIK 2020 [1930], Grundprinzipien kommunistischer Produktion und Verteilung, S. 174.

in welcher die gesamte Produktion durch einen einzigen Volkswirtschaftsrat verwaltet werden sollte, kritisierten sie heftig. Sie plädierten für eine Selbstverwaltung durch die Betriebsorganisationen, die sich allerdings im Rahmen eines allgemeinen Produktionsplans bewegen müsse. Die hier abgedruckten Auszüge aus den »Grundprinzipien« stammen aus der erstmals 2020 ins Deutsche übersetzten überarbeiteten Fassung von 1935.

Das **zweite und dritte Kapitel** enthält Texte zum Staatssozialismus. Während das zweite Kapitel Dokumente aus der die frühen, naturalwirtschaftlich geprägten Phase enthält, geht es im dritten Kapitel um die später theoretisierte »planmäßige Anwendung des Wertgesetzes«. Beide Kapitel werden von einem in Deutschland entstandenen Text eingeleitet, in welchen theoretische Wurzeln sichtbar werden, bevor jeweils Texte aus der Sowjetunion folgen, dem Land, wo das Planwirtschaftsmodell des 20. Jahrhunderts praktisch entstand. Die gesamte Epoche des Staatssozialismus war von der Idee geleitet, Grundlage der Produktion könne eine staatliche Lenkung sein. Diese Grundannahme ist keine Idee der Bolschewiki, sondern hat ihre Wurzeln in der Theorie der deutschen Sozialdemokratie von »Staatskapitalismus«, »Finanzkapital« und »Generalkartell«, die auf Rudolf Hilferding zurückgehen. Da Hilferding prägend sowohl für naturalwirtschaftliche Planungsversuche wie für die später staatlich reglementierte »Anwendung des Wertgesetzes« steht, soll hier kurz auf seine Annahmen eingegangen werden.

In »Das Finanzkapital« formulierte Hilferding 1910 die These, dass die Konzentrationstendenzen in der kapitalistischen Wirtschaft zu einem »Generalkartell« streben. In diesem spielen dann Markt und Konkurrenz keine Rolle mehr, Geld sei nur noch Formsache und letztendlich entstehe eine bewusst gesteuerte Naturalwirtschaft: Eine »absolute Grenze für die Kartellierung« gab es für Hilferding nicht, vielmehr »ist eine Tendenz zu stetiger Ausbreitung der Kartellierung vorhanden. Die unabhängigen Industrien geraten […] immer mehr in Abhängigkeit von kartellierten, um schließlich von ihnen annektiert zu werden. Als Resultat des Prozesses ergäbe sich dann ein *Generalkartell.* Die ganze kapitalistische Produktion wird bewußt geregelt von einer Instanz, die das Ausmaß der Produktion in allen ihren Sphären bestimmt. Dann wird die Preisfestsetzung rein nominell und bedeutet nur mehr die Verteilung des Gesamtprodukts auf die Kartellmagnaten einerseits, auf die Masse aller anderen Gesellschaftsmitglieder anderseits. Der Preis ist dann nicht Resultat einer sachlichen Beziehung, die die Menschen eingegangen sind, sondern eine bloß rechnungsmäßige Art der Zuteilung von Sachen durch Personen an Personen. Das Geld spielt dann keine Rolle. Es kann völlig verschwinden, da es sich ja um Zuteilung von Sachen handelt und nicht um Zuteilung von Werten. Mit der Anarchie der Produktion schwindet der sachliche Schein, schwindet die Wertgegenständlichkeit der Ware, schwindet also das Geld. Das Kartell verteilt das Produkt. […] Im Finanzkapital erscheinen alle partiellen Kapitalformen zur Totalität vereinigt.«[75] Die Theorie von der bereits im Kapitalismus bewusst geregelten Produktion und Verteilung durch »Finanzkapital und Generalkartell«, Begrifflichkeiten und Herleitungen, die in Marx' Kapital nicht vorkommen, haben die Gedankenwelt beider Flügel der ArbeiterInnenbewegung nachhaltig geprägt.[76] Nur die Frage, auf welche Weise man die Staatsmacht erobern sollte, trennte die Vorstellungswelt, »während die Frage nach der Organisation der gesellschaftlichen Ökonomie« für beide Fraktionen »durch die Entwicklung des Finanzkapitals selbst immer besser gelöst« wurde.[77]

Die zunehmende Monopolisierung und Staatstätigkeit, die im Deutschen Kaiserreich jener Jahre zu beobachten war, sah man als unmittelbare Vorbereitung für den Sozialismus. Die staatlich reglementierte Kriegsproduktion im Ersten Weltkrieg gab dieser Idee noch einmal ungeheuren Aufschub. Ein Name, der in diesem Zusammenhang nicht fehlen darf, ist **Otto Neurath (1882–1945)**, dessen Auffassungen von Helene Bauer und der GIK kritisiert wurden. Neurath, der in den 1920er-Jahren einer »der wichtigsten Köpfe der sozialdemokratischen Bildungs- und Gesellschaftspolitik«[78] in Wien wurde, arbeitete während des Krieges im Kriegsministerium der K.-u.-k.-Monarchie als Leiter der Gruppe für allgemeine Kriegs- und Heereswirtschaft und sowie als Direktor des Deutschen Kriegswirtschaftsmuseums. Er habilitierte sich in dieser Zeit mit der Schrift »Durch die Kriegswirtschaft zur Naturalwirtschaft«. Seine hier abgedruckte Rede »Wesen und Weg der Sozialisierung« spiegelt die Quintessenz seiner Auffassungen wider, vor allem der positive Bezug auf den Zentralismus, die Kartelle, den Staat und die Kriegswirtschaft. Ähnlich wie Hilferding sah Neurath bereits vor dem Krieg die Tendenz zu einer zentral verwalteten Wirtschaft mit naturalwirtschaftlichem Einschlag. Seine später davon abgeleitete Position war die einer Produktion »auf Grund eines Wirtschaftsplanes, ohne Zugrundelegung einer Recheneinheit.«[79] In den Revolutionswirren 1919 bzw. in der kurzlebigen Münchner Räterepublik wollte Neurath seine Ideen in der Praxis verwirklichen und übernahm vor deren Niederschlagung die Leitung des Zentralwirtschaftsamtes. Er wurde deshalb für »Beihilfe zum Hochverrat« inhaftiert, nach Österreich ausgeliefert und verlor seine Lehrbefugnis in Heidelberg.

75 Rudolf Hilferding 1955 [1910], Das Finanzkapital, Dietz Verlag Berlin, S. 349f.
76 Zum Vergleich von Marx' Kapital mit Hilferding siehe Klaus Winter 1987: assoziation.info/?page_id=224
77 Rudolf Hilferding 1955 [1910], s.o., S. 351.
78 Dasrotewien.at: www.dasrotewien.at/seite/neurath-otto
79 Otto Neurath 1925, Wirtschaftsplan und Naturalrechnung, Verlag von Georg D.W. Callwey, S. 84.

Auch die meisten der führenden Bolschewiki gingen davon aus, der Sozialismus sei nichts anderes als der nächste Schritt vorwärts über das staatskapitalistische Monopol hinaus. Wie seine damaligen Genossen, allen voran Lenin, war auch **Nikolaj Bucharin (1888–1938)** theoretisch stark von der deutschen Sozialdemokratie geprägt, deren Ideen von ihnen nur revolutionär geschliffen wurden: »Das System der sozialistischen Diktatur, die man als ›Staatssozialismus‹ bezeichnen könnte [...] ist die dialektische Negation, das Gegenteil des Staatskapitalismus«.[80] Der Gedanke einer Entwicklung von der kriegskommunistisch-naturalwirtschaftlichen Programmatik hin zur »planmäßigen Ausnutzung des Wertgesetzes« durch den Staat war der gesamten bolschewistischen Führungsspitze gemein. Dass in der vorliegenden Textsammlung Bucharin für die erste, Lenin und Trotzki aber für die zweite Phase zu Wort kommen, ist letztlich beliebig. Hier kommt es auf den Zeitraum an, nicht auf den Autor und man hätte ebenso gut Texte von Lenin und Trotzki für die erste Phase und Bucharin für die zweite Phase auswählen können. Bucharin, lange Zeit der Theoretiker der Bolschewiki und langjähriger Vorsitzender der Kommunistischen Internationale, war in mehrfacher Hinsicht bedeutend. Er konstruierte »theoretisch das zentralistische System, wie es sich später in der russischen Gesellschaft entwickelte; seine populären Broschüren und programmatischen Entwürfe prägten das ideologische Bewußtsein einer ganzen Generation, vor allem junger Kommunisten.«[81]

Zählte Bucharin während des Bürgerkriegs zu den »linken Kommunisten«, so arbeitete er später das Stalinsche Programm vom »Aufbau des Sozialismus in einem Land« theoretisch aus. Da er länger an der NÖP festhielt als die Parteimehrheit um Stalin, galt er ab Ende der 1920er-Jahre als »Rechtsabweichler« und wurde 1938 Opfer des 3. Moskauer Schauprozesses. Die hier nachgedruckten Auszüge aus dem 1919 geschriebenen Text »Das Programm der Kommunisten (Bolschewiki)« stehen noch ganz auf dem Boden seiner frühen naturalwirtschaftlichen Betrachtungen. Die Bevölkerung ist »in große Gruppen, deren Bedürfnisse man genau berechnen kann, vereinigt und organisiert«. Notwendige Voraussetzung dabei ist die »zentralisierte vereinigte Verwaltung«, die auf Grundlage des »einheitlichen Plans« agiert. Nicht nur die aggressive Sprache, sondern auch der Inhalt sind deutlich von Krieg und Bürgerkrieg geprägt. »Die Arbeitsarmee organisierend, muß man auch eine revolutionäre Arbeitsdisziplin dieser Armee schaffen.« Zwar ist viel von »Arbeitspflicht« die Rede und einem »Arbeitsbüchlein«, welches über diese Rechenschaft ablegt, aber eine Rechnungseinheit kommt nicht vor, weder für die Produktion noch

80 Nikolai Iwanowitsch Bucharin 1970 [1919], s.o., S. 116.
81 Günther Hillmann 1970, Nachwort zu Ebd., S. 183.

für die Verteilung. Diese Leerstelle ist kein Alleinstellungsmerkmal Bucharins, sondern steht stellvertretend für die bolschewistischen Vorstellungen im Kriegskommunismus.

Die zentrale Rolle, die die Räte in der Revolution gespielt hatten, verblasste schnell und wich einer Konzentration der Macht an der Parteispitze. Innerhalb der Bolschewiki wurde dies von der **»Arbeiteropposition« (AO)** angeprangert, die vor allem vor und auf dem zehnten Parteitag in Erscheinung trat, der im März 1921 abgehalten wurde. Es handelte sich um eine linksoppositionelle Strömung innerhalb der Partei, die fast ausschließlich aus Gewerkschaftern bestand. Ihr Sprecher war **Alexander Schljapnikow (1885–1937)**, Vorsitzender der Allrussischen Metallarbeitergewerkschaft. Die auf dem Parteitag verteilte Selbstdarstellung der Gruppe – »Die Arbeiteropposition«[82] – schrieb die als erste Ministerin und Botschafterin der neueren Geschichte bekannt gewordene Alexandra Kollontai (1872–1952). Die Arbeiteropposition beklagte eine zunehmende Entfremdung von Sowjetbeamten und Werktätigen und trat für eine Wiederbelebung und Sicherung der »Arbeiterdemokratie« ein. Gegen die von Lenin, Bucharin und Trotzki befürwortete »Einmannleitung« als administratives Prinzip sprachen sie sich für Formen der »kollegialen Leitung« aus. Die entstehende staatliche Bürokratie solle einer »Produktionsdemokratie« Platz machen. Nach Sicht der AO sollte dies aber nur für ein »sieben Millionen zählendes Proletariat« gelten, nicht für »die Bauernschaft mit ihren Kleinbesitzeransprüchen.«[83] Über eine Beteiligung der Gewerkschaften an der Leitung sollte es zu Eigeninitiative und Selbstverwaltung der ArbeiterInnen kommen. »Das Proletariat fordert die größte Reinheit und Kompromißlosigkeit der Politik, es fordert den raschen, beschleunigten Marsch zum Kommunismus.«[84] Damit vertrat die AO letztlich das, was noch kurze Zeit zuvor Hoffnung und Programm fast aller Bolschewiki gewesen war. Ihre Forderungen lesen sich als prägnante Zusammenfassung der damaligen planwirtschaftlichen Vorstellungen: einheitlicher Wirtschaftsplan, Steigerung der Produktivität und straffster Zentralismus, nur das sie diesen durch die »Wählbarkeit und Verantwortlichkeit« ergänzt wissen wollte. Ihre Forderung nach Ausweitung und systematischer »Naturalisierung des Arbeitslohns« enthalten keinerlei Vorschläge über eine etwaige Recheneinheit für Produktion oder Verteilung. Der zehnte Parteitag der Bolschewiki wurde allerdings zum Wendepunkt in die entgegengesetzte Richtung. Er leitete nicht nur den Übergang vom Kriegskommunismus zur NÖP ein, sondern war auch ein Meilenstein

82 Alexandra Michailowna Kollontai 1921: www.marxists.org/deutsch/archiv/kollontai/1921/opposition/arbeiter.htm
83 Ebd.
84 Ebd.

in der Form der innerparteilichen Auseinandersetzungen. Auf Antrag Lenins wurden am letzten Tag der Beratungen alle Gruppen oder Plattformen – auch die Arbeiteropposition – für aufgelöst erklärt. Der hier abgedruckte Text »Die Organisation der Volkswirtschaft und die Aufgaben der Gewerkschaften« war die Parteitagsrede von Schljapnikow und gibt die im Kreis der AO vertretenen Anschauungen gut wieder.

Charakteristisch für die ArbeiterInnenbewegung des 20. Jahrhunderts und ihre Vorstellungen von gesellschaftlicher Planung ist die starke Fixierung auf den Staat. Die Geister schieden sich lediglich, wenn es darum ging, ob dieser auf parlamentarischem oder revolutionärem Weg erobert werden sollte. Der »organisierte Kapitalismus« oder »Staatskapitalismus« sollte auf alle Fälle die Vorstufe für das »Hinüberwachsen in den Sozialismus« sein. Auch diese Staatsfixiertheit ist ein Erbe der deutschen Sozialdemokratie bzw. der von ihr geprägten II. Internationale. **Rudolf Hilferding (1877–1941)** galt als einer der bedeutendsten Namen und seine Schrift »Das Finanzkapital« wurde bereits im Zusammenhang mit naturalwirtschaftlichen Vorstellungen hervorgehoben. Hilferding war führendes Mitglied der SPD bzw. zwischenzeitlich der USPD und in der Weimarer Republik zweimal Reichsminister der Finanzen. Dieses Amt passte sehr gut zu seinen politischen Auffassungen: »Wenn die Wirtschaft immer organisierter und der Einfluß des Staates auf die Wirtschaft immer bedeutsamer wird, ist es ganz klar, daß es das Interesse der Arbeiterschaft sein muß, immer größere Möglichkeiten zu haben, sich in der Kommunal- und Länderverwaltung zu betätigen.« Sein Kerngedanke besteht ganz klar darin, »den Staat zu benutzen als Mittel zur Leitung und Beherrschung der Wirtschaft«. Mehr noch, »planmäßige, mit Bewußtsein geleitete Wirtschaft« wird zum Synonym für die »Einwirkung durch die einzige bewußte und mit Zwangsgewalt ausgestattete Organisation der Gesellschaft, [die] Einwirkung durch den Staat.« Die hier abgedruckten Auszüge sind einem Referat Hilferdings auf dem Kieler Parteitag der SPD von 1927 entnommen und belegen eindrücklich die Fokussierung auf den Staat, um die »von den Kapitalisten organisierte und geleitete Wirtschaft in eine durch den demokratischen Staat geleitete Wirtschaft umzuwandeln«.

In der Ideenwelt von **Wladimir Iljitsch Lenin (1870–1924)**, Vorsitzender der Bolschewiki sowie erster Regierungschef der Sowjetunion, trafen die etatistischen Vorstellungen der II. Internationale mit der Tradition des sozialrevolutionären Terrorismus der »Volkstümler« (Narodniki) zusammen. Ihre Elitevorstellungen und ihr Voluntarismus prägten seine Theorie der Partei als einheitlich handelnder, nach straffem Zentralismus funktionierender bewußter und organisierter Vorhut. Mit diesem Kadertrupp von Berufsrevolutionären sollte Russland in seinen Worten mit barbarischen Methoden die Barbarei ausgetrieben werden.[85] In der Zeit des Kriegskommunismus übertrug er diese Idee zunächst brachial auf das ökonomische Gebiet. »Umwandlung des ganzen staatlichen Wirtschaftsmechanismus in eine einzige große Maschine, in einen Wirtschaftsorganismus, der so arbeitet, daß sich Hunderte Millionen Menschen nach einem einzigen Plan richten.«[86] Auch er argumentierte zunächst sehr nah an Hilferding: »Der objektive Gang der Entwicklung ist derart, daß man von den *Monopolen* aus (und der Krieg hat deren Zahl, Rolle und Bedeutung verzehnfacht) *nicht* vorwärtsschreiten kann, ohne zum Sozialismus zu schreiten.«[87] Und auch für Lenin war das unmittelbare Vorbild das Deutsche Kaiserreich: »Solange in Deutschland die Revolution noch mit ihrer Geburt säumt, ist es unsere Aufgabe, vom Staatskapitalismus der Deutschen zu lernen, ihn *mit aller Kraft* zu übernehmen, keine *diktatorischen* Methoden zu scheuen, um diese Übernahme noch stärker zu beschleunigen.«[88] Sein in diesem Buch auszugsweise wiedergegebenes Referat von Ende 1921 enthält bereits das Eingeständnis, dass es im kleinbürgerlich-bäuerlichen Russland keinen solchen direkten Weg zur bewussten und geplanten Produktion geben könne. »Bei einem anderen Kulturniveau könnte man die Aufgabe direkter lösen, und vielleicht werden andere Länder sie auch so lösen, wenn die Zeit der Errichtung kommunistischer Republiken für sie gekommen sein wird. Wir jedoch können die Frage nicht auf direktem Wege lösen.« Die NÖP, die »Wiederherstellung des Kapitalismus in beträchtlichem Ausmaß«, schildert er als ein notwendiges Zugeständnis an die bäuerliche Mehrheitsbevölkerung. Was »dem Proletariat, das bestrebt ist, die sozialistische Gesellschaft aufzubauen« bleibt ist die »proletarische Staatsmacht«. Nicht ökonomische Gesetzmäßigkeiten oder die Entfaltung von Wertform und Wertgesetz bestimmen sein Denken, sondern die auf den Staat zugespitzte Machtfrage. Es gelte zunächst, »einen Kapitalismus zu schaffen, der dem Staat untergeordnet ist und ihm dient«, um auf diesem Weg das Kulturniveau zu heben und zu sehen, auf welche Seite sich die Bauernschaft schlagen wird.

Nach Lenins Tod hatte die »proletarische Staatsmacht« dann mit Kollektivierung, Industrialisierung und Fünfjahresplänen zu mächtigen Schlägen ausgeholt, um den »Kapitalismus in beträchtlichem Ausmaß« zu überwinden und 1936 verkündet, den Sozialismus als erste Stufe des Kommunismus erreicht zu haben. Im krassen Gegensatz zu den eigentlichen theoretischen Annahmen stand das Planwirtschaftsmodell, welches sich dabei herauskristallisierte, ganz

85 Wladimir Iljitsch Lenin, LW 27, Dietz Verlag Berlin, S. 333.
86 Ebd., S. 77.
87 Wladimir Iljitsch Lenin, LW 25, Dietz Verlag Berlin, S. 369.
88 Wladimir Iljitsch Lenin, LW 27, Dietz Verlag Berlin, S. 333.

offensichtlich auf dem Boden von Geld- und Marktbeziehungen, was einer Begründung bedurfte. Ein interessantes Zeugnis für die theoretische Rechtfertigung dieser Eigentümlichkeit stellen die Lehrbücher dar, die vom **Institut für Ökonomie der Akademie der Wissenschaften der UdSSR** herausgegeben wurden. Das **Lehrbuch** von 1954 hat gegenüber späteren Auflagen den Vorzug, dass mit einer gewissen Kohärenz argumentiert wird. Dabei nahmen die Autoren allerdings unausgesprochen eine bedeutende theoretische Revision vor. In der ersten Phase des Kommunismus, die nun weithin als Sozialismus bezeichnet wurde, sollten Warenproduktion, Geld und Staat nicht verschwinden, sondern nunmehr erhalten bleiben. Statt abzusterben wurde der »sozialistische Staat« zum Dreh- und Angelpunkt: »Der sozialistische Staat baut Betriebe und ganze Produktionszweige auf.« Das Wertgesetz sollte nicht mehr überwunden, sondern »vom Staat in der Praxis der Planung der Volkswirtschaft berücksichtigt und ausgenutzt« werden. Dies wird mit den Produktionsverhältnissen der bäuerlichen Mehrheitsbevölkerung begründet, »wo die Arbeit nur im Rahmen des jeweiligen landwirtschaftlichen Artels [Genossenschaft] vergesellschaftet ist« und nicht im »gesamtstaatlichen Maßstab«. Hinzu kam noch die offen privatwirtschaftliche Produktion der Kollektivbauern »in der persönlichen Nebenwirtschaft«.[89] Aus diesen »Warenbeziehungen« erklärte man die Unmöglichkeit, die Erzeugnisse »unmittelbar in Arbeitszeit auszudrücken«[90] und daraus die Notwendigkeit der Geldform. Ergo: Solange es noch privatwirtschaftliche Produktion gibt, gilt auch im geplanten Teil der Wirtschaft das Wertgesetz. Diese aus der Analyse der sowjetischen Verhältnisse entnommenen Kategorien wurden im Lehrbuch zu allgemeingültigen Erkenntnissen erhoben und als »Notwendigkeit der Warenproduktion im Sozialismus« postuliert. Auch die mit dieser eng zusammenhängende »Notwendigkeit der Geldform«[91] galt fortan als »gesetzmäßig« für die Planwirtschaft im 20. Jahrhundert. Versuche, den Staat in die Gesellschaft zurückzunehmen oder die Wertverhältnisse durch eine direkt gemessene Arbeitszeit aufzuheben, gab es in den verbliebenen Jahrzehnten des Staatssozialismus weder in der Theorie noch in der gesellschaftlichen Praxis. Vielmehr blieb das hier abgedruckte Kapitel – »Der Charakter des Wirkens des Wertgesetzes im Sozialismus« – charakteristisch und spiegelte weithin geteilte Annahmen wider, auch wenn man in den Lehrbüchern der künftigen Jahrzehnte immer großzügiger mit Kategorien wie Preis, Gewinn und Konkurrenz umging.

Dass das Lehrbuch nicht nur die Annahmen der seinerzeitigen KP-Führer anzeigte, sondern nur konzentriert wiedergab, was bereits zuvor Grundannahmen

89 Politische Ökonomie Lehrbuch 1954, Dietz Verlag Berlin, S. 503.
90 Ebd.
91 Ebd., S. 501f.

fast aller russischen KommunistInnen gewesen waren, wird deutlich, wenn man es mit den Auffassungen des verstoßenen bolschewistischen Revolutionärs Trotzki vergleicht. **Leo Trotzki (1879–1940)**, der eine Schlüsselposition in den Revolutionen 1905 und 1917 innehatte und nach der Oktoberrevolution als Kriegskommissar und Gründer der Roten Armee agierte, war zunächst einer der radikalsten Anhänger der »utopischen« Hoffnungen der Epoche des Kriegskommunismus: »Die ausgedehnte Anwendung der Arbeitspflicht wie auch die Maßnahmen zur Militarisierung der Arbeit können nur dann eine entscheidende Rolle spielen, wenn sie auf Grund eines einheitlichen Wirtschaftsplanes erfolgen, der das ganze Land und alle Zweige der industriellen Tätigkeit umfaßt. Dieser Plan muß auf eine Reihe von Jahren, auf die ganze nächste Epoche berechnet sein.«[92] Ähnlich wie alle anderen führenden Bolschewiki trug er dann ab 1921 den »Rückzug« auf die NÖP mit. Doch trotz zunehmender Entmachtung und dem erzwungenen Exil ab 1929 war seine Kritik am entstehenden sowjetischen Planwirtschaftsmodell nicht von grundsätzlicher Natur. Vielmehr ging er von ähnlichen Prämissen aus wie die ehemaligen GenossInnen in Moskau. Noch wenige Jahre vor seiner Ermordung schrieb er 1936 in seinem Buch »Verratene Revolution«, auf welches wir hier zurückgreifen, folgende Zeilen: »In der kommunistischen Gesellschaft werden Staat und Geld verschwunden sein. Ihr allmähliches Absterben muss also schon unter dem Sozialismus beginnen. Von einem tatsächlichen Sieg des Sozialismus wird man erst in dem geschichtlichen Augenblick sprechen können, wenn der Staat nur noch halb ein Staat ist und das Geld seine magische Kraft einzubüßen beginnt.« Seine Kritik beschränkt sich hier auf das eingeschobene Adjektiv »tatsächlich«. Wenn man weiterliest zeigt sich, dass er auch ansonsten von denselben ökonomischen Grundnennern ausgeht wie die Parteiorthodoxie. Ein »erfolgreicher sozialistischer Aufbau« ist für ihn »undenkbar ohne Einschaltung des unmittelbaren persönlichen Interesses der Erzeuger und Verbraucher in das Plansystem, d. h. ihres Egoismus, der seinerseits nur in dem Fall befruchtend wirken kann, wenn ihm das gewohnte zuverlässige und geschmeidige Mittel zur Verfügung steht: das Geld.« Und auch bei Trotzki läuft letztendlich alles über den »Staat«, den »universellen Kaufmann, Gläubiger und Industriellen«.

Das **vierte** und letzte **Kapitel** enthält vier Texte vergleichsweise neueren Datums, die allesamt schon das Scheitern des Staatssozialismus verarbeiten oder wenigstens vorwegnehmen. Wenn auch die Dokumente sehr unterschiedliche Ausgangspunkte haben und unterschiedliche Themen bearbeiten, so eint sie doch, dass sie in der einen oder anderen Form die Entwicklung der neuen

92 Leo Trotzki 1921, Terrorismus und Kommunismus: www.marxists.org/deutsch/archiv/trotzki/1920/terror/08-orgarb.html#s3

Produktivkräfte und deren Chancen und Herausforderungen behandeln, die sich heute für eine gesellschaftlich planmäßige Produktion ergeben würden.

Wolfgang Harich (1923–1995) gilt als einer der umstrittensten und widersprüchlichsten marxistischen Denker der DDR. Schon 1946 trat er der KPD bei, wurde dadurch kurze Zeit später SED-Mitglied und hatte ab 1952 eine Professur für Philosophie in (Ost-)Berlin inne, welche er allerdings nach nur einem Jahr und ersten Auseinandersetzungen mit der Partei wieder niederlegte. In einem Schauprozess wurde Harich 1957 zu 10 Jahren Haft verurteilt, von denen er acht Jahre absitzen musste. Aus dem Gefängnis entlassen, las Harich Anfang der 1970er-Jahre die »Grenzen des Wachstums«, die der »Club of Rome« in Auftrag gegeben hatte, und wandte sich fortan auf äußerst radikale Art ökologischen Fragestellungen zu. Aus dieser Beschäftigung ging sein bekanntestes Buch – »Kommunismus ohne Wachstum« – hervor, welches zwar nicht in der DDR, dafür aber offiziell in der Bundesrepublik erscheinen durfte und aus welchem wir einige Auszüge bringen. Inhaltlich war das Buch als Verbesserungsvorschlag an die Parteioberen in Ostberlin und Moskau adressiert und enthielt keinerlei Kritik an deren autoritärer Herrschaft. Vielmehr versuchte Harich die damals erstmals diskutierten objektiven ökologischen Grenzen mit der Staatsdoktrin des Marxismus-Leninismus zu versöhnen. Die Argumentation lief darauf hinaus, dass der kapitalistische Wachstumszwang des Westens gar nicht die Möglichkeit habe durch »Übergang zum Nullwachstum […] oder zu organischem Wachstum […] die Befriedigung der menschlichen Bedürfnisse mit dem Schutz und der Erhaltung der Biosphäre für immer in Einklang zu bringen« – der Kommunismus dagegen »ohne weiteres«.[93]

Dass Wissenschaft und FunktionärInnen im Staatssozialismus ebenso wachstumsorientiert auftraten wie die westliche Konkurrenz, sah und kritisierte Harich deutlich, verwies aber darauf, dass dies politisch gewollt und nicht systemimmanent wäre. Statt dem westlichen Konsumniveau hinterherzulaufen, sollten die WirtschaftsplanerInnen fortan menschliche Bedürfnisse und Biosphärenschutz in Einklang bringen. Es ist bemerkenswert, wie ernst Harich bereits Mitte der 1970er-Jahre die ökologische Frage nahm, die sich heute mit rasender Geschwindigkeit so zuspitzt, wie er dies bereits seinerzeit befürchtete. Er stellte heraus, dass bewusste gesellschaftliche Planung eine notwendige, nicht aber schon eine hinreichende Bedingung für ein Wirtschaften im Einklang mit den natürlichen Voraussetzungen ist. Harich ging davon aus, eine ökologisch verträgliche, geplante Produktion sei letztlich eine globale Frage. Die Vorstellung, im Kommunismus könne jeder und jede nach »den Bedürfnissen« bekommen, unterzog er einer radikalen Kritik, wobei er durchaus sah,

93 Wolfgang Harich 1975, Kommunismus ohne Wachstum, Rowohlt, S. 46

dass es bei der auf Marx zurückgehenden Definition des Kommunismus darauf ankommt, wie man das Wort »Bedürfnis« interpretiert. Tatsächlich plädierte Harich für eine etwas regressiv anmutende »asketische Variante des Kommunismus«,[94] argumentierte aber trotzdem mit dem »Lebensglück der Menschen«. Dabei blieb er Zeit seines Lebens autoritär-erzieherisch argumentierender Leninist der, »falls nötig«, auch an »rigorose Unterdrückungsmaßnahmen« und »gesetzlich verfügte Massen-Entziehungskuren« dachte. Auch wenn er in »Kommunismus ohne Wachstum« auf die etatistische Gleichheitskonzeption Babeufs zurückgriff, so liest sich diese Hommage nur unschwer als Rechtfertigung der autoritären Strukturen im Staatssozialismus. Sosehr Harich für ökologische Fragestellungen und bewusste gesellschaftliche Planung interessant ist, sosehr muss man bei der Beschäftigung mit seiner Schrift im Auge behalten, dass er die größten Mängel der Planwirtschaft im 20. Jahrhundert nicht kritisierte, sondern auf ihren Grundlagen argumentierte.

Weit kritischer gegenüber dem Staatssozialismus als Harich argumentierte **Rudolf Bahro (1935–1997)**, der auch aus der DDR stammte und dort ebenfalls als marxistischer Denker ins Gefängnis wanderte. Sein bedeutendstes Buch »Die Alternative« aus dem Jahre 1977, aus dem hier einige Passagen veröffentlicht werden, war auf die politische Situation in der DDR gemünzt und stellte die Frage: »Verharren im Etatismus oder vorwärts zur allgemeinen Emanzipation, vorwärts in die Kulturrevolution«,[95] wobei letztere bei ihm eine Revolution aus dem Staatssozialismus in Richtung wirklicher Emanzipation meinte. Angelehnt an Marx und Engels plädierte er für die »Gesellschaft als Assoziation von Kommunen« und verband dies mit der Forderung nach dem Übergang zu einer Arbeitszeitrechnung: »Neben der vom Gesamtplan ausgehenden und dann über die Kommunen vermittelten Kontrolle der bedarfs- und qualitätsgerechten Produktion muß es ein gesamtgesellschaftlich anerkanntes, aber von jedermann handhabbares System kommunizierender Kennzahlen geben, um die Effektivität also das Verhältnis zwischen Aufwand und Ergebnis zu messen, und zwar auf der Basis der Arbeitszeitrechnung.«[96] Eine zentrale Vokabel bei Bahro, gerade auch in Hinblick auf die ökologische Frage, sind die »Kompensationen« der Menschen, die »kompensatorische Interessen und Bedürfnisse« aufweisen und bezüglich Produktion und Konsumtion einen »kompensatorischen Komplex« und »kompensatorischen Verbrauch« mit sich bringen. »Die kompensatorischen Interessen auf der einen Seite sind die unvermeidliche Reaktion darauf, daß die Gesellschaft die Entfaltung, Entwicklung

94 Ebd. S. 128.
95 Rudolf Bahro 1977, s.o., S. 423.
96 Ebd., S. 537.

und Bestätigung zahlloser Menschen frühzeitig beschränkt und blockiert. Die entsprechenden Bedürfnisse werden mit Ersatzbefriedigungen abgespeist.« Dagegen hält er die »emanzipatorischen Interessen«, zu deren Verwirklichung allerdings eine »tiefgreifende Transformation der Bedürfnisstruktur« erforderlich, letztendlich die »Überwindung der Subalternität, der Daseinsform und Denkweise ›kleiner Leute‹. Sie bedeutet in ihrem Kern Aufhebung der alten, vertikalen Arbeitsteilung, Umwälzung der ganzen mit ihr verbundenen Bedürfnisrichtung und -struktur.«[97] Nach zwei Jahren Haft amnestierte die DDR Bahro und ließ ihn nach Westdeutschland ausreisen, wo er seine marxistischen Ansichten mehr und mehr aufgab und über die grüne Bewegung zur Esoterik abdriftete.

Seine frühen Argumentationen wurden aber von dem britischen sozialistischen Ökonomen **Pat Devine (geboren 1937)** aufgegriffen und weiterentwickelt. In »Democracy and Economic Planning« entwickelte Devine 1988 ein System einer geplanten Ökonomie, dass dezentrale und zentrale Entscheidungen über Eigenverantwortung, Demokratie und »verhandelnde Koordination« ermöglicht. Für Devine ist ökonomische Planung eine notwendige Bedingung für die selbstverwaltete Gesellschaft, damit Menschen individuell und kollektiv ihre Leben kontrollieren können. Für die »demokratische Planung« setzt Devine drei Voraussetzungen: Die Sozialisierung der Produktionsmittel, die politische und ökonomische Demokratie sowie (mit direktem Verweis auf Bahro) die Aufhebung der sozialen Teilung der Arbeit. Wir dokumentieren in diesem Buch erstmals auf deutsch übersetzte Ausschnitte aus »Democracy and Economic Planning«. Den drei Voraussetzungen, die wir für elementar bedeutend halten, folgt eine Einführung in sein ökonomisches System der »verhandelnden Koordination«. Mit diesem wendet sich Devine gegen alle Formen zentralistischer Planwirtschaft, wie auch gegen alle Formen des Marktsozialismus. So sinnvoll diese Abgrenzungen sind, so kritisch würden wir darauf verweisen, dass in Devines Modell ein Markt bestehen bleibt, ebenso wie Geld und Lohn. Die Abgrenzung zum Marktsozialismus bleibt unseres Erachtens inkonsequent, was auch daran ersichtlich wird, dass nicht die gesamte Koordination durch Koordinations- und Verhandlungsgremien bzw. die demokratisch legitimierten Pläne erfolgt. Zwar schränkt Devine ein, dass dies einen »Markt ohne Marktkräfte« darstellen würde, allerdings erfolgt die »Koordination« zumindest teilweise durch ein im neoklassischen Gedankengebäude verhaftetes Preismodell, welches die notwendigen Informationen generieren soll. Den Gedanken der Arbeitszeitrechnung, den Bahro in seiner »Alternative« aufwirft, hat Devine nicht weiterverfolgt.

97 Ebd., S. 321f.

Die schottischen Wissenschaftler **Paul Cockshott (geboren 1952)** und **Allin Cottrell (geboren 1953)** machen im Gegensatz zu Devine die Arbeitszeitrechnung als grundlegende Recheneinheit stark. In ihrem erstmals 1993 auf Englisch erschienenen Buch »Towards a New Socialism« schlagen sie die »Arbeitszeit als Basiseinheit« einer künftigen Planwirtschaft vor und knüpfen damit an Marx' Überlegungen zur Arbeitszeitrechnung aus der »Kritik des Gothaer Programms« an, wie ihr Übersetzer ins Deutsche herausstellt.[98] Dabei legen sie einen Fokus auf »Computertechnik«, mit deren Hilfe es nunmehr möglich sei »eine objektivere Quelle für die Kostendaten zu bekommen«, als sie der »Markt« liefert. Ohne Zweifel kommt Cockshott und Cottrell das Verdienst zu, den Diskussionsstrang der Arbeitszeitrechnung Anfang der 1990er wieder aufgegriffen und mit dem Hinweis versehen zu haben, wie sehr die Entwicklung der modernen Computertechnik dieser in die Hände spielt. So wie die moderne Produktion in großem Ausmaß gesellschaftlich geworden ist, sind es nunmehr auch die organisatorischen und technischen Mittel und mit Sicherheit würden diese einer künftigen assoziierten Produktion von großem Nutzen sein. Allerdings ist der technische Fortschritt kein Allheilmittel. Wer argumentiert, Computer seien besser als Märkte, stellt beides auf dieselbe Ebene und sucht nach einem digitalen Substitut des Marktes. In der deutschen Fassung ihres Buches schlägt sich diese Problematik, »Rechenpower« als Lösung der theoretisch-gesellschaftlichen Aufgabenstellung zu betrachten, bereits im Titel nieder – »Alternativen aus dem Rechner«. Auch ihre Verarbeitung der gescheiterten Planwirtschaft des 20. Jahrhunderts bleibt halbherzig. Für Cockshott und Cottrell war die Sowjetunion »in der Tat sozialistisch« und ihre Darstellung liest sich so, als hätte es im *Staatssozialismus* nur zwei Schönheitsfehler gegeben: ein mangelndes Demokratieverständnis und fehlende Rechenkapazitäten. Der von oben gesteuerte, zentrale Generalplan war für Cockshott und Cottrell scheinbar richtig, nur hätte er computergeneriert und demokratisch abgesichert sein müssen. Die dringenden Fragen nach dem Verhältnis zwischen zentraler und dezentraler Ebene sowie zwischen technischen und politischen Prozessen bleiben damit im Dunkeln.

Trotz dieser Mängel in der Aufarbeitung der Geschichte gelingt es ihnen, die heute entscheidenden Ziele für eine »sozialistische Planung« herauszuarbeiten: »Qualität von Konsumgütern, eine allgemeine Verkürzung der Arbeitszeit und Verlängerung der Freizeit und das Bestreben, die Arbeit selbst angenehmer und persönlich lohnend zu machen. […] Das Einschlagen eines langfristigen ressourcenschonenden Entwicklungsweges, d. h. eines ökonomischen Entwicklungsweges, der ökologische Zwänge berücksichtigt und lösbare

98 Helmut Dunkhase, Vorwort zu Cockshott/Cotrell 2006, Alternativen aus dem Rechner, PapyRossa.

Zukunftsprobleme, die den erschöpften Ressourcen oder der Umweltzerstörung geschuldet sind, nicht aufstaut. […] Eine Änderung der ökonomischen Struktur dahingehend, dass wirkliche ökonomische Geschlechtergleichheit durch fortschreitende Eliminierung patriarchalischer Formen der Ökonomie gesichert ist.«

Bisher hat keiner der neueren Diskussionsansätze es geschafft, die Marx'sche Arbeitszeitrechnung konsequent als Grundlage einer Planung jenseits von Wert- und Marktverhältnissen zu verarbeiten. Alle im Kapitel IV abgedruckten Texte thematisieren aber äußerst wichtige Teilaspekte, die die Produktivkraftentwicklung für künftige, bewusst gesellschaftliches Wirtschaften mit sich gebracht hat: Den heute zentralen Stellenwert, den die ökologische Frage einnehmen muss, die gesellschaftlichen Voraussetzungen der modernen Gesellschaft und die Möglichkeiten, welche die moderne Technik bietet. Alle diese Aspekte müssen in der dringend benötigten Diskussion um den zwingend notwendigen gesellschaftlichen Bruch mit dem Kapitalismus eine Rolle spielen. Eine *sozialökologische Umwälzung* als Bedingung für die Emanzipation des Menschen *auf Grundlage von Arbeitszeitrechnung* und *gesellschaftlich-genossenschaftlicher Planung.*

Philip Broistedt/Christian Hofmann,
Berlin/Leipzig, im Februar 2022

Kapitel 1:
Arbeitszeitrechnung und die Assoziation der freien ProduzentInnen

Friedrich Engels
Herrn Eugen Dührings Umwälzung der Wissenschaft (1877)

Wir sahen, daß die kapitalistische Produktionsweise sich einschob in eine Gesellschaft von Warenproduzenten, Einzelproduzenten, deren gesellschaftlicher Zusammenhang vermittelt wurde durch den Austausch ihrer Produkte. Aber jede auf Warenproduktion beruhende Gesellschaft hat das Eigentümliche, daß in ihr die Produzenten die Herrschaft über ihre eignen gesellschaftlichen Beziehungen verloren haben. Jeder produziert für sich mit seinen zufälligen Produktionsmitteln und für sein individuelles Austauschbedürfnis. Keiner weiß, wieviel von seinem Artikel auf den Markt kommt, wieviel davon überhaupt gebraucht wird, keiner weiß, ob sein Einzelprodukt einen wirklichen Bedarf vorfindet, ob er seine Kosten herausschlagen oder überhaupt wird verkaufen können. Es herrscht Anarchie der gesellschaftlichen Produktion. Aber die Warenproduktion, wie jede andre Produktionsform, hat ihre eigentümlichen, inhärenten, von ihr untrennbaren Gesetze, und diese Gesetze setzen sich durch, trotz der Anarchie, in ihr, durch sie. Sie kommen zum Vorschein in der einzigen fortbestehenden Form des gesellschaftlichen Zusammenhangs, im Austausch, und machen sich geltend gegenüber den einzelnen Produzenten als Zwangsgesetze der Konkurrenz. Sie sind diesen Produzenten also anfangs selbst unbekannt und müssen erst durch lange Erfahrung nach und nach von ihnen entdeckt werden. Sie setzen sich also durch ohne die Produzenten und gegen die Produzenten, als blindwirkende Naturgesetze ihrer Produktionsform. Das Produkt beherrscht die Produzenten.

In der mittelalterlichen Gesellschaft, namentlich in den ersten Jahrhunderten, war die Produktion wesentlich auf den Selbstgebrauch gerichtet. Sie befriedigte vorwiegend nur die Bedürfnisse des Produzenten und seiner Familie. Wo, wie auf dem Lande, persönliche Abhängigkeitsverhältnisse bestanden, trug sie auch bei zur Befriedigung der Bedürfnisse des Feudalherrn. Hierbei fand also kein Austausch statt, die Produkte nahmen daher auch nicht den Charakter von Waren an. Die Familie des Bauern produzierte fast alles, was sie brauchte, Geräte und Kleider nicht minder als Lebensmittel. Erst als sie dahin kam, einen Überschuß über ihren eignen Bedarf und über die dem Feudalherrn geschuldeten Naturalabgaben zu produzieren, erst da produzierte sie auch Waren; dieser Überschuß, in den gesellschaftlichen Austausch geworfen, zum Verkauf ausgeboten, wurde Ware. Die städtischen Handwerker mußten allerdings schon gleich anfangs für den Austausch produzieren. Aber auch sie erarbeiteten den größten Teil ihres Eigenbedarfs selbst; sie hatten Gärten und kleine Felder; sie schickten ihr Vieh in den Gemeindewald, der ihnen zudem

Nutzholz und Feuerung lieferte; die Frauen spannen Flachs, Wolle usw. Die Produktion zum Zweck des Austausches, die Warenproduktion, war erst im Entstehn. Daher beschränkter Austausch, beschränkter Markt, stabile Produktionsweise, lokaler Abschluß nach außen, lokale Vereinigung nach innen: die Mark auf dem Lande, die Zunft in der Stadt.

Mit der Erweiterung der Warenproduktion aber, und namentlich mit dem Auftreten der kapitalistischen Produktionsweise, traten auch die bisher schlummernden Gesetze der Warenproduktion offener und mächtiger in Wirksamkeit. Die alten Verbände wurden gelockert, die alten Abschließungsschranken durchbrochen, die Produzenten mehr und mehr in unabhängige, vereinzelte Warenproduzenten verwandelt. Die Anarchie der gesellschaftlichen Produktion trat an den Tag und wurde mehr und mehr auf die Spitze getrieben. Das Hauptwerkzeug aber, womit die kapitalistische Produktionsweise diese Anarchie in der gesellschaftlichen Produktion steigerte, war das grade Gegenteil der Anarchie: die steigende Organisation der Produktion als gesellschaftlicher in jedem einzelnen Produktionsetablissement. Mit diesem Hebel machte sie der alten friedlichen Stabilität ein Ende. Wo sie in einem Industriezweig eingeführt wurde, litt sie keine ältere Methode des Betriebs neben sich. Wo sie sich des Handwerks bemächtigte, vernichtete sie das alte Handwerk. Das Arbeitsfeld wurde ein Kampfplatz. Die großen geographischen Entdeckungen und die ihnen folgenden Kolonisierungen vervielfältigten das Absatzgebiet und beschleunigten die Verwandlung des Handwerks in die Manufaktur. Nicht nur brach der Kampf aus zwischen den einzelnen Lokalproduzenten; die lokalen Kämpfe wuchsen ihrerseits an zu nationalen, den Handelskriegen des 17. und 18. Jahrhunderts. Die große Industrie endlich und die Herstellung des Weltmarkts haben den Kampf universell gemacht und gleichzeitig ihm eine unerhörte Heftigkeit gegeben. Zwischen einzelnen Kapitalisten wie zwischen ganzen Industrien und ganzen Ländern entscheidet die Gunst der natürlichen oder geschaffenen Produktionsbedingungen über die Existenz. Der Unterliegende wird schonungslos beseitigt. Es ist der Darwinsche Kampf ums Einzeldasein, aus der Natur mit potenzierter Wut übertragen in die Gesellschaft. Der Naturstandpunkt des Tiers erscheint als Gipfelpunkt der menschlichen Entwicklung. Der Widerspruch zwischen gesellschaftlicher Produktion und kapitalistischer Aneignung reproduziert sich als *Gegensatz zwischen der Organisation der Produktion in der einzelnen Fabrik und der Anarchie der Produktion in der ganzen Gesellschaft.* […]

Wenn die Krisen die Unfähigkeit der Bourgeoisie zur fernern Verwaltung der modernen Produktivkräfte aufdeckten, so zeigt die Verwandlung der großen Produktions- und Verkehrsanstalten in Aktiengesellschaften und Staatseigentum die Entbehrlichkeit der Bourgeoisie für jenen Zweck. Alle gesellschaftlichen

Funktionen des Kapitalisten werden jetzt von besoldeten Angestellten versehn. Der Kapitalist hat keine gesellschaftliche Tätigkeit mehr, außer Revenuen-Einstreichen, Kupon-Abschneiden und Spielen an der Börse, wo die verschiednen Kapitalisten untereinander sich ihr Kapital abnehmen. Hat die kapitalistische Produktionsweise zuerst Arbeiter verdrängt, so verdrängt sie jetzt die Kapitalisten und verweist sie, ganz wie die Arbeiter, in die überflüssige Bevölkerung, wenn auch zunächst noch nicht in die industrielle Reservearmee. Aber weder die Verwandlung in Aktiengesellschaften noch die in Staatseigentum, hebt die Kapitaleigenschaft der Produktivkräfte auf. Bei den Aktiengesellschaften liegt dies auf der Hand. Und der moderne Staat ist wieder nur die Organisation, welche sich die bürgerliche Gesellschaft gibt, um die allgemeinen äußern Bedingungen der kapitalistischen Produktionsweise aufrechtzuerhalten gegen Übergriffe, sowohl der Arbeiter wie der einzelnen Kapitalisten. Der moderne Staat, was auch seine Form, ist eine wesentlich kapitalistische Maschine, Staat der Kapitalisten, der ideelle Gesamtkapitalist. Je mehr Produktivkräfte er in sein Eigentum übernimmt, desto mehr wird er wirklicher Gesamtkapitalist, desto mehr Staatsbürger beutet er aus. Die Arbeiter bleiben Lohnarbeiter, Proletarier. Das Kapitalverhältnis wird nicht aufgehoben, es wird vielmehr auf die Spitze getrieben. Aber auf der Spitze schlägt es um. Das Staatseigentum an den Produktivkräften ist nicht die Lösung des Konflikts, aber es birgt in sich das formelle Mittel, die Handhabe der Lösung.

Diese Lösung kann nur darin liegen, daß die gesellschaftliche Natur der modernen Produktivkräfte tatsächlich anerkannt, daß also die Produktions-, Aneignungs- und Austauschweise in Einklang gesetzt wird mit dem gesellschaftlichen Charakter der Produktionsmittel. Und dies kann nur dadurch geschehn, daß die Gesellschaft offen und ohne Umwege Besitz ergreift von den jeder andern Leitung außer der ihrigen entwachsenen Produktivkräften. Damit wird der gesellschaftliche Charakter der Produktionsmittel und Produkte, der sich heute gegen die Produzenten selbst kehrt, der die Produktions- und Austauschweise periodisch durchbricht und sich nur als blindwirkendes Naturgesetz gewalttätig und zerstörend durchsetzt, von den Produzenten mit vollem Bewußtsein zur Geltung gebracht und verwandelt sich aus einer Ursache der Störung und des periodischen Zusammenbruchs in den mächtigsten Hebel der Produktion selbst.

Die gesellschaftlich wirksamen Kräfte wirken ganz wie die Naturkräfte: blindlings, gewaltsam, zerstörend, solange wir sie nicht erkennen und nicht mit ihnen rechnen. Haben wir sie aber einmal erkannt, ihre Tätigkeit, ihre Richtungen, ihre Wirkungen begriffen, so hängt es nur von uns ab, sie mehr und mehr unserm Willen zu unterwerfen und vermittelst ihrer unsre Zwecke zu erreichen. Und ganz besonders gilt dies von den heutigen gewaltigen Produktivkräften. Solange wir uns hartnäckig weigern, ihre Natur und ihren Charakter zu verstehn – und gegen dieses Verständnis sträubt sich die kapitalistische Produktionsweise und ihre Verteidiger –, solange wirken diese Kräfte sich aus trotz uns, gegen uns, solange beherrschen sie uns, wie wir das ausführlich dargestellt haben. Aber einmal in ihrer Natur begriffen, können sie in den Händen der assoziierten Produzenten aus dämonischen Herrschern in willige Diener verwandelt werden. Es ist der Unterschied zwischen der zerstörenden Gewalt der Elektrizität im Blitze des Gewitters und der gebändigten Elektrizität des Telegraphen und des Lichtbogens; der Unterschied der Feuersbrunst und des im Dienst des Menschen wirkenden Feuers. Mit dieser Behandlung der heutigen Produktivkräfte nach ihrer endlich erkannten Natur tritt an die Stelle der gesellschaftlichen Produktionsanarchie eine gesellschaftlich-planmäßige Regelung der Produktion nach den Bedürfnissen der Gesamtheit wie jedes einzelnen; damit wird die kapitalistische Aneignungsweise, in der das Produkt zuerst den Produzenten, dann aber auch den Aneigner knechtet, ersetzt durch die in der Natur der modernen Produktionsmittel selbst begründete Aneignungsweise der Produkte: einerseits direkt gesellschaftliche Aneignung als Mittel zur Erhaltung und Erweiterung der Produktion, andrerseits direkt individuelle Aneignung als Lebens- und Genußmittel.

Indem die kapitalistische Produktionsweise mehr und mehr die große Mehrzahl der Bevölkerung in Proletarier verwandelt, schafft sie die Macht, die diese Umwälzung, bei Strafe des Untergangs, zu vollziehn genötigt ist. Indem sie mehr und mehr auf Verwandlung der großen, vergesellschafteten Produktionsmittel in Staatseigentum drängt, zeigt sie selbst den Weg an zur Vollziehung dieser Umwälzung. *Das Proletariat ergreift die Staatsgewalt und verwandelt die Produktionsmittel zunächst in Staatseigentum.* Aber damit hebt es sich selbst als Proletariat, damit hebt es alle Klassenunterschiede und Klassengegensätze auf, und damit auch den Staat als Staat. Die bisherige, sich in Klassengegensätzen bewegende Gesellschaft hatte den Staat nötig, das heißt eine Organisation der jedesmaligen ausbeutenden Klasse zur Aufrechterhaltung ihrer äußern Produktionsbedingungen, also namentlich zur gewaltsamen Niederhaltung der ausgebeuteten Klasse in den durch die bestehende Produktionsweise gegebnen Bedingungen der Unterdrückung (Sklaverei, Leibeigenschaft oder Hörigkeit, Lohnarbeit). Der Staat war der offizielle Repräsentant der ganzen Gesellschaft, ihre Zusammenfassung in einer sichtbaren Körperschaft, aber er war dies nur, insofern er der Staat derjenigen Klasse war, welche selbst für ihre Zeit die ganze Gesellschaft vertrat: im Altertum Staat der sklavenhaltenden Staatsbürger, im Mittelalter des Feudaladels, in unsrer Zeit der Bourgeoisie. Indem er endlich tatsächlich Repräsentant der ganzen Gesellschaft wird, macht er sich selbst überflüssig. Sobald es keine Gesellschaftsklasse mehr in der Unterdrückung zu halten gibt, sobald mit der Klassenherrschaft und dem in der bisherigen Anarchie der Produktion begründeten Kampf ums Einzeldasein auch die daraus entspringenden Kollisionen und Exzesse beseitigt sind, gibt es nichts mehr zu reprimieren, das eine besondre Repressionsgewalt, einen Staat, nötig machte. Der erste Akt, worin der Staat wirklich als Repräsentant der ganzen Gesellschaft auftritt – die Besitzergreifung der Produktionsmittel im Namen der Gesellschaft – ist zugleich sein letzter selbständiger Akt als Staat. Das Eingreifen einer Staatsgewalt in gesellschaftliche Verhältnisse wird auf einem Gebiete nach dem andern überflüssig und schläft dann von selbst ein. An die Stelle der Regierung über Personen tritt die Verwaltung von Sachen und die Leitung von Produktionsprozessen. Der Staat wird nicht »abgeschafft«, *er stirbt ab.* [...]

Mit der Besitzergreifung der Produktionsmittel durch die Gesellschaft ist die Warenproduktion beseitigt und damit die Herrschaft des Produkts über die Produzenten. Die Anarchie innerhalb der gesellschaftlichen Produktion wird ersetzt durch planmäßige bewußte Organisation. Der Kampf ums Einzeldasein hört auf. Damit erst scheidet der Mensch, in gewissem Sinn, endgültig aus dem Tierreich, tritt aus tierischen Daseinsbedingungen in wirklich menschliche. Der Umkreis der die Menschen umgebenden Lebensbedingungen, der die Menschen bis jetzt beherrschte, tritt jetzt unter die Herrschaft und Kontrolle der Menschen, die nun zum ersten Male bewußte, wirkliche Herren der Natur, weil und indem sie Herren ihrer eignen Vergesellschaftung werden. Die Gesetze ihres eignen gesellschaftlichen Tuns, die ihnen bisher als fremde, sie beherrschende Naturgesetze gegenüberstanden, werden dann von den Menschen mit voller Sachkenntnis angewandt und damit beherrscht. Die eigne Vergesellschaftung der Menschen, die ihnen bisher als von Natur und Geschichte oktroyiert gegenüberstand, wird jetzt ihre eigne freie Tat. Die objektiven, fremden Mächte, die bisher die Geschichte beherrschten, treten unter die Kontrolle der Menschen selbst. Erst von da an werden die Menschen ihre Geschichte mit vollem Bewußtsein selbst machen, erst von da an werden die von ihnen in Bewegung gesetzten gesellschaftlichen Ursachen vorwiegend und in stets steigendem Maße auch die von ihnen gewollten Wirkungen haben. Es ist der Sprung der Menschheit aus dem Reiche der Notwendigkeit in das Reich der Freiheit. [...]

In jeder Gesellschaft mit naturwüchsiger Produktionsentwicklung – und die heutige gehört dazu – beherrschen nicht die Produzenten die Produktionsmittel, sondern die Produktionsmittel beherrschen die Produzenten. In einer solchen Gesellschaft schlägt jeder neue Hebel der Produktion notwendig um in ein neues Mittel der Knechtung der Produzenten unter die Produktionsmittel.

Das gilt vor allem von demjenigen Hebel der Produktion, der bis zur Einführung der großen Industrie weitaus der mächtigste war – von der Teilung der Arbeit. Gleich die erste große Arbeitsteilung, die Scheidung von Stadt und Land, verurteilte die Landbevölkerung zu jahrtausendelanger Verdummung und die Städter zur Knechtung eines jeden unter sein Einzelhandwerk. Sie vernichtete die Grundlage der geistigen Entwicklung der einen und der körperlichen der andern. Wenn sich der Bauer den Boden, der Städter sein Handwerk aneignet, so eignet sich ebensosehr der Boden den Bauer, das Handwerk den Handwerker an. Indem die Arbeit geteilt wird, wird auch der Mensch geteilt. Der Ausbildung einer einzigen Tätigkeit werden alle übrigen körperlichen und geistigen Fähigkeiten zum Opfer gebracht. [...]

Indem sich die Gesellschaft zur Herrin der sämtlichen Produktionsmittel macht, um sie gesellschaftlich planmäßig zu verwenden, vernichtet sie die bisherige Knechtung der Menschen unter ihre eignen Produktionsmittel. Die Gesellschaft kann sich selbstredend nicht befreien, ohne daß jeder einzelne befreit wird. Die alte Produktionsweise muß also von Grund aus umgewälzt werden, und namentlich muß die alte Teilung der Arbeit verschwinden. An ihre Stelle muß eine Organisation der Produktion treten, in der einerseits kein einzelner seinen Anteil an der produktiven Arbeit, dieser Naturbedingung der menschlichen Existenz, auf andre abwälzen kann; in der andrerseits die produktive Arbeit, statt Mittel der Knechtung, Mittel der Befreiung der Menschen wird, indem sie jedem einzelnen die Gelegenheit bietet, seine sämtlichen Fähigkeiten, körperliche wie geistige, nach allen Richtungen hin auszubilden und zu betätigen, und in der sie so aus einer Last eine Lust wird. [...]

Nur eine Gesellschaft, die ihre Produktivkräfte nach einem einzigen großen Plan harmonisch ineinandergreifen läßt, kann der Industrie erlauben, sich in derjenigen Zerstreuung über das ganze Land anzusiedeln, die ihrer eignen Entwicklung und der Erhaltung resp. Entwicklung der übrigen Elemente der Produktion am angemessensten ist.

Die Aufhebung des Gegensatzes von Stadt und Land ist hiernach nicht nur möglich. Sie ist eine direkte Notwendigkeit der industriellen Produktion selbst geworden, wie sie ebenfalls eine Notwendigkeit der Agrikulturproduktion und obendrein der öffentlichen Gesundheitspflege geworden ist. Nur durch Verschmelzung von Stadt und Land kann die heutige Luft-, Wasser- und Bodenvergiftung beseitigt, nur durch sie die jetzt in den Städten hinsiechenden Massen dahin gebracht werden, daß ihr Dünger zur Erzeugung von Pflanzen verwandt wird, statt zur Erzeugung von Krankheiten. [...]

Für den Sozialismus, der die menschliche Arbeitskraft von ihrer Stellung als *Ware* emanzipieren will, ist die Einsicht von hoher Wichtigkeit, daß die Arbeit keinen Wert hat, keinen haben kann. Mit ihr fallen alle Versuche, die sich aus dem naturwüchsigen Arbeitersozialismus auf Herrn Dühring vererbt haben, die künftige Verteilung der Existenzmittel als eine Art höhern Arbeitslohns zu regulieren. Aus ihr folgt die weitere Einsicht, daß die Verteilung, soweit sie durch rein ökonomische Rücksichten beherrscht wird, sich regeln wird durch das Interesse der Produktion, und die Produktion wird gefördert am meisten durch eine Verteilungsweise, die allen Gesellschaftsgliedern erlaubt, ihre Fähigkeiten möglichst allseitig auszubilden, zu erhalten und auszuüben. Der dem Herrn Dühring überkommnen Denkweise der gelehrten Klassen muß es allerdings als eine Ungeheuerlichkeit erscheinen, daß es einmal keine Karrenschieber und keine Architekten von Profession mehr geben soll und daß der Mann, der eine halbe Stunde lang als Architekt Anweisungen gegeben hat, auch eine Zeitlang die Karre schiebt, bis seine Tätigkeit als Architekt wieder in Anspruch genommen wird. Ein schöner Sozialismus, der die Karrenschieber von Profession verewigt! [...]

In der Gesellschaft von Privatproduzenten bestreiten die Privatleute oder ihre Familien die Kosten der Ausbildung des gelernten Arbeiters; den Privaten fällt daher auch zunächst der höhere Preis der gelernten Arbeitskraft zu: der geschickte Sklave wird teurer verkauft, der geschickte Lohnarbeiter höher gelohnt. In der sozialistisch organisierten Gesellschaft bestreitet die Gesellschaft diese Kosten, ihr gehören daher auch die Früchte, die erzeugten größern Werte der zusammengesetzten Arbeit. Der Arbeiter selbst hat keinen Mehranspruch. Woraus nebenbei noch die Nutzanwendung folgt, daß es mit dem beliebten Anspruch des Arbeiters auf »den vollen Arbeitsertrag« doch auch manchmal seinen Haken hat.[...]

Sobald die Gesellschaft sich in den Besitz der Produktionsmittel setzt und sie in unmittelbarer Vergesellschaftung zur Produktion verwendet, wird die Arbeit eines jeden, wie verschieden auch ihr spezifisch nützlicher Charakter sei, von vornherein und direkt gesellschaftliche Arbeit. Die in einem Produkt steckende Menge gesellschaftlicher Arbeit braucht dann nicht erst auf einem Umweg festgestellt zu werden; die tägliche Erfahrung zeigt direkt an, wieviel davon im Durchschnitt nötig ist. Die Gesellschaft kann einfach berechnen, wieviel Arbeitsstunden in einer Dampfmaschine, einem Hektoliter Weizen der letzten Ernte, in hundert Quadratmeter Tuch von bestimmter Qualität stecken. Es kann ihr also nicht einfallen, die in den Produkten niedergelegten Arbeitsquanta, die sie alsdann direkt und absolut kennt, noch fernerhin in einem nur relativen, schwankenden, unzulänglichen, früher als Notbehelf unvermeidlichen Maß, in einem dritten Produkt auszudrücken und nicht in ihrem natürlichen, adäquaten, absoluten Maß, der Zeit. Ebensowenig wie es der Chemie einfallen würde, die Atomgewichte auch dann auf dem Umwege des Wasserstoffatoms relativ auszudrücken, sobald sie imstande wäre, sie absolut, in ihrem adäquaten Maß auszudrücken, nämlich in wirklichem Gewicht, in Billiontel oder Quadrilliontel Gramm. Die Gesellschaft schreibt also unter obigen Voraussetzungen den Produkten auch keine Werte zu. Sie wird die einfache Tatsache, daß die hundert Quadratmeter Tuch meinetwegen tausend Arbeitsstunden zu ihrer Produktion erfordert haben, nicht in der schielenden und sinnlosen Weise ausdrücken, sie seien tausend Arbeitsstunden wert. Allerdings wird auch dann die Gesellschaft wissen müssen, wieviel Arbeit jeder Gebrauchsgegenstand zu seiner Herstellung bedarf. Sie wird den Produktionsplan einzurichten haben nach den Produktionsmitteln, wozu besonders auch die Arbeitskräfte gehören. Die Nutzeffekte der verschiednen Gebrauchsgegenstände, abgewogen untereinander und gegenüber den zu ihrer Herstellung nötigen Arbeitsmengen, werden den Plan schließlich bestimmen. Die Leute machen alles sehr einfach ab ohne Dazwischenkunft des vielberühmten »Werts«.

Der Wertbegriff ist der allgemeinste und daher umfassendste Ausdruck der ökonomischen Bedingungen der Warenproduktion. Im Wertbegriff ist daher der Keim enthalten, nicht nur des Geldes, sondern auch aller weiter entwickelten Formen der Warenproduktion und des Warenaustausches. Darin, daß der Wert der Ausdruck der in den Privatprodukten enthaltnen gesellschaftlichen Arbeit ist, liegt schon die Möglichkeit der Differenz zwischen dieser und der im selben Produkt enthaltnen Privatarbeit. Produziert also ein Privatproduzent nach alter Weise weiter, während die gesellschaftliche Produktionsweise fortschreitet, so wird ihm diese Differenz empfindlich fühlbar. Dasselbe geschieht, sobald die Gesamtheit der Privatanfertiger einer bestimmten Warengattung ein den gesellschaftlichen Bedarf überschießendes Quantum davon produziert. Darin, daß der Wert einer Ware nur in einer andern Ware ausgedrückt und nur im Austausch gegen sie realisiert werden kann, liegt die Möglichkeit, daß der Austausch überhaupt nicht zustande kommt oder doch nicht den richtigen Wert realisiert. Endlich, tritt die spezifische Ware Arbeitskraft auf den Markt, so bestimmt sich ihr Wert, wie der jeder andern Ware, nach der zu ihrer Produktion gesellschaftlich nötigen Arbeitszeit. In der Wertform der Produkte steckt daher bereits im Keim die ganze kapitalistische Produktionsform, der Gegensatz von Kapitalisten und Lohnarbeitern, die industrielle Reservearmee, die Krisen. Die kapitalistische Produktionsform abschaffen wollen durch Herstellung des »wahren Werts« heißt daher den Katholizismus abschaffen wollen durch die Herstellung des »wahren« Papstes« oder eine Gesellschaft, in der die Produzenten endlich einmal ihr Produkt beherrschen, herstellen durch konsequente Durchführung einer ökonomischen Kategorie, die der umfassendste Ausdruck der Knechtung der Produzenten durch ihr eignes Produkt ist.

Friedrich Engels: »Herrn Eugen Dührings Umwälzung der Wissenschaft«, in: MEW, Band 20. Berlin: Dietz Verlag, 1972 (Originaltext 1877).

Karl Marx
Kritik des Gothaer Programms (1875)

Die Arbeit ist *nicht die Quelle* alles Reichtums. Die *Natur* ist ebensosehr die Quelle der Gebrauchswerte (und aus solchen besteht doch wohl der sachliche Reichtum!) als die Arbeit, die selbst nur die Äußerung einer Naturkraft ist, der menschlichen Arbeitskraft. Jene Phrase findet sich in allen Kinderfibeln und ist insofern richtig, als *unterstellt* wird, daß die Arbeit mit den dazugehörigen Gegenständen und Mitteln vorgeht. Ein sozialistisches Programm darf aber solchen bürgerlichen Redensarten nicht erlauben, die *Bedingungen* zu verschweigen, die ihnen allein einen Sinn geben. Nur soweit der Mensch sich von vornherein als Eigentümer zur Natur, der ersten Quelle aller Arbeitsmittel und -gegenstände, verhält, sie als ihm gehörig behandelt, wird seine Arbeit Quelle von Gebrauchswerten, also auch von Reichtum. Die Bürger haben sehr gute Gründe, der Arbeit *übernatürliche Schöpfungskraft* anzudichten; denn grade aus der Naturbedingtheit der Arbeit folgt, daß der Mensch, der kein andres Eigentum besitzt als seine Arbeitskraft, in allen Gesellschafts- und Kulturzuständen der Sklave der andern Menschen sein muß, die sich zu Eigentümern der gegenständlichen Arbeitsbedingungen gemacht haben. Er kann nur mit ihrer Erlaubnis arbeiten, also nur mit ihrer Erlaubnis leben. [...]

»Quelle des Reichtums und der Kultur wird die Arbeit nur als gesellschaftliche Arbeit« oder, was dasselbe ist, »in und durch die Gesellschaft«. Dieser Satz ist unstreitig richtig, denn wenn die vereinzelte Arbeit (ihre sachlichen Bedingungen vorausgesetzt) auch Gebrauchswerte schaffen kann, kann sie weder Reichtum noch Kultur schaffen.

Aber ebenso unstreitig ist der andre Satz:

»In dem Maße, wie die Arbeit sich gesellschaftlich entwickelt und dadurch Quelle von Reichtum und Kultur wird, entwickeln sich Armut und Verwahrlosung auf seiten des Arbeiters, Reichtum und Kultur auf Seiten des Nichtarbeiters.«

Dies ist das Gesetz der ganzen bisherigen Geschichte. Es war also, statt allgemeine Redensarten über »*die* Arbeit« und »*die* Gesellschaft« zu machen, hier bestimmt nachzuweisen, wie in der jetzigen kapitalistischen Gesellschaft endlich die materiellen etc. Bedingungen geschaffen sind, welche die Arbeiter befähigen und zwingen, jenen geschichtlichen Fluch zu brechen. [...]

3. »Die Befreiung der Arbeit erfordert die Erhebung der Arbeitsmittel zu Gemeingut der Gesellschaft und die genossenschaftliche Regelung der Gesamtarbeit mit gerechter Verteilung des Arbeitsertrags.«

»Erhebung der Arbeitsmittel zu Gemeingut«! Soll wohl heißen ihre »Verwandlung in Gemeingut«. Doch dies nur nebenbei.

Was ist *»Arbeitsertrag«*? Das Produkt der Arbeit oder sein Wert? Und im letzteren Fall, der Gesamtwert des Produkts oder nur der Wertteil, den die Arbeit dem Wert der aufgezehrten Produktionsmittel neu zugesetzt hat?

»Arbeitsertrag« ist eine lose Vorstellung, die Lassalle an die Stelle bestimmter ökonomischer Begriffe gesetzt hat.

Was ist »gerechte« Verteilung?

Behaupten die Bourgeois nicht, daß die heutige Verteilung »gerecht« ist? Und ist sie in der Tat nicht die einzige »gerechte« Verteilung auf Grundlage der heutigen Produktionsweise? Werden die ökonomischen Verhältnisse durch Rechtsbegriffe geregelt, oder entspringen nicht umgekehrt die Rechtsverhältnisse aus den ökonomischen? Haben nicht auch die sozialistischen Sektierer die verschiedensten Vorstellungen über »gerechte« Verteilung?

Um zu wissen, was man sich bei dieser Gelegenheit unter der Phrase »gerechte Verteilung« vorzustellen hat, müssen wir den ersten Paragraphen mit diesem zusammenhalten. Letzterer unterstellt eine Gesellschaft, worin »die Arbeitsmittel Gemeingut sind und die Gesamtarbeit genossenschaftlich geregelt ist«, und aus dem ersten Paragraphen ersehn wir, daß »der Ertrag der Arbeit unverkürzt, nach gleichem Rechte, allen Gesellschaftsmitgliedern gehört«. »Allen Gesellschaftsgliedern«? Auch den nicht arbeitenden? Wo bleibt da »der unverkürzte Arbeitsertrag«? Nur den arbeitenden Gesellschaftsgliedern? Wo bleibt da »das gleiche Recht« aller Gesellschaftsglieder?

Doch »alle Gesellschaftsglieder« und »das gleiche Recht« sind offenbar nur Redensarten. Der Kern besteht darin, daß in dieser kommunistischen Gesellschaft jeder Arbeiter seinen »unverkürzten« Lassalleschen »Arbeitsertrag« erhalten muß.

Nehmen wir zunächst das Wort »Arbeitsertrag« im Sinne des Produkts der Arbeit, so ist der genossenschaftliche Arbeitsertrag *das gesellschaftliche Gesamtprodukt*.

Davon ist nun abzuziehen:

Erstens: Deckung zum Ersatz der verbrauchten *Produktionsmittel*.

Zweitens: zusätzlicher Teil für Ausdehnung der Produktion.

Drittens: Reserve- oder Assekuranzfonds gegen Mißfälle, Störungen durch Naturereignisse etc.

Diese Abzüge vom »unverkürzten Arbeitsertrag« sind eine ökonomische Notwendigkeit, und ihre Größe ist zu bestimmen nach vorhandenen Mitteln und Kräften, zum Teil durch Wahrscheinlichkeitsrechnung, aber sie sind in keiner Weise aus der Gerechtigkeit kalkulierbar.

Bleibt der andere Teil des Gesamtprodukts, bestimmt, als Konsumtionsmittel zu dienen. Bevor es zur individuellen Teilung kommt, geht hiervon wieder ab:

Erstens: die allgemeine, nicht direkt zur Produktion gehörigen Verwaltungskosten.

Dieser Teil wird von vornherein aufs bedeutendste beschränkt im Vergleich zur jetzigen Gesellschaft und vermindert sich im selben Maß, als die neue Gesellschaft sich entwickelt.

Zweitens: was zur gemeinschaftlichen Befriedigung von Bedürfnissen bestimmt ist, wie Schulen, Gesundheitsvorrichtungen etc.

Dieser Teil wächst von vornherein bedeutend im Vergleich zur jetzigen Gesellschaft und nimmt im selben Maß zu, wie die neue Gesellschaft sich entwickelt.

Drittens: Fonds für Arbeitsunfähige etc., kurz, für, was heute zur sog. offiziellen Armenpflege gehört.

Erst jetzt kommen wir zu der »Verteilung«, die das Programm, unter Lassalleschem Einfluß, borniertérweise allein ins Auge faßt, nämlich an den Teil der Konsumtionsmittel, der unter die individuellen Produzenten der Genossenschaft verteilt wird. Der »unverkürzte Arbeitsertrag« hat sich unterderhand bereits in den »verkürzten« verwandelt, obgleich, was dem Produzenten in seiner Eigenschaft als Privatindividuum entgeht, ihm direkt oder indirekt in seiner Eigenschaft als Gesellschaftsglied zugut kommt.

Wie die Phrase des »unverkürzten Arbeitsertrags« verschwunden ist, verschwindet jetzt die Phrase des »Arbeitsertrags« überhaupt.

Innerhalb der genossenschaftlichen, auf Gemeingut an den Produktionsmitteln gegründeten Gesellschaft tauschen die Produzenten ihre Produkte nicht aus; ebensowenig erscheint hier die auf Produkte verwandte Arbeit als *Wert* dieser Produkte, als eine von ihnen besessene sachliche Eigenschaft, da jetzt, im Gegensatz zur kapitalistischen Gesellschaft, die individuellen Arbeiten nicht mehr auf einem Umweg, sondern unmittelbar als Bestandteile der Gesamtarbeit existieren. Das Wort »Arbeitsertrag«, auch heutzutage wegen seiner Zweideutigkeit verwerflich, verliert so allen Sinn.

Womit wir es hier zu tun haben, ist eine kommunistische Gesellschaft, nicht wie sie sich auf ihrer eignen Grundlage *entwickelt* hat, sondern umgekehrt, wie sie eben aus der kapitalistischen Gesellschaft *hervorgeht*, also in jeder Beziehung, ökonomisch, sittlich, geistig, noch behaftet ist mit den Muttermalen der alten Gesellschaft, aus deren Schoß sie herkommt. Demgemäß erhält der einzelne Produzent – nach den Abzügen – exakt zurück, was er ihr gibt. Was er ihr gegeben hat, ist sein individuelles Arbeitsquantum. Z. B. der gesellschaftliche Arbeitstag besteht aus der Summe der individuellen Arbeitsstunden. Die individuelle Arbeitszeit des einzelnen Produzenten ist der von ihm gelieferte Teil des gesellschaftlichen Arbeitstags, sein Anteil daran. Er erhält von der Gesellschaft einen Schein, daß er soundso viel Arbeit geliefert (nach Abzug seiner Arbeit für die gemeinschaftlichen Fonds), und zieht mit diesem Schein aus dem gesellschaftlichen Vorrat von Konsumtionsmitteln soviel heraus, als gleich viel Arbeit kostet. Dasselbe Quantum Arbeit, das er der Gesellschaft in einer Form gegeben hat, erhält er in der andern zurück.

Es herrscht hier offenbar dasselbe Prinzip, das den Warenaustausch regelt, soweit er Austausch Gleichwertiger ist. Inhalt und Form sind verändert, weil unter den veränderten Umständen niemand etwas geben kann außer seiner Arbeit und weil andrerseits nichts in das Eigentum der einzelnen übergehn kann außer individuellen Konsumtionsmitteln. Was aber die Verteilung der letzteren unter die einzelnen Produzenten betrifft, herrscht dasselbe Prinzip wie beim Austausch von Warenäquivalenten, es wird gleich viel Arbeit in einer Form gegen gleich viel Arbeit in einer andern ausgetauscht.

Das *gleiche Recht* ist hier daher immer noch – dem Prinzip nach – das *bürgerliche Recht*, obgleich Prinzip und Praxis sich nicht mehr in den Haaren liegen, während der Austausch von Äquivalenten beim Warenaustausch nur *im Durchschnitt*, nicht für den einzelnen Fall existiert.

Trotz dieses Fortschritts ist dieses *gleiche Recht* stets noch mit einer bürgerlichen Schranke behaftet. Das Recht der Produzenten ist ihren Arbeitslieferungen *proportionell*; die Gleichheit besteht darin, daß an *gleichem Maßstab*, der Arbeit, gemessen wird. Der eine ist aber physisch oder geistig dem andern überlegen, liefert also in derselben Zeit mehr Arbeit oder kann während mehr Zeit arbeiten; und die Arbeit, um als Maß zu dienen, muß der Ausdehnung oder der Intensität nach bestimmt werden, sonst hörte sie auf, Maßstab zu sein. Dies *gleiche* Recht ist ungleiches Recht für ungleiche Arbeit. Es erkennt keine Klassenunterschiede an, weil jeder nur Arbeiter ist wie der andre; aber es erkennt stillschweigend die ungleiche individuelle Begabung und daher Leistungsfähigkeit der Arbeiter als natürliche Privilegien an. *Es ist daher ein Recht der Ungleichheit, seinem Inhalt nach, wie alles Recht.* Das Recht kann seiner Natur nach nur in Anwendung von gleichem Maßstab bestehn; aber die ungleichen Individuen (und sie wären nicht verschiedne Individuen, wenn sie nicht ungleiche wären) sind nur an gleichem Maßstab meßbar, soweit man sie unter einen gleichen Gesichtspunkt bringt, sie nur von einer *bestimmten* Seite faßt, z. B. im gegebnen Fall sie *nur als Arbeiter* betrachtet und weiter nichts in ihnen sieht, von allem andern absieht. Ferner: Ein Arbeiter ist verheiratet, der andre nicht; einer hat mehr Kinder als der andre etc. etc. Bei gleicher Arbeitsleistung und daher gleichem Anteil an dem gesellschaftlichen Konsumtionsfonds erhält also der eine faktisch mehr als der andre, ist der eine reicher als der andre etc. Um alle diese Mißstände zu vermeiden, müßte das Recht, statt gleich, vielmehr ungleich sein.

Aber diese Mißstände sind unvermeidbar in der ersten Phase der kommunistischen Gesellschaft, wie sie eben aus der kapitalistischen Gesellschaft nach langen Geburtswehen hervorgegangen ist. Das Recht kann nie höher sein als die ökonomische Gestaltung und dadurch bedingte Kulturentwicklung der Gesellschaft.

In einer höheren Phase der kommunistischen Gesellschaft, nachdem die knechtende Unterordnung der Individuen unter die Teilung der Arbeit, damit auch der Gegensatz geistiger und körperlicher Arbeit verschwunden ist; nachdem die Arbeit nicht nur Mittel zum Leben, sondern selbst das erste Lebensbedürfnis geworden; nachdem mit der allseitigen Entwicklung der Individuen auch ihre Produktivkräfte gewachsen und alle Springquellen des genossenschaftlichen Reichtums voller fließen – erst dann kann der enge bürgerliche Rechtshorizont ganz überschritten werden und die Gesellschaft auf ihre Fahne schreiben: Jeder nach seinen Fähigkeiten, jedem nach seinen Bedürfnissen!

Ich bin weitläufiger auf den »unverkürzten Arbeitsertrag« einerseits, »das gleiche Recht«, »die gerechte Verteilung« andrerseits eingegangen, um zu zeigen, wie sehr man frevelt, wenn man einerseits Vorstellungen, die zu einer gewissen Zeit einen Sinn hatten, jetzt aber zu veraltetem Phrasenkram geworden, unsrer Partei wieder als Dogmen aufdrängen will, andrerseits aber die realistische Auffassung, die der Partei so mühvoll beigebracht worden, aber Wurzeln in ihr geschlagen, wieder durch ideologische Rechts- und andre, den Demokraten und französischen Sozialisten so geläufige Flausen verdreht.

Abgesehn von dem bisher Entwickelten war es überhaupt fehlerhaft, von der sog. *Verteilung* Wesens zu machen und den Hauptakzent auf sie zu legen.

Die jedesmalige Verteilung der Konsumtionsmittel ist nur Folge der Verteilung der Produktionsbedingungen selbst. Die kapitalistische Produktionsweise z. B. beruht darauf, daß die sachlichen Produktionsbedingungen Nichtarbeitern zugeteilt sind unter der Form von Kapitaleigentum und Grundeigentum, während die Masse nur Eigentümer der persönlichen Produktionsbedingung, der

Arbeitskraft, ist. Sind die Elemente der Produktion derart verteilt, so ergibt sich von selbst die heutige Verteilung der Konsumtionsmittel. Sind die sachlichen Produktionsbedingungen genossenschaftliches Eigentum der Arbeiter selbst, so ergibt sich ebenso eine von der heutigen verschiedne Verteilung der Konsumtionsmittel. Der Vulgärsozialismus (und von ihm wieder ein Teil der Demokratie) hat es von den bürgerlichen Ökonomen übernommen, die Distribution als von der Produktionsweise unabhängig zu betrachten und zu behandeln, daher den Sozialismus hauptsächlich als um die Distribution sich drehend darzustellen. Nachdem das wirkliche Verhältnis längst klargelegt, warum wieder rückwärtsgehn?

4. »Die Befreiung der Arbeit muß das Werk der Arbeiterklasse sein, der gegenüber alle andren Klassen *nur eine reaktionäre Masse* sind.«

Die erste Strophe ist aus den Eingangsworten der internationalen Statuten, aber »verbessert«. Dort heißt es: »Die Befreiung der Arbeiterklasse muß die Tat der Arbeiter selbst sein«; hier hat dagegen »die Arbeiterklasse« zu befreien – was? »die Arbeit«. Begreife, wer kann.

5. »Die Arbeiterklasse wirkt für ihre Befreiung zunächst *im Rahmen des heutigen nationalen Staats*, sich bewußt, daß das notwendige Ergebnis ihres Strebens, welches den Arbeitern aller Kulturländer gemeinsam ist, die internationale Völkerverbrüderung sein wird.«

Lassalle hatte, im Gegensatz zum »Kommunistischen Manifest« und zu allem früheren Sozialismus, die Arbeiterbewegung vom engsten nationalen Standpunkt gefaßt. Man folgt ihm darin – und dies nach dem Wirken der Internationalen!

Es versteht sich ganz von selbst, daß, um überhaupt kämpfen zu können, die Arbeiterklasse sich bei sich zu Haus organisieren muß als Klasse, und daß das Inland der unmittelbare Schauplatz ihres Kampfs ist. Insofern ist ihr Klassenkampf, nicht dem Inhalt, sondern, wie das »Kommunistische Manifest« sagt, »der Form nach« national. Aber der »Rahmen des heutigen nationalen Staats«, z. B. des Deutschen Reichs, steht selbst wieder ökonomisch »im Rahmen des Weltmarkts«, politisch »im Rahmen des Staatensystems«. Der erste beste Kaufmann weiß, daß der deutsche Handel zugleich ausländischer Handel ist, und die Größe des Herrn Bismarck besteht ja eben in seiner Art *internationaler* Politik.

Und worauf reduziert die deutsche Arbeiterpartei ihren Internationalismus? Auf das Bewußtsein, daß das Ergebnis ihres Strebens »*die internationale Völkerverbrüderung* sein wird« – eine dem bürgerlichen Freiheits- und Friedensbund entlehnte Phrase, die als Äquivalent passieren soll für die internationale Verbrüderung der Arbeiterklassen im gemeinschaftlichen Kampf gegen die herrschenden Klassen und ihre Regierungen. *Von internationalen Funktionen* der deutschen Arbeiterklasse also kein Wort! Und so soll sie ihrer eignen, mit den Bourgeois aller andern Länder bereits gegen sie verbrüderten Bourgeoisie und Herrn Bismarcks internationaler Verschwörungspolitik das Paroli bieten!

In der Tat steht das internationale Bekenntnis des Programms *noch unendlich tief* unter dem der Freihandelspartei. Auch sie behauptet, das Ergebnis ihres Strebens sei »die internationale Völkerverbrüderung«. Sie *tut* aber auch etwas, um den Handel international zu machen, und begnügt sich keineswegs bei dem Bewußtsein – daß alle Völker bei sich zu Haus Handel treiben. [...]

»Die deutsche Arbeiterpartei verlangt, um *die Lösung der sozialen Frage anzubahnen*, die Errichtung von Produktivgenossenschaften mit *Staatshilfe unter der demokratischen Kontrolle des arbeitenden Volks*. Die Produktivgenossenschaften *sind* für Industrie und Ackerbau in solchem Umfang *ins Leben zu rufen, daß aus ihnen die sozialistische Organisation der Gesamtarbeit entsteht.*«

Nach dem Lassalleschen »ehernen Lohngesetz« das Heilmittel des Propheten! Es wird in würdiger Weise »angebahnt«! An die Stelle des existierenden Klassenkampfes tritt eine Zeitungsschreiberphrase – »*die* soziale Frage«, deren *»Lösung«* man »anbahnt«. Statt aus dem revolutionären Umwandlungsprozesse der Gesellschaft »entsteht« die »sozialistische Organisation der Gesamtarbeit« aus der »Staatshilfe«, die der Staat Produktivgenossenschaften gibt, die *er*, nicht der Arbeiter, *»ins Leben ruft«*. Es ist dies würdig der Einbildung Lassalles, daß man mit Staatsanlehn ebensogut eine neue Gesellschaft bauen kann wie eine neue Eisenbahn! [...]

Daß die Arbeiter die Bedingungen der genossenschaftlichen Produktion auf sozialem und zunächst bei sich, also [auf] nationalem Maßstab herstellen wollen, heißt nur, daß sie an der Umwälzung der jetzigen Produktionsbedingungen arbeiten, und hat nichts gemein mit der Stiftung von Kooperativgesellschaften mit Staatshilfe! Was aber die jetzigen Kooperativgesellschaften betrifft, so haben sie *nur* Wert, soweit sie unabhängige, weder von den Regierungen noch von den Bourgeois protegierte Arbeiterschöpfungen sind.

Ich komme jetzt zum demokratischen Abschnitt.

A. *»Freiheitliche Grundlage des Staats.«*

Zunächst nach II erstrebt die deutsche Arbeiterpartei »den freien Staat«.

Freier Staat – was ist das?

Es ist keineswegs Zweck der Arbeiter, die den beschränkten Untertanenverstand losgeworden, den Staat »frei« zu machen. Im Deutschen Reich ist der »Staat« fast so »frei« als in Rußland. Die Freiheit besteht darin, den Staat aus einem der Gesellschaft übergeordneten in ein ihr durchaus untergeordnetes Organ zu verwandeln, und auch heutig sind die Staatsformen freier oder unfreier im Maß, worin sie die »Freiheit des Staats« beschränken.

Die deutsche Arbeiterpartei – wenigstens, wenn sie das Programm zu dem ihrigen macht – zeigt, wie ihr die sozialistischen Ideen nicht einmal hauttief sitzen, indem sie, statt die bestehende Gesellschaft (und das gilt von jeder künftigen) als *Grundlage* des bestehenden *Staats* (oder künftigen, für künftige Gesellschaft) zu behandeln, den Staat vielmehr als ein selbständiges Wesen behandelt, das seine eignen *»geistigen, sittlichen, freiheitlichen Grundlagen«* besitzt. [...]

Jedoch haben die verschiednen Staaten der verschiednen Kulturländer, trotz ihrer bunten Formverschiedenheit, alle das gemein, daß sie auf dem Boden der modernen bürgerlichen Gesellschaft stehn, nur einer mehr oder minder kapitalistisch entwickelten. Sie haben daher auch gewisse wesentliche Charaktere gemein. In diesem Sinn kann man von »heutigem Staatswesen« sprechen, im Gegensatz zur Zukunft, worin seine jetzige Wurzel, die bürgerliche Gesellschaft, abgestorben ist.

Es fragt sich dann: Welche Umwandlung wird das Staatswesen in einer kommunistischen Gesellschaft untergehn? In andern Worten, welche gesellschaftliche Funktionen bleiben dort übrig, die jetzigen Staatsfunktionen analog sind? Diese Frage ist nur wissenschaftlich zu beantworten, und man kommt dem Problem durch tausendfache Zusammensetzung des Worts Volk mit dem Wort Staat auch nicht um einen Flohsprung näher.

Zwischen der kapitalistischen und der kommunistischen Gesellschaft liegt die Periode der revolutionären Umwandlung der einen in die andre. Der entspricht auch eine politische Übergangsperiode, deren Staat nichts andres sein kann als die *revolutionäre Diktatur des Proletariats*.

Das Programm nun hat es weder mit letzterer zu tun, noch mit dem zukünftigen Staatswesen der kommunistischen Gesellschaft. [...]

B. »Die deutsche Arbeiterpartei verlangt als geistige und sittliche Grundlage des Staats:

1. Allgemeine und *gleiche Volkserziehung* durch den Staat. Allgemeine Schulpflicht. Unentgeltlichen Unterricht.«

[...] *Volkserziehung durch den Staat«*. Durch ein allgemeines Gesetz die Mittel der Volksschulen bestimmen, die Qualifizierung des Lehrerpersonals, die Unterrichtszweige etc., und, wie es in den Vereinigten Staaten geschieht, durch Staatsinspektoren die Erfüllung dieser gesetzlichen Vorschriften überwachen, ist etwas ganz andres, als den Staat zum Volkserzieher zu ernennen! Vielmehr sind Regierung und Kirche gleichmäßig von jedem Einfluß auf die Schule auszuschließen. Im preußisch-deutschen Reich nun gar (und man helfe sich nicht mit der faulen Ausflucht, daß man von einem »Zukunftsstaat« spricht; wir haben gesehn, welche Bewandtnis es damit hat) bedarf umgekehrt der Staat einer sehr rauhen Erziehung durch das Volk.

Doch das ganze Programm, trotz alles demokratischen Geklingels, ist durch und durch vom Untertanenglauben der Lassalleschen Sekte an den Staat verpestet oder, was nicht besser, vom demokratischen Wunderglauben, oder vielmehr ist es ein Kompromiß zwischen diesen zwei Sorten, dem Sozialismus gleich fernen, Wunderglauben. [...]

Dixi et salvavi animam meam. [Ich habe gesprochen und meine Seele gerettet.]

Karl Marx: »Kritik des Gothaer Programms« in: MEW, Band 19. Berlin: Dietz Verlag, 1973 (Originaltext 1875).

Helene Bauer
Geld, Sozialismus und Otto Neurath (1923)

Genosse Neurath ist sich selber untreu geworden. Statt den Kampf gegen die kapitalistische »Wildwirtschaft« weiter unbekümmert um alle Theorie und Meister mit eigenen Waffen zu führen, will er nun den Plan seiner Großnaturalwirtschaft direkt aus der Marxschen Kritik der Politischen Ökonomie ableiten. Die Schuld an diesem erstaunlichen Wandel trägt sicher Kautsky, der, unbefriedigt von der bloßen Versicherung Neuraths, daß die Entwicklung der Jahrhunderte wie ein bloßer Irrtum erscheinen werde, »wenn man einmal das Wesen des Geldes voll erkannt haben wird«, an Neurath die Forderung gestellt hat, die klare Erkenntnis des Geldwesens, aus der er so weitgehende Schlüsse zieht, auch offen zu verkünden. Nun fühlt sich Neurath verpflichtet, seine Meinung, daß die sozialistische Wirtschaft eine Verwaltungsorganisation sein werde, die keine Austauschbeziehungen, »kein auf Metall fundiertes, aber auch keine Abart irgendeines Arbeitsgeldes« kennt, auf eine für Kautsky einwandfreie Geldtheorie zu stützen, und so trägt er Zitate aus Marx und Engels zusammen, in denen ihm ihre geldfeindliche Einstellung ganz eindeutig niedergelegt erscheint. [...]

Marx forschte nach den Bedingungen der Überwindung der bürgerlichen Gesellschaft, nicht nach den Daseinsbedingungen eines klassenlosen Zukunftsstaates. »Die Arbeiterklasse hat keine Ideale zu verwirklichen, sie hat nur die Elemente der neuen Gesellschaft in Freiheit zu setzen, die sich bereits im Schoße der zusammenbrechenden Bourgeoisieklasse entwickelt haben.« Er lehrte uns auch verstehen, daß die Arbeiterklasse zu ihrer Befreiung und zu höheren Lebensformen gelangen kann nur im langen, zähen Kampfe, in einer

Reihe revolutionärer Prozesse, durch welche die Menschen wie die Umstände gänzlich umgewandelt werden. Marx lehnte es ab, für kommende Menschen kommender Zeiten »fix und fertige Utopien« herauszuarbeiten, »die durch Volksbeschluß einzuführen wären«. Für alle Volksbeglücker, die den Kapitalismus bekämpfen wollten mit selbstfabrizierten Entwürfen einer besser, zweckmäßiger eingerichteten Gesellschaft hatte er nur Spott und Hohn; denn die Befreiung der Arbeiterklasse muß nach Marx das Werk der Arbeiterklasse sein und die neue Gesellschaft muß im Kampf entstehen. Die spärlichen Bemerkungen, die wir in seinen Werken über das Wesen einer sozialistischen Wirtschaftsordnung finden, haben keinen gesellschaftstechnischen, sondern rein begrifflichen Charakter, sind keine Bausteine, sondern Antithesen. Ihr rein logisches Wesen ist schon bedingt durch die Methode der theoretischen Arbeit bei Marx.

Die kapitalistische Gesellschaft, deren Wesen Marx unserem Verständnis erschlossen hat, wurde von ihm für den Zweck der theoretischen Untersuchungen rein von allen lokalen und historischen Zufälligkeiten gedacht. Sein »Kapitalismus« ist nicht ein Durchschnittstypus, dessen Züge entnommen wären den einzelnen zur Zeit der Abfassung des »Kapitals« bestehenden Staaten von verschiedener Reife der industriellen und sozialen Entwicklung, sondern ein Idealtypus, gewonnen durch gedankliche Steigerung bestimmter Elemente der Wirklichkeit. [...]

Das Gebilde des Kapitalismus wird bei Marx nach Herstellung des Weltmarktes schließlich zu einem einheitlichen System des Weltkapitalismus, der, nachdem die Bedingungen einer höheren Produktionsweise im Schoße der alten Gesellschaft bereits reif geworden sind, überwunden werden muß durch das im Laufe der kapitalistischen Entwicklung vereinte und organisierte Proletariat: »Die Zentralisation der Produktionsmittel und die Vergesellschaftung der Arbeit erreichen einen Punkt, wo sie unverträglich werden mit ihrer kapitalistischen Hülle. Sie wird gesprengt.« [MEW 23, 790]

Dem rein begrifflichen Idealtypus des Kapitals, der ein unbeschränkter Beherrscher aller Produktionsmittel der menschlichen Gesellschaft geworden ist, stellt Marx entgegen den rein begrifflichen Idealtypus des Sozialismus – die organisierte menschliche Gesellschaft, deren unbestrittener Machtbereich sich mit den Grenzen der Herrschaft ihres überwundenen Gegners deckt. War der Kapitalismus charakterisiert durch das Recht des einzelnen, aus dem Titel des Privateigentums sich fremde Arbeit anzueignen, so wird die Aufhebung des Besitztitels, der aus den Produktionsverhältnissen geboren wurde, zum charakteristischen Merkmal des Sozialismus. Sobald diese auf dem Punkt angelangt sind, daß sie sich »umhäuten« müssen, »fällt die materielle, die ökonomisch und historisch berechtigte, die aus dem Prozeß der gesellschaftlichen

Lebenserhaltung entspringende Quelle des Titels aller aus ihm entspringenden Transaktionen fort« [MEW 25, S. 783]. Mit dem kapitalistischen Privatbesitz verschwindet auch die kapitalistische Warenproduktion, der kapitalistische Waren- und Geldumlauf und schließlich das Geld als ein vom stofflichen Warenkörper unabhängiges gesellschaftliches Verhältnis. Das Arbeitsprodukt, früher als ein für die Gesellschaft bestimmtes Erzeugnis der Privatarbeit »ein sinnlich übersinnliches Ding«, das durch seine Grillen die Konsumenten und Produzenten beherrschte, »der Fetisch Ware«, wird jetzt zum einfachen Gebrauchsgegenstand, den die Gesellschaft erzeugt, besitzt, verteilt. »Damit verschwindet aller Mystizismus der Warenwelt, aller Zauber und Spuk, welcher Arbeitsprodukte auf Grundlage der Warenproduktion umnebelt« und »die gesellschaftlichen Beziehungen der Menschen zu ihren Arbeiten und ihren Arbeitsprodukten bleiben hier durchsichtig einfach in der Produktion sowohl als in der Distribution« [MEW 23, S. 92].

Die konstruktiven Elemente einer neuen, höheren Produktionsweise, auf die Marx im »Kapital« hinweist, sind, inwiefern sie nicht bloß der scharfen Abgrenzung des begrifflichen Inhalts des »Kapitalismus« durch die Aufstellung seines Kontrastes dienen sollen, in ihrer Wesenheit richtig nur aus der dialektischen Methode von Marx und Engels zu begreifen. Hat die Kritik der politischen Ökonomie zur Aufdeckung der Widersprüche und Gegensätzlichkeiten innerhalb des Kapitalismus – zwischen Gebrauchswert und Tauschwert, Lohnarbeit und Kapital, Privatarbeit und gesellschaftlicher Bedürfnisbefriedigung – geführt und hat sie den Nachweis erbracht, daß der sachliche Widerstreit der Produktionsfaktoren seinen menschlichen Ausdruck finden muß in dem Klassenkampf zwischen Bourgeoisie und Proletariat, dann muß auch der Sieg des Proletariats, auf dessen Kosten innerhalb des Kapitalismus alle Gegensätze ausgetragen worden sind, notwendig gleichbedeutend sein mit einer solidarischen Form der Vergesellschaftung der Menschen, in der all die Gegensätze zu einer neuen, höheren Einheit werden.

Der positive Dialektiker und Revolutionär Marx versuchte nie, aus dem Kapitalismus, »aus der Vorgeschichte der menschlichen Gesellschaft«, konkrete Vorstellungen über Seins- und Bewußtseinsformen, die sich aus der höheren Art der Vergesellschaftung nach »dem Sprung in die Freiheit« einer neuen Produktionsform entwickeln werden, abzuleiten. Er schmiedete bloß Waffen für den proletarischen Klassenkampf, indem er uns lehrte, die kapitalistische Gesellschaft, in der die Bedingungen des Kampfes und des Sieges des Proletariats gegeben sind, in allen ihren Zusammenhängen, in ihrer Bewegung und Verkettung zu betrachten, jede gewordene Form im Flusse des Entstehens und Vergehens zu sehen, und die Entwicklungslinie aufdeckte, auf der alles, was zu Fesseln geworden ist, gesprengt und niedergerungen werden muß. Marxistische Grundeinstellung läßt uns alle Formen der gesellschaftlichen Beziehungen in ihrem Werden und Niedergang und deswegen zugleich in ihrer ökonomischen und historischen Berechtigung inmitten einer gegebenen Lebensordnung verstehen. Wenn sich also Neurath jetzt auf Marx beruft und ihn mit noch »soviel Nachdruck« die Lehre vom Geld als einen einzigen großen Irrtum der Jahrhunderte vertreten läßt, so tut er ihm bitteres Unrecht.

Marx und Engels kritisierten unbarmherzig alle Versuche, durch eine bloße Geldreform die Schäden des Kapitalismus auszumerzen, und zeigten auf, wie bei der inneren Gebundenheit der kapitalistischen Warenproduktion mit der kapitalistischen Geldordnung entweder die Schäden durch die Geldreform unberührt bleiben oder die kapitalistische Produktion mit ausgemerzt werden muß. In dem Versuch einer sozialistischen Geldreform sahen sie bloß den Versuch, den Sozialismus in ein elementares Mißverständnis zwischen Ware und Geld aufzulösen. Kapitalistische Warenwelt und kapitalistische Geldordnung sind so unzertrennlich miteinander und mit dem Kapitalismus überhaupt verbunden, daß ihr Untergang in der Periode »der allgemeinen Herrschaft des Sozialismus« selbstverständlich, ja eine bloße Tautologie ist und keiner mühseligen Beweisführung bedarf. Die Übereinstimmung des Genossen Neurath mit Marx und Engels sowie mit anderen Theoretikern ist hier vollkommen gegeben. Wenn aber Neurath die kapitalistische Warenproduktion mit Austausch und kapitalistische Geldordnung mit Geld und Geld mit Rechnen gleichsetzt, und nun unter Berufung auf Marx behauptet, »der Sozialismus bedarf dieser kapitalistischen Überreste« nicht, so zieht er aus Marxens Negation des Kapitalismus Schlüsse, vor denen Marx ausdrücklich gewarnt hat.

Hier ist für uns eine Klärung der Begriffe von großer Bedeutung. Je näher, je wirklicher die großen Aufgaben der umwälzenden Praxis an uns herankommen und als Ziel und Inhalt des revolutionären Kampfes des Proletariats nicht mehr die bloße Herausarbeitung des Klassenwillens und die Ordnung der Reihen, sondern die Machtausübung im Sinne der Kontrolle und Beherrschung der Produktion setzen werden, desto wichtiger werden für uns die Konsequenzen, die sich aus den wissenschaftlichen Lehren des Sozialismus für die praktische Wirtschaftsorganisation des Proletariats ergeben. Aus dem Hauptwerk Marx', aus Engels' Anti-Dühring, leuchtet uns der Idealtypus des Sozialismus entgegen, wie er im weltwirtschaftlichen Maßstab begriffen werden kann: als Besitz der Erde und aller Produktionsmittel durch das Proletariat aller Länder. Hier sind schon die Spuren des Kampfes erloschen und ein neuer, reibungslos vor sich gehender Volkswirtschaftsprozeß begrifflich gesichert. Für die Übergangsperiode, das heißt »für die sozialistische Gesellschaft, nicht wie sie sich auf ihrer eignen Grundlage entwickelt hat, sondern umgekehrt, wie sie eben aus der bürgerlichen Gesellschaft hervorgeht«, hat Marx die Konsequenzen seiner Ökonomie und Gesellschaftslehre selber an anderer Stelle gezogen [MEW 19, S19]. Wir finden sie in kurzer polemischer Form niedergelegt in den Randglossen zum Programm der Deutschen Arbeiterpartei Deutschlands, auf die sich Neurath beruft zum Zeugnis, daß, »wie sich nun diese erste Periode des Sozialismus gestalten mag, wie lange sie dauern wird, sie ist bereits als warenfrei und geldfrei anzusehen und auch von Marx, wie wir sahen, so angesehen worden. Diese Reste des Kapitalismus werden in die erste Periode des Sozialismus nach ihm nicht übernommen werden.«

Marx behauptet in den Randglossen gerade das Gegenteil und zieht hier noch einmal einen scharfen Trennungsstrich zwischen seiner dialektischen Methode der Geschichtsauffassung einerseits und dem Utopismus der französischen Sozialisten und der ideologischen Stellung Lassalles anderseits. Mit allem Nachdruck führt er dort aus, daß bevor die Befreiung der Menschen aus den Fesseln des Kapitalismus alle Springquellen des genossenschaftlichen Reichtums voller fließen läßt, auch in der kommunistischen Gesellschaft der »enge bürgerliche Horizont« nicht überschritten wird werden können. Die Sicherung der Produktion wird hier zuerst verlangen, daß das Recht des Produzenten an dem gemeinsamen Produkt trotz der natürlichen Ungleichheit der Individuen für alle mit gleichem Maßstab der gelieferten Arbeit gemessen wird. Der Anteil des Produzenten an dem gesellschaftlichen Vorrat an Konsumtionsmitteln wird seinem Anteil an der gesellschaftlichen Gesamtarbeit entsprechen. »Es herrscht hier offenbar dasselbe Prinzip, das den Warenaustausch regelt, soweit er Austausch von Gleichwertigem ist. Inhalt und Form ist verändert, weil unter den veränderten Umständen niemand etwas geben kann außer seiner Arbeit, und weil anderseits nichts in das Eigentum des einzelnen übergehen kann, außer individueller Konsumtionsmittel. Was aber die Verteilung der letzteren unter die einzelnen Produzenten betrifft, herrscht dasselbe Prinzip wie beim Austausch von Warenäquivalenten, es wird gleichviel Arbeit in einer Form gegen gleichviel Arbeit in einer anderen gegeben.« [MEW 19, S. 19] Das »gleichviel Arbeit« ist jedoch in einer Gesellschaft, in der diese Gleichsetzung nicht wie bei den kapitalistischen Formen der Preisbildung den Zufällen des Marktes überlassen wird, nur erreichbar bei einer entsprechend rechenhaften Organisation der Wirtschaft. Die Errechnung der Höhe der individuellen Konsumtion wird so zu einem Wirtschaftsproblem der sozialistischen Gesellschaft.

Die Sicherung der Produktion erfordert, daß ein Teil der gesellschaftlichen Gesamtarbeit verwendet wird zur Deckung der verbrauchten Produktionsmittel, der Vorsorge für die Ausdehnung der Produktion, der Reserve gegen

Mißernten, Störungen durch Naturereignisse usw. Dadurch schon wird der jährlich konsumtionsreife Arbeitsertrag kleiner als das gesellschaftliche Gesamtprodukt. Der unmittelbare Anteil der Produzenten wird noch geschmälert durch den Abzug für allgemeine Verwaltungskosten, für gemeinsame Befriedigung von Bedürfnissen, wie Schule, Gesundheitspflege, Erhaltung Arbeitsunfähiger usw. Die individuelle Verteilung der genußreifen Produkte nach dem Prinzip, »gleichviel Arbeit in einer Form gegen gleichviel Arbeit in einer anderen Form«, bekommt dadurch eine neue Bedeutung. Die Masse der Güter, die nach allen diesen Abzügen an die Arbeitenden proportional zu ihrer Arbeitsleistung gelangen kann, wird nicht bloß die wirklich in ihrer Herstellung verausgabte Arbeit, sondern die gesellschaftlich zu ihrer Herstellung notwendige Arbeit, das heißt die zur Erhaltung der Gesellschaft notwendige Arbeit repräsentieren. Jedes einzelne Gut wird als ein entsprechender Teil der gesellschaftlichen Arbeit gelten müssen. Das Maß dieser Geltung wird nicht durch private Profitrechnung, sondern durch gesellschaftliche Erhaltungsrechnung, nicht nachträglich durch das Gebot der Konkurrenz, sondern schon im voraus durch technische Entwicklung und allgemeinen Wirtschaftsplan bestimmt werden. Aber auch unter diesen Bedingungen sind alle Erzeugnisse untereinander vergleichbar und als bestimmte Quanta gesellschaftlicher Arbeitszeit meßbar, also immer Werte und Waren – wenn auch Waren »ganz eigenartiger Art«. Aus der Marxschen Voraussetzung eines Anteils am gesamten Arbeitsprodukt, der der individuellen Arbeitsleistung, nach Zeit gemessen, proportional ist, ergibt sich notwendig diese Folgerung, wenn auch Marx diesen Ausdruck vermeidet und das Zahlungsmittel, das auf diese Waren Anspruch gibt, »Schein« nennt, nicht »Geld«, um auf den geänderten Charakter dieses Geldes aufmerksam zu machen.

In der gesellschaftlichen Planwirtschaft würden alle Waren zur unmittelbaren Verkörperung der gesellschaftlichen Arbeit, alle unmittelbar untereinander vergleichbar, wodurch die Aussonderung einer besonderen Ware, in der sich der Wert aller anderen Waren als Preis ausdrückt, und ihre Erhebung zum allgemeinen Tausch- und Zahlungsmittel theoretisch überflüssig erscheint. Der Preis der Waren wird hier unmittelbar die zu ihrer Herstellung gesellschaftlich notwendige Arbeitszeit ausdrücken und die Bedürfnisse des Tausches können gedeckt werden durch reines Papiergeld, dessen Menge bestimmt wäre durch die Preissumme der Waren. Ob dieses Papiergeld dann auf Stunden, Kronen oder Mark lautet, ob man es wirklich aus Papier herstellt, oder ob man aus hygienischen, ästhetischen usw. Rücksichten Zellulose oder Aluminium als Geldstoff benützt, bleibt bei dem rein technischen Charakter des Geldes in einer sozialistisch organisierten Gesellschaft belanglos. Mit dem Fetischcharakter der Ware wird auch Gott Mammon verschwinden, mit dem Kapitalverhältnis auch das Geldkapital des privaten Unternehmers und das neue Geld der neu organisierten Wirtschaft wird so wenig Probleme enthalten wie der neue Gütermarkt.

Neurath gibt sich redlich Mühe, mit Marxzitaten die schändliche Rolle des Geldes in der Wirtschaft und seine Reformunfähigkeit zu beweisen. Gewiß, Marx hat uns sehen gelehrt, wie der Markt die Produktion und das Geld den Markt beherrscht, wie die Funktion des Geldes als Zahlungsmittel bei einem gewissen Grad der Entwicklung über die Sphäre der Warenzirkulation hinausgreift, wie die Geld- und die Kreditordnung schließlich zu Hemmungen der kapitalistischen Produktion werden, aber er hat uns zugleich die Funktion der gesellschaftlichen Gebilde nicht aus abstrakten Begriffen, sondern aus den gesellschaftlichen Zusammenhängen verstehen gelehrt. Mit dem Funktionswandel des Eigentums werden sich in der sozialistischen Gesellschaft die sozialen Funktionen aller auf dem Privateigentum aufgebauten Einrichtungen verändern und die Geldordnung, die dem Kapitalisten zum Kauf der Arbeitskraft, Errechnung und Aufspeicherung der Profite diente, wird der sozialistischen Gesellschaft zur Sicherung eines rationellen Arbeitsplanes und rationeller Verteilung dienen. Wenn Marx für die sozialistische Gesellschaft die Annahme macht: »Die Arbeitszeit dient zugleich als Maß des individuellen Anteils des Produzenten an der Gemeinarbeit und daher auch an dem individuell verrechenbaren Teil des Gemeinproduktes«, und dem Arbeiter von der Gesellschaft »einen Schein geben läßt«, daß er soundso viel Arbeit geleistet, so nimmt er eben »Wert«, »Ware« und eine Geldordnung an, die unter geänderten Verhältnissen andere Funktionen aufweisen. Der Verteilung liegt hier offensichtlich ein rechnerisches Kalkül zugrunde, das nur möglich ist, wenn auch der ganze Produktionsprozeß streng rechnerisch durchgeführt worden ist, also auf einer Geldordnung beruht.

Aber für den Genossen Neurath bleibt Geld immer der verabscheute Gott Mammon und den will er nun gründlich vertreiben, indem er auf das Rechnen – überhaupt verzichtet. Sein Wirtschaftsplan soll das kapitalistisch-bürgerliche Denken überwinden helfen durch Verzicht auf jede Recheneinheit. Wozu rechnen, wenn man sich die Sachen auch anschauen kann? Ist eine bestimmte Menge »Wälder, Felder, Wiesen, Sümpfe, Straßen, Tiere, Menschen, Maschinen« gegeben, dann stellt man ein paar Wirtschaftspläne auf, die man gegeneinander abwiegt, je nach den Gebrauchswerten, die sie liefern können. Aber »alle diese Produktionsmittel kann man so wenig addieren, wie man Nützlichkeiten und Gebrauchswerte addieren kann«. So wirft Neurath Sümpfe, Straßen, Tiere, Menschen in einen Topf, und während der böse Kapitalist, der für alles mit Geld zahlt, für alles auch einen rechnerischen Ausdruck findet, kann der Sozialist diesen Brei und was da herauskommt, bloß statistisch erfassen. Der Unterschied dünkt mir winzig, denn der Sozialist ist und bleibt hier im kapitalistisch-bürgerlichen Denken – weiter befangen! Er sieht hier nicht die solidarische Gemeinschaft der Werktätigen, die ihre Arbeit organisieren, die die Natur gemeinsam beherrschen, er unterscheidet nicht zwischen Menschen, Werkzeugen, natürlichen Arbeitsbedingungen, ihm sind Sachen und Menschen so unterschiedlos gegeben wie dem Kapitalisten, der sie kauft, oder dem Kriegsherrn, der sie kommandiert: fünf Pferde, zehn Mann!

Würde Neurath seine Wirtschaftspläne einer genauen Kritik unterziehen, so dürfte er in ihnen die ungeachtet gebliebene menschliche Gesellschaft doch entdecken müssen. Die verschiedenen Wirtschaftspläne, die er aufstellen will, können sich vom Standpunkt der Organisation der Erzeugung untereinander wesentlich nur unterscheiden in der verschiedenen Art der Verteilung der gesellschaftlichen Arbeitskraft auf die einzelnen Produktionszweige, unterscheiden durch das Ausmaß, in dem die Arbeit verwendet wird auf die Erzeugung von Nahrung, Kleidung, Wohnung, Maschinen. Und die sozialistische Gesellschaft, in der niemand mehr sich selber Muße wird verschaffen können, indem er die ganze Lebenszeit der anderen in Arbeitszeit verwandelt, wird kein Zentralorgan mit »Lebenslagen« herumexperimentieren lassen, sondern genau errechnen, wieviel Arbeitszeit ihr die schließliche Herstellung jeder Gruppe von Gebrauchsgegenständen, von der Gewinnung der Rohstoffe bis zur Fertigstellung und Verteilung, kostet. Es wird dem Genossen Neurath wenig helfen, daß er nur Gebrauchswerte und Nützlichkeiten herstellen läßt: dem Zwange, mit Einheiten zu rechnen, wird er doch nicht entgehen. Das Arbeitsprodukt ist ja in allen gesellschaftlichen Formationen ein Gebrauchswert, nur fragt der kapitalistische Unternehmer nach dem Profit, den ihm seine Herstellung einbringen wird, die sozialistische Gesellschaft nach dem Arbeitsaufwand, mit dem seine Herstellung verknüpft ist. Denn die Nützlichkeit ist ein sehr relativer Begriff: ein Ding, das mir nützlich erscheint, wenn ich es geschenkt bekomme oder mit dem Aufwand von einer Viertelstunde Arbeit erwerben kann, wird mir leicht entbehrlich oder gar überflüssig erscheinen, wenn ich darauf einen Arbeitstag verwenden soll. In diesem Sinne meint auch Engels: »Die Nutzeffekte verschiedener Gebrauchsgegenstände, abgewogen untereinander und gegenüber den in ihrer Herstellung nötigen Arbeitsmengen, werden den Plan schließlich bestimmen« [MEW 20, S. 288], und viel schärfer noch Marx: »... [E]s bleibt, nach der Aufhebung der kapitalistischen Produktionsweise, aber mit Beibehaltung der gesellschaftlichen Produktion, die Wertbestimmung vorherrschend in dem Sinne, daß die Regelung der Arbeitszeit und die Verteilung der gesellschaftlichen Arbeit unter die verschiedenen Produktionsgruppen, endlich die Buchführung hierüber wesentlicher denn je wird« [MEW 25, S. 858].

Die Nutznießer fremder Arbeit haben die Nützlichkeit der Pyramiden und der Nippessachen entdeckt, aber die Verwalter der eigenen Arbeit werden keinen Wirtschaftsplan annehmen, in dem die relative Nützlichkeit der Gebrauchsgegenstände nicht genau abgemessen wäre an der Arbeit, die ihre Fertigstellung erfordert. Und da kommen wir gleich zu einer Recheneinheit, denn »die Arbeit, um als Maß zu dienen, muß der Ausdehnung oder der Intensität nach bestimmt werden, sonst hörte sie auf, Maßstab zu sein« [MEW 19, S. 20].

Untersuchen wir also die Ökonomie der Arbeit in einer rein abstrakten »ersten Phase der kommunistischen Gesellschaft«, dann kommen wir aus Marxens Voraussetzungen zur Wert- und Preisrechnung und zu einem neuen, anders gearteten Gelde, das an den Goldstoff nicht einmal ideell mehr gebunden ist. Die politische Entwicklung gibt jedoch dem Problem der sozialistischen Geldordnung eine neue praktische Gestaltung. Nicht der Umschlag der kapitalistischen in die sozialistische Weltwirtschaft kommt für uns als nahe Möglichkeit in Betracht, sondern die Daseinsbedingungen proletarischer Staaten inmitten einer bürgerlichen Umwelt und proletarische Wirtschaftspolitik in Staaten mit zahlreicher Bauernschaft, die an dem privaten Bodenbesitz festhält. Jede Vollsozialisierung wird unter diesen Bedingungen zur Teilsozialisierung, das heißt zur Sozialisierung eines kleinen Ausschnittes der Weltwirtschaft und der Lebensordnung innerhalb eigener Grenzen. Die Herstellung von Waren, die zum Verkauf im kapitalistischen Ausland bestimmt sind, die Herstellung von Waren für das sozialistische Inland aus Rohstoffen, die vom kapitalistischen Ausland bezogen werden, und der Warenaustausch im Inland mit unabhängigen bäuerlichen Privatproduzenten, die weder von ihren Arbeits- noch von ihren Wertungsmethoden durch politische Umwälzungen bald abzubringen sind, werden auch eine sozialistische Arbeitsregierung an die überlieferte Preisgestaltung und an Gold als Wertmasse und Weltgeld binden. Solange das Dorf nicht in den allgemeinen Arbeitsplan mit einbezogen werden kann, wird auch die Steuerwirtschaft das Geld als allgemeinen Wertmesser und Zahlungsmittel nicht entbehren können. »Naturalsteuer« war eine angemessene Form der Besteuerung in einer Zeit, als der Zehent in den nahen Gutshof gebracht und im Gutshof auch in natura verzehrt worden ist. Das Absammeln und Bewirtschaften von Fleisch, Bodenfrucht, Geflügel, Flachs, Gemüse, Obst usw. für staatliche Zwecke bei einer zahlreichen, zersplittert wohnenden Schar von Steuerzahlern stellt sich als eine schwere Belastung der Wirtschaft dar, die bei vorausgegangener Zerstörung des Geldwesens nicht zu umgehen sein mag, aber keinem rationell veranlagten Plan entspringen kann.

Helene Bauer: »Geld, Sozialismus und Otto Neurath.« in Der Kampf, Jahrgang 16, Nummer 6, 1923

Gruppe Internationaler Kommunisten (Holland) Grundprinzipien kommunistischer Produktion und Verteilung (1935)

Anstelle der regulierenden Funktion des Geldes tritt die Registrierung des Güterstroms, die gesellschaftliche Buchführung, auf der Grundlage der gesellschaftlich durchschnittlichen Arbeitszeit und damit auf der Grundlage der gesellschaftlich durchschnittlichen Produktionszeit, die im *genossenschaftlichen Zusammenhang* von Produzenten und Konsumenten durchgeführt wird. Der Markt, der für die Kapitalisten ein Maß der Bedürfnisse ist, wird vollständig abgeschafft – er wird durch die direkte Verbindung zwischen Verbraucherorganisationen und Produktion aufgehoben.

Diese Verbindung ist das eigentliche Thema der *planmäßigen Produktion*. […] Die geplante Produktion kann nur auf der Grundlage wirtschaftlicher Prinzipien aufgebaut werden. Deshalb müssen diese Grundsätze zunächst geklärt werden.

Die kommunistische Produktion

a. Die Weitergabe der Güter

Bevor wir uns die allgemeinen Regeln für Produktion und Verteilung genauer ansehen, müssen wir für ein gutes Verständnis erst verstehen, warum der Kommunismus keinen *Austausch* und keinen *Wert* kennt. Wir haben gesehen, dass die Erklärung der offiziellen Textinterpreten unter Bezugnahme auf das Hilferdinger »Generalkartell« im marxistischen Sinne nicht korrekt sein kann. Zu Recht stellt sich also die Frage: Wenn es so *nicht* ist, wie ist es *dann*?

Trotz aller gelehrten Bücher, die zu diesem Thema geschrieben wurden, ist die Aufhebung dieser Kategorien immer noch in der tiefsten Dunkelheit verborgen. Dabei ist es jedoch besonders wichtig, die Dinge nicht schwieriger zu machen, als sie wirklich sind. Der Punkt ist, dass man etwas *besitzen* muss, um es austauschen zu können. Diejenigen, die nichts haben, die nichts besitzen, die haben auch nichts zu tauschen. Der Austausch ist also nicht nur ein wirtschaftlicher Akt, sondern vielmehr ein Transfer *auf der Grundlage von Privateigentum*. Der Austausch ist somit ein wirtschaftlicher Akt, der *das soziale Verhältnis* zum Ausdruck bringt, dass die Arbeitsprodukte in Privatbesitz sind. Die soziale Revolution, die Revolution in den sozialen Beziehungen, die Revolution in den gegenseitigen Beziehungen der Menschen im gesellschaftlichen Betriebsleben, hebt *diese soziale Beziehung auf*: Sie bringt die

Arbeitsprodukte in den gemeinschaftlichen Besitz. Der Austausch, der eine Funktion des Privateigentums ist, ist damit aufgehoben,

»… weil unter den veränderten Umständen niemand etwas geben kann außer seiner Arbeit und weil andererseits nichts in das Eigentum der Einzelnen übergehen kann außer individuellen Konsumtionsmitteln.« [MEW 19, S. 20]

Im Kommunismus sind Betriebsorganisationen gleichwertige Teile eines geschlossenen Ganzen, des gesamten Produktions- und Verteilungsprozesses. Jede Betriebsorganisation übt nur eine Teiltätigkeit aus, indem sie ihr Produkt an die andere weitergibt, bis es für den Konsum geeignet ist.

Dieser Güterverkehr ist jedoch kein *»Tausch«*, denn die »Eigentümer« der Produkte wechseln nicht im Güterfluss. *Das neue Rechtsverhältnis* der Produzenten zum gefertigten Produkt ist daher dasselbe wie in Bezug auf die Produktionsmittel: *Es gehört der Gemeinschaft*. So wie Betriebsorganisationen Maschinen, Gebäude und Rohstoffe erhalten, um sie nach bestimmten Regeln *selbstständig* für die Gemeinschaft zu verarbeiten, müssen sie ihre Produkte auch *selbstständig* nach den im Produktionsprozess oder in der Konsumtion geltenden Regeln *weitergeben*. Die Betriebsorganisationen lenken und steuern damit die Produktion *und* die Verteilung ihrer Produkte »im Namen der Gesellschaft«, d.h. in Verantwortung *gegenüber* der Gesellschaft.

Der Sprachgebrauch unterscheidet jedoch nicht so genau zwischen ökonomischen Begriffen. Im gewöhnlichen Sprachgebrauch wird daher nur auf die Beschaffenheit des Gütertransfers geachtet, der natürlich auch im Kommunismus ständig stattfindet, und hier wird vielleicht auch weiterhin dieser *Austausch* genannt, auch wenn dieser Transfer inzwischen einen ganz anderen Inhalt angenommen hat. Wir wollen jedoch nicht mit schlechtem Beispiel vorangehen, indem wir ein altes Wort für einen neuen Begriff verwenden, und deshalb sprechen wir ständig über die *Übertragung* von Gütern.

b. Die Produktionszeit

Die gleiche Begriffsumwandlung findet bezogen auf den *Wert* statt. Der Austausch von Gütern findet nicht willkürlich statt, sondern wird in einem bestimmten Verhältnis durchgeführt. Der Austausch erfolgt auf der Grundlage, dass die Waren *dieselbe* Menge an gesellschaftlicher Arbeit verkörpern. Diese Menge an Arbeit ist ihr Wert. Der Wert ist also die gesellschaftlich notwendige Menge an Arbeit, die in einem Produkt steckt.

Es fällt jedoch sofort auf, dass es gerade eine Forderung der kommunistischen Wirtschaft ist, dass wir »wissen müssen, wie viel Arbeit jeder Gebrauchsgegenstand zu seiner Herstellung bedarf.« *(Engels)* [MEW 29, S. 288]

Es ergibt sich also, dass der Güterverkehr im Kapitalismus auf der Grundlage der in den Produkten enthaltenen gesellschaftlichen Arbeit zustande kommt – und im Kommunismus auch! So wie der Güterverkehr im Kapitalismus auf der Grundlage des Wertes zustande kommt, so *scheint* es auch im Kommunismus so zu sein.

Dies ist jedoch keineswegs der Fall. Der Widerspruch der kapitalistischen Produktion lautet: *gesellschaftliche Produktion* auf der einen Seite, *Privateigentum* auf der anderen Seite.

Die Güterbewegung findet statt, weil private Eigentümer *ihre* Güter *»tauschen«*. Das Verhältnis, in dem die Güter ausgetauscht werden, wird durch ihren *Wert* bestimmt, d. h. durch die gesellschaftlich notwendige Arbeit, die für ihre Produktion benötigt wird. Privateigentum an Produktionsmitteln bedeutet aber auch, dass die gesellschaftliche Arbeit selbst, als Arbeitskraft zu Wert wird – d. h. sie wird von den Lohnarbeitern auf der gleichen Grundlage wie die Güter *ausgetauscht*.

In der Güterbewegung des Kapitalismus drückt sich damit die Gegensätzlichkeit der kapitalistischen Produktion erneut aus: Austausch von Werten – d. h. gesellschaftliche Arbeit als Privateigentum.

Im Kommunismus wurde die Trennung zwischen Produzenten und Produktionsmitteln aufgehoben. Die Produktionsmittel sind nicht mehr das Eigentum einer gesonderten Klasse; die gesellschaftliche Produktion wird gemeinschaftlich verwaltet.

Die Produkte werden nicht von privaten Eigentümern *ausgetauscht*, sondern innerhalb der Gemeinschaft *weitergegeben*. Dieser Güterverkehr erfolgt auf der Grundlage der gesellschaftlich notwendigen Arbeitszeit.

Im Kommunismus wurde der Gegensatz: gesellschaftliche Produktion – Privateigentum, aufgehoben.

In der Güterbewegung unter dem Kommunismus – der Verteilung von Gütern – kommt daher die Einheit von gemeinschaftlicher Leitung und gesellschaftlicher Produktion zum Ausdruck.

Daraus können wir ersehen, dass im kommunistischen Betriebsleben der Arbeitsaufwand, der für die Herstellung der einzelnen Gebrauchsgegenstände erforderlich ist, etwas ganz anderes bedeutet als der »Wert«. Und jetzt ist es wieder gut möglich, dass im gewöhnlichen Sprachgebrauch auch vom »Wert« der Güter im Kommunismus gesprochen wird, obwohl der Begriff dabei eine ganz andere Bedeutung bekommen hat. Auch hier wollen wir kein schlechtes Beispiel geben, indem wir ein altes Wort für einen neuen Begriff verwenden, so dass wir von der *Produktionszeit* der Güter sprechen.

Anstelle der Ausdrucksweise, dass sich der Güterstrom durch den *Austausch* auf der Grundlage des *Wertes* bewegt, sagen wir daher, dass der Güterstrom auf der Grundlage der *Produktionszeit weitergegeben* wird. Obwohl die Bewegung äußerlich die gleiche ist wie im Kapitalismus, wurde die Form der Bewegung im Wegfallen der Wertform des Geldes und im *Inhalt* des Begriffs durch den Übergang zum gemeinschaftlichen Besitz völlig verändert. Oder wie Marx es ausdrückt:

»In der *genossenschaftlichen* (Hervorhebung GIK) auf dem Gemeingut an Produktionsmitteln gegründeten Gesellschaft tauschen die Produzenten ihre Produkte nicht aus; ebenso wenig erscheint hier die auf Produkte verwandte Arbeit als Wert dieser Produkte als eine von ihnen besessene sachliche Eigenschaft, da jetzt, im Gegensatz zur kapitalistischen Gesellschaft, die individuellen Arbeiten nicht mehr auf einem Umweg (der Umweg des Privateigentums – GIK), sondern unmittelbar als Bestandteile der Gesamtarbeit existieren.« [MEW 19, S. 19f]

»Es herrscht hier offenbar dasselbe Prinzip, das den Warentausch regelt, soweit er Austausch Gleichwertiger ist. Inhalt und Form sind verändert, weil unter den veränderten Umständen niemand etwas geben kann außer seiner Arbeit und weil andererseits nichts in das Eigentum der Einzelnen übergehen kann außer individuellen Konsumtionsmitteln.« [MEW 19, S. 20]

Daraus können wir ersehen, dass der Kommunismus bei Marx keineswegs ein »negatives System« ist. Anstelle der regulierenden Funktionen des Geldes tritt die Registrierung des Güterstroms, die gesellschaftliche Buchführung, auf der Grundlage der gesellschaftlich durchschnittlichen Arbeitszeit und damit auf der Grundlage der gesellschaftlich durchschnittlichen Produktionszeit, die im *genossenschaftlichen Zusammenhang* von Produzenten und Konsumenten durchgeführt wird. Der Markt, der für die Kapitalisten ein Maß der Bedürfnisse ist, wird vollständig abgeschafft – er wird durch die direkte Verbindung zwischen Verbraucherorganisationen und Produktion aufgehoben.

Diese Verbindung ist das eigentliche Thema der *planmäßigen Produktion*. Obwohl die sozialistischen Ökonomen gerade in diesem Gebiet über ihre Fantasien hinausgehen, wird die planmäßige Produktion in einer späteren Betrachtung des »Marktes« von uns nur am Rande behandelt. Der Grund dafür ist, dass sie nicht in den Rahmen dieser Schrift fällt: Sie fällt außerhalb der *Grundprinzipien* des Betriebslebens. Die geplante Produktion kann nur auf der Grundlage wirtschaftlicher Prinzipien aufgebaut werden. Deshalb müssen diese Grundsätze zunächst geklärt werden. Die planmäßige Produktion ist daher ein ganz anderes Thema, kann aber seit den Erfahrungen der Russischen Revolution auch in den Bereich der exakten Forschung fallen. Siehe dazu: Friedrich Pollock, Die planwirtschaftlichen Versuche in der Sowjetunion 1917–1927.

Diese Arbeit liefert keine Kritik an Russland, sondern will nur zeigen, wie der Kampf um die Marktkontrolle im Laufe der genannten 10 Jahren stattfand und immer noch stattfindet.

c. Die Untersuchungsmethode

Um die *Weitergabe* von Gütern auf der Grundlage der *Produktionszeit* weiter untersuchen zu können, bedienen wir uns der üblichen Methode der Vereinfachung. Daher werden wir vorerst auf alle Arten von Komplikationen verzichten, die eine Veränderung der durchschnittlich gesellschaftlichen Produktionszeit mit sich bringen, wie z. B. die Verbesserung der Rationalität des Betriebes und des technologischen Fortschritts, um die Auswirkungen dieser Faktoren schrittweise zu untersuchen. Wir gehen vorerst von einer einfachen Reproduktion aus, d. h. wir gehen davon aus, dass die Gesellschaft *nicht* beschließt, den Produktionsapparat zu erweitern, um uns in einem späteren Kapitel der Funktionsweise mit der Produktion auf einer erweiterter Grundlage zu beschäftigen.

d. Die kommunistische Reproduktion

Nach diesen Vorbemerkungen können wir den Verlauf des kommunistischen Wirtschaftslebens in einer sehr einfachen und übersichtlichen Form darstellen. Jeder Betrieb berechnet, wie viel Arbeitszeit in seinem Produkt steckt, d. h. er bestimmt, wie viele Arbeitsstunden von »festen« Produktionsmitteln (Maschinen und Gebäude), wie viele Arbeitsstunden von »zirkulierenden« Produktionsmitteln (Rohstoffe und Verbrauchsmaterialien) und wie viel direkt verbrauchte Arbeitsstunden in das Produkt einfließen. Unabhängig von der Art des Betriebes, ob es sich nun um eine Zuckerfabrik, eine Eisenbahngesellschaft oder eine Verwaltungsbehörde handelt, verbraucht es immer Produktionsmittel, Rohstoffe und Verbrauchsmaterialien sowie direkt ausgeführte Arbeit, so dass jeder Betrieb die Anzahl der Arbeitsstunden bestimmen kann, die das Produkt an die Gesellschaft weitergibt. Oder anders ausgedrückt:

Jeder Betrieb arbeitet nach der *Produktionsgleichung*:

p + r + a = Produkt

(Maschinen und Gebäude) + (Roh-, Hilfs- und Betriebsstoffe) + (Arbeit) = Produkt [...]

Ersetzen wir der Deutlichkeit wegen die Buchstaben durch fiktive Zahlen, dann würde die Produktion z. B. in einer Schuhfabrik im folgenden Schema wiedergegeben:

(p + r) + a = Produkt

1250 Arbeitsstunden + 61.250 Arbeitsstunden + 62.500 Arbeitsstunden = 125.000 Arbeitsstunden

Maschinen etc. + Rohstoffe + Arbeit = 40.000 Paar Schuhe

Das sind durchschnittlich 3,125 Stunden pro Paar.

Wenn der Schuhbetrieb jedoch eine neue Produktionsperiode beginnen will, muss er alles wieder auffüllen, was in der Produktion verloren gegangen ist. Er muss seinen Verschleiß an Produktionsmitteln (1250 Stunden) wiederherstellen, Rohstoffe wieder einkaufen (61.250 Stunden) und 62.500 Arbeitsstunden der Arbeiter wieder einsetzen. Danach kann die Produktion auf *dieselbe Weise* von vorne beginnen. Die Produktionsgleichung erweist sich so unmittelbar als *Reproduktionsformel*.

Jeder Betrieb reproduziert sich selbst. Und damit wird das gesamte gesellschaftliche Wirtschaftsleben reproduziert.

Um der gesamten Wirtschaft eine übersichtliche Form zu geben, verwenden wir die gleiche Produktionsgleichung wie für jeden einzelnen Betrieb. In dieser Formel finden wir daher *alle* Produktionsmittel, über die die Gesellschaft verfügt, sowie *alle* Roh- und Hilfsstoffe sowie *alle* Arbeitsstunden, die die Arbeiter direkt in der Produktion verwenden. Das gesamte Wirtschaftsleben wird somit abgebildet durch:

(Pt + Rt) + At = Gesamtprodukt

Hinweis: Der t-Index bedeutet: gesamt (total).

Wenn wir aus Gründen der Genauigkeit fiktive Zahlen für diesen Zweck verwenden, erhalten wir zum Beispiel:

Pt + Rt + At = Gesamtprodukt

108 Millionen + 650 Millionen + 650 Millionen = 1408 Millionen Arbeitsstunden

Die Produktmasse des gesamten gesellschaftlichen Produkts umfasst somit 1408 Millionen Arbeitsstunden. Alle Betriebe zusammen entnehmen nun 108 Millionen Arbeitsstunden an Produktionsmitteln aus dieser Masse, weitere 650 Millionen an Roh- und Hilfsmitteln, während der Rest oder 650 Millionen auf den individuellen Verbrauch der Arbeiter entfällt. Das bedeutet, dass das gesamte gesellschaftliche Produkt verbraucht wird, während *alle* Betriebe reproduziert wurden, so dass eine neue Produktionsperiode beginnen kann.

e. Die Reproduktion der Arbeitskraft

Dennoch ist es notwendig, den individuellen Konsum für einen Moment zu berücksichtigen. Es stimmt, dass in unserem Beispiel 650 Millionen für diesen

Zweck verfügbar sind, aber damit ist nicht gesagt, wie das Produkt unter den Arbeitern verteilt wird!

Es ist z. B. sehr gut möglich, dass ungelernte, gelernte und intellektuelle Arbeit verschieden bewertet wird. Die Verteilung könnte z. B. sein, dass der Ungelernte 3/4 Stunden für eine geleistete Arbeitsstunde ausgezahlt erhält, der Gelernte gerade eine Stunde, der Beamte 1 1/2 und der Betriebsleiter 3 Stunden. Im Betrieb wird eine 40-Stunden-Woche in den Betriebsbüchern erfasst: für die ungelernten 30 Stunden, für die Fachkräfte 40 Stunden, für den Beamten 60 Stunden und für die Führungskräfte 120 Stunden.

Tatsächlich stehen die Herren Ökonomen auf diesem Standpunkt. Es fällt ihnen nicht ein, die Arbeit gleich zu »werten«, also jedem den gleichen Anteil am gesellschaftlichen Produkt zu geben. Das ist denn auch die Bedeutung der Neurathschen *»Lebenslagen«*. […]

g. Der Wert der Arbeitskraft im Kapitalismus nach Marx

Wenn wir uns hier die marxistische Analyse des Wertes der Arbeitskraft ansehen, ist es völlig klar, dass die *Lohngesetzmäßigkeiten* für den Kapitalismus und für den Lebenslagen-Kommunismus völlig identisch sind! Marx sagt:

»Welches sind nun die Produktionskosten der Arbeit selbst? Es sind die Kosten, die erheischt werden, um den Arbeiter als Arbeiter zum erhalten und um ihn zum Arbeiter auszubilden. Je weniger Bildungszeit eine Arbeit daher erfordert, desto geringer sind die Produktionskosten des Arbeiters, umso niedriger ist der Preis seiner Arbeit, sein Arbeitslohn. In den Industriezweigen, wo fast keine Lernzeit erforderlich ist und die bloße leibliche Existenz des Arbeiters genügt, beschränken sich die zu seiner Herstellung erforderlichen Produktionskosten fast nur auf die Waren, die erforderlich sind, um ihn am arbeitsfähigen Leben zu erhalten. Der Preis seiner Arbeit wird daher durch den Preis der notwendigen Lebensmittel bestimmt sein.

Es kommt indes noch eine weitere Rücksicht hinzu. Der Fabrikant, der seine Produktionskosten und darnach den Preis der Produkte berechnet, bringt die Abnutzung der Arbeitsinstrumente in Anschlag. Kostet ihm eine Maschine z. B. 1000 Francs, und nutzt sich diese Maschine in zehn Jahren ab, so schlägt er 100 Francs jährlich in den Preis der Ware, um nach zehn Jahren die abgenutzte Maschine durch eine neue ersetzen zu können. In derselben Weise müssen in den Produktionskosten der einfachen Arbeitskraft die Fortpflanzungskosten eingerechnet werden, wodurch die Arbeiterrace instand gesetzt wird, sich zu vermehren und abgenutzte Arbeiter durch neue zu ersetzen. Der Verschleiß des Arbeiters wird also in derselben Weise in Rechnung gebracht, wie der

Verschleiß der Maschine. Die Produktionskosten der einfachen Arbeitskraft belaufen sich also auf die Existenz- und Fortpflanzungskosten des Arbeiters. Der Preis dieser Existenz- und Fortpflanzungskosten bildet den Arbeitslohn. Der so bestimmte Arbeitslohn heißt das Minimum des Arbeitslohnes.« [MEW 6, S. 406]

So wie die Reproduktion des »sachlichen« Teils des Produktionsapparates eine *individuelle Funktion des Kapitalisten* ist, so ist die Reproduktion der Arbeitskraft eine *individuelle Funktion des Arbeiters*. Aber so, wie die Reproduktion des sachlichen Teils des Produktionsapparates im Kommunismus zur gesellschaftlichen Funktion wird, so wird auch die Reproduktion der Arbeitskraft zur gesellschaftlichen Funktion. Sie wird nicht mehr den einzelnen Individuen aufgebürdet, sondern von der Gesellschaft getragen. Der Unterricht ist nicht mehr gebunden an Papas Geldbeutel, sondern allein abhängig von Veranlagung und physischer Beschaffenheit des Kindes. Es kann dem Kommunismus nicht einfallen, den Individuen, die von der Natur mit günstigerem Erblichkeitsfaktoren oder günstigeren Fähigkeitsanlagen ausgestattet sind und dadurch die Möglichkeit haben, im vollsten Maße alle Errungenschaften der menschlichen Gesellschaft auf dem Gebiete der Kultur, Kunst und Wissenschaft in sich aufzunehmen, obendrein noch einen größeren Anteil am gesellschaftlichen Produkt auszuliefern.

Aber es gibt noch etwas anderes.

Die Verteilung des gesellschaftlichen Produkts im Kommunismus ist nicht eine einfache Reproduktion der Arbeitskraft: Es ist die Verteilung aller sachlichen und geistigen Reichtümer, die die Menschheit mit ihrer Technologie produziert und damit weit über die einfache Reproduktion der Arbeitskraft hinausgeht. Was »Kommunisten« à la Kautsky, Leichter, Neurath mit ihren »Lebenslagen« wollen, läuft darauf hinaus, dass sie dem »niederen« Arbeiter ein »Existenzminimum« sicherstellen, auf der Grundlage der Ernährungsphysiologie, während die »höheren« den Überfluss verzehren.

Die gesellschaftlich durchschnittliche Arbeitsstunde als Grundlage der Produktion!

[…] Was Kautsky von seiner ökonomischen Zentrale aus nicht kann, *das können die Produzenten selbst sehr gut*. Das Geheimnis ist, dass jeder Betrieb, geleitet und verwaltet von seiner Betriebsorganisation, als »selbständige« Einheit auftritt, gerade wie im Kapitalismus.

»Auf den ersten Blick wird man vermuten, dass jede einzelne Produktionsstätte ziemlich selbständig ist, sieht man aber näher zu, wird man den

Nabelstrang ganz deutlich sehen, durch den der einzelne Betrieb mit der übrigen Wirtschaft und mit ihrer Leitung verbunden ist.«

Jede »selbständige« Einheit hat ein »Endprodukt« und durch die Anwendung der Formel (p+r)+a kann sie jederzeit berechnen, wieviel Arbeit für ihr Produkt notwendig ist. Schließlich, wenn der »Endbetrieb« sein »Endprodukt« fertig gestellt hat, damit es in den Verbrauch übergehen kann, wissen wir sofort, wie viel Arbeit er »von Anfang an bis zum Endprodukt, einschließlich Transport und andere Nebentätigkeiten«, aufgewendet hat. So wie die Produktion aus Teilprozessen aufgebaut ist, so wird auch die Berechnung der Arbeitszeit aufgebaut, eine Kalkulation, die vollständig in den Händen der Produzenten liegt und daher keine Funktion der wirtschaftlichen Zentrale von Kautsky ist.

Kautsky erkennt also sehr wohl die Notwendigkeit, die gesellschaftlich durchschnittliche Arbeitszeit der Produkte zu berechnen, aber er sieht keine Möglichkeit, diesen Begriff konkret zu fassen. Kein Wunder, dass er von den verschiedenen Problemen, welche sich um diese Kategorie bewegen, nichts, aber auch nicht das Geringste zu begreifen imstande ist. So läuft er sich z. B. schon fest in der Verschiedenheit der Produktivität der Betriebe, in der Frage des Fortschrittes der Technik und beim »Preis« der Produkte.

Obwohl es, nachdem wir seine prinzipiellen Fehler aufgedeckt haben, überflüssig sein mag, sich noch näher mit seinen Beschwerden zu beschäftigen, wollen wir für die konkrete Fassung der Kategorie der gesellschaftlich durchschnittlichen Arbeitszeit seine Betrachtungen weiter verfolgen.

d. Der Unterschied in der Produktivität der Betriebe

Zu diesem Zweck konzentrieren wir uns zunächst auf die »Preise« der Produkte. Er weist darauf hin, dass nicht alle Betriebe gleich produktiv sind. Ein Betrieb hat einen besseren Standort als ein anderer, oder er hat eine bessere Organisation der Produktion, oder es gibt bessere Maschinen: Kurz gesagt, die Produktionskosten unterscheiden sich geringfügig in allen Betrieben, die das gleiche Produkt herstellen, vielleicht sogar erheblich. Beispielsweise kann eine Schuhfabrik die Schuhe in 3,125 Stunden, eine andere in 3 1/2 Stunden und eine andere in 3 Stunden pro Paar herstellen. So bekommt jeder Betrieb eine andere Produktionszeit, jeder Betrieb hat seinen eigenen *Betriebsdurchschnitt*.

Bei der gesellschaftlichen Produktion geht es jedoch darum, den *gesellschaftlichen Durchschnitt* zu bestimmen, d. h. wie viel Arbeit in ein Paar Schuhe investiert wird, berechnet über die gesamte gesellschaftliche Schuhproduktion. Es ist daher nicht anders als der Durchschnitt aller Schuhfabriken im Bezirk. So wäre es beispielsweise in den von uns genannten Beispielen durchaus möglich, dass der *gesellschaftliche Durchschnitt* 3,3 Stunden pro Paar beträgt.

Es ist also ein bemerkenswerter Sachverhalt. In unserem Beispiel könnte der gesellschaftliche Durchschnitt 3,3 betragen, während es keinen Betrieb gibt, der nach diesem Durchschnitt arbeitet! Es besteht daher ein Widerspruch zwischen dem tatsächlichen Arbeitsaufwand in jedem einzelnen Betrieb, dem Betriebsdurchschnitt und dem gesellschaftlichen Durchschnitt.

Dieser Widerspruch wird *immer* bestehen, auch wenn das kommunistische Wirtschaftsleben vollkommen organisiert ist. Denn zwei Betriebe werden selten völlig gleich sein. Schon der technologische Fortschritt führt dazu, dass es immer wieder Unterschiede geben wird, denn wenn ein neuer Maschinentyp eingeführt wird, wird er nicht überall gleichzeitig in Betrieb genommen.

Es ist dieser Widerspruch, der Kautsky vor unüberwindliche Schwierigkeiten stellt und ihn dazu bringt, die »Unmöglichkeit« der Arbeitszeitrechnung zu behaupten. Er fragt:

»Und welche Arbeit sollte man berechnen? Doch nicht diejenige, die jedes Produkt wirklich gekostet hat. Da würden die verschiedenen Exemplare gleicher Art verschiedene Preise aufweisen, die unter ungünstigeren Bedingungen erzeugten höhere als die anderen. Das wäre aber absurd. Sie müssten alle den gleichen Preis haben, und der wäre zu berechnen, nicht nach der wirklich aufgewendeten, sondern der gesellschaftlich notwendigen Arbeit.«

Kautsky verlangt hier mit Recht, dass die »Preise« der Produkte (wir werden seine Terminologie für einen Moment verwenden) übereinstimmen müssen mit der gesellschaftlich notwendigen Arbeit, das ist also *nicht* die Arbeit, welche in jedem einzelnen Betrieb tatsächlich für das Produkt verausgabt wurde, denn die tatsächlich verausgabte Zeit liegt einmal über, dann wieder unter dem Durchschnitt.

Die Lösung des Problems besteht jedoch wieder einmal darin, dass die Produzenten *selbst*, d. h. ihre *Buchhaltungs*abteilung, diesen gesellschaftlichen Durchschnitt berechnen und nicht Kautsky! Was die Führer des »Generalkartells von Hilferding« nicht können, *können die Produzenten selbst sehr gut!*

Also, worum geht es eigentlich?

Es geht darum, den Durchschnitt der gesamten Schuhindustrie zu bestimmen. Wir sehen daraus, dass die Forderung nach der Bestimmung der gesellschaftlich notwendigen Arbeit direkt zu einer *buchhalterischen Verbindung* zwischen gleichartigen Betrieben, der horizontalen Zusammenführung, führt. In der allerersten Übergangsperiode wird es nicht weit über diese buchhalterische Zusammenführung hinausgehen, aber im Laufe der Zeit müssen die Ergebnisse der Rechnungslegung zu einer gegenseitigen technischen Durchdringung führen. Diese horizontale Zusammenführung ist jedoch kein »Kartell«, das der Staatsbeamtenapparat vollstreckt und in dem die Produzenten von der Steuerung des Produktionsprozesses ausgeschlossen werden, sondern die Zusammenführung wächst *aus den Betrieben selbst* heraus. Das *Wie* und *Warum* ist für jeden Arbeiter völlig klar, »durchsichtig einfach«, denn erstens verstehen die Arbeiter sehr gut, dass sie nicht gegeneinander »konkurrieren« können, und zweitens erfahren sie bald, dass eine *planmäßige* Produktion nur auf der Grundlage des gesellschaftlichen Durchschnitts möglich ist.

Die Verbindung der einzelnen Betriebe zu *Industriebranchen* ähnelt daher der kapitalistischen »Kartellbildung«. Die kapitalistischen Unternehmen schließen sich jedoch zusammen, um die Gewinne zu maximieren: Sie legen die Preise so fest, dass das *schlechteste* Unternehmen immer noch mit Gewinn arbeiten kann, wodurch die gut ausgestatteten Fabriken einen zusätzlichen Gewinn erzielen. Der kommunistische Industriesektor bestimmt jedoch den Durchschnitt aller Betriebe.

Zusammen haben die Betriebe die gesellschaftlich durchschnittliche Produktivität.

Gerade *weil* der gesellschaftliche Durchschnitt aus allen diesen Betrieben berechnet ist, müssen die Unter- und die Überproduktivitäten einander ausgleichen. Die Abweichungen nach unten und oben sind daher immer Null. Wenn *alle* Betriebe, sowohl die unter- als auch die überproduktiven, ihr Produkt entsprechend der *gesellschaftlichen* Produktionszeit an die Gesellschaft weitergeben, müssen die Buchhaltungen des Industriesektors *immer* aufgehen.

Die Beseitigung des Widerspruchs zwischen der tatsächlich in jedem einzelnen Betriebe geleisteten Arbeit und dem gesellschaftlichen Durchschnitt ist daher eine Angelegenheit, die *innerhalb* der Branche gelöst wird. Es handelt sich um eine Frage der Buchhaltung. Die Art und Weise, *wie* diese Konten geführt werden, fällt nicht in den Rahmen allgemeiner theoretischer Überlegungen, da diese Verarbeitung je nach Art der Betriebe variiert. Es gibt viele Möglichkeiten, das Ziel hier zu erreichen. […]

Gruppe Internationaler Kommunisten (Holland): »Grundprinzipien kommunistischer Produktion und Verteilung«, Hamburg: Red & Black Books, 2020 (Originaltext 1935).

Kapitel 2:
Durch die Kriegswirtschaft zur Naturalwirtschaft

Otto Neurath
Wesen und Weg der Sozialisierung (1919)

Ehe ich meine Ausführungen beginne, möchte ich meiner Freude über die an mich ergangene Einladung, vor Ihnen über Sozialisierung zu sprechen, Ausdruck geben. Eine Reihe von wirtschaftsgeschichtlichen und wirtschaftstheoretischen Umständen, die ich seit langem beobachtete und untersuchte, machten es mir bereits vor dem Weltkrieg wahrscheinlich, daß wir einer *zentral verwalteten Wirtschaft mit naturwirtschaflichem Einschlag* entgegengingen, deren Kommen durch einen Jahre dauernden Weltkrieg ungemein beschleunigt werden würde. Da die Mehrzahl meiner Voraussagen über die Struktur und das Wesen einer solchen Kriegswirtschaft eingetroffen ist, glaube ich heute mit um so größerer Berechtigung Möglichkeiten der nächsten Zukunft erörtern zu dürfen. [...]

Die großen Umwälzungen unserer Tage zielen offensichtlich auf eine einheitliche Regelung der Wirtschaft und eine Umgestaltung der Einkommensverteilung ab. Der Entschluß zur »Sozialisierung« ist einerseits durch die Unwirtschaftlichkeit der überlieferten Ordnung mit ihren Krisen, ihrer zeitweiligen Massenarbeitslosigkeit und ihren Depressionen bedingt, die vor allem auf die »Anarchie und Regellosigkeit des Marktes und der Produktion« zurückzuführen sind, andererseits durch die unbegründete und nicht begründbare Verteilung der Einkommen. Eine Vergesellschaftung der Produktionsmittel würde die überlieferte Unwirtschaftlichkeit ebenso wie die überlieferte Einkommens- und Lebenslagenverteilung beseitigen. Eine Wirtschaft sozialisieren heißt, sie einer *planmäßigen Verwaltung zugunsten der Gesellschaft durch die Gesellschaft* zuführen.

Die Sozialisierung setzt voraus, daß ein *Wirtschaftsplan* durch irgendeine entscheidende Zentralstelle verwirklicht wird. Eine solche *Verwaltungswirtschaft* muss nicht sozialistischer Natur sein, sie kann z.B. einer bevorrechteten Menschengruppe günstigere Lebenslagen sichern; in Sparta sicherte eine Art Verwaltungswirtschaft den Spartiaten die Arbeitserträge der Heloten. Sie muß auch nicht unbedingt in der Hand des Staates liegen; der Ausdruck Verwaltungswirtschaft ist daher mit dem Ausdruck Staatssozialismus nicht bedeutungsgleich.

Einen *Sozialisten* nennen wir den, der für eine Verwaltungswirtschaft mit sozialistischer Verteilung eintritt, das heißt: einer Verteilung, welche *nach allgemein gültigen Grundsätzen* unter Berücksichtigung *persönlicher Leistungen* und *persönlicher Eigentümlichkeiten,* wie Alter, Geschlecht, Gesundheitszustand usw. erfolgt, aber keine Gruppenvorrechte, keine Vorrechte der Geburt, des Standes, des Erbrechtes usw. kennt. Die Lebenslagen der Einzelnen können innerhalb einer sozialistischen Ordnung grundsätzlich sehr erhebliche Unterschiede aufweisen, so könnten zum Beispiel gewisse gesellschaftlich erwünschte Höchstleistungen besonders prämiiert werden. [...]

Nach dem bisher Gesagten kann man im eigentlichen Sinn des Wortes nur von einer *Sozialisierung der Gesamtwirtschaft*, d. h. von ihrer planmäßigen Umgestaltung sprechen. Es wäre irreführend, zu sagen, eine einzelne Fabrik sei »sozialisiert« worden, weil ihre Arbeiter sie in Besitz nahmen, oder irgend ein Bergwerk sei »sozialisiert« worden, weil es verstaatlicht wurde, wenn nicht gleichzeitig die Gesamtwirtschaft planmäßig geleitet wird, sondern die *alte Regellosigkeit der Produktion und der Verteilung* andauert. Nur als *Mittel* einer planmäßigen Wirtschaftsgestaltung soll man Änderungen in den Eigentumsverhältnissen, Verstaatlichungen, Besitzergreifung durch Arbeiterräte als Sozialisierungen bezeichnen. Wie sollte denn auch ein einzelner Arbeiterrat oder eine einzelne Produktionsgenossenschaft die Planmäßigkeit der Gesamtwirtschaft verbürgen!?

Wirtschaftspläne werden *ausschließlich* durch *Großorganisationen* verwirklicht, deren bedeutsamste heute der Staat ist. In diesem Sinne hat man denn auch von marxistischer Seite die Entwicklung der gemischten Werke und der Kartelle selbst dann begrüßt, wenn deren Macht zunächst der Arbeiterschaft höchst unerwünscht war. In diesem Geiste müßte eigentlich auch heute die Sozialisierung vor allem in der *Ausgestaltung und Vervollständigung der Großorganisationen* erblickt werden, die ja noch gewaltiger Entwicklung vor allem durch Schaffung neuer Zwischen- und Bindeglieder fähig sind. Soweit man diese Großorganisationen durch gesellschaftlichen Einfluß dem Kampf gegen jede Unwirtschaftlichkeit der Förderung des Glückes Aller und der sozialistischen Verteilung dienstbar machen kann, müßten sie folgerichtig seitens der Sozialdemokratie ausgebaut werden.

Gesellschaftstechnisch wäre es naheliegend, *Genossenschaften, Kartelle, Banken, Gemischte Werke, Gewerkschaften, Konsumentenverbände, Handelskammern, Landwirtschaftskammern* und andere Großorganisationen *neben dem Staat als Diener der Sozialisierung* zu verwenden. Es wäre durchaus denkbar, daß man diesen Gebilden in ihrer Gesamtheit gewissermaßen das Mandat übertrüge, die Sozialisierung nach gewissen allgemeinen Grundsätzen durchzuführen. Dies hätte unter der Leitung und nach der Anweisung einer machtvollen Volksregierung zu geschehen, welche durch Kommissare und besondere, neu einzurichtende staatliche Stellen diese Wirtschaftsmaßnahmen dem Staatsbetrieb einzugliedern hätte. Das Ziel würde vor allem dadurch erreicht werden, daß das System der Verbände ausgestaltet, Produktion und Konsum möglichst unmittelbar miteinander verbunden werden. Die Verstaatlichung würde ein wichtiges Mittel sein, um gewisse Verbindungen zu erleichtern oder um Widerstand zu beseitigen. Vor allem würden aber die staatlichen Stellen die maßgebende Willensbildung auf dem Gebiete der Produktion und des Verbrauchs in der Hand haben. [...]

Die Gesamtorganisation, deren Schaffung wir erörterten, kann nur dann die Wirtschaftlichkeit der Lebensordnung erhöhen, wenn sie über einen ausreichenden *Wirtschaftsplan* verfügt. Es genügt nicht, die Produktionsmöglichkeiten und den Verbrauch im ganzen zu kennen, man muß die Bewegung und das Schicksal aller Rohstoffe und Energien, der Menschen und Maschinen durch die Wirtschaft hin verfolgen können. Neben die Rohstoff- und Energiebilanz, welche Erzeugung, Verwandlung (Verbrauch), Vorratsbildung, Einfuhr, Ausfuhr des ganzen Landes behandelt und etwa nach einzelnen Rohstoffen, wie Kupfer, Eisen usw., verfolgt, muß die Bilanz der einzelnen Industriezweige, der Landwirtschaft usw. treten. Man muß erkennen können, welche Mengen an Kohle, Eisen, Kalk usw., Maschinen, Menschen usw. für die Hüttenwerke in Anspruch genommen werden, welche Mengen an Erz, Schlacke usw. gewonnen werden, was davon in die Industrie, in die Landwirtschaft übergeht.

Um solche Übersichten [...] entwerfen zu können, dazu bedürfen wir einer *Universalstatistik*, welche in zusammenhängenden Übersichten ganze Länder, ja die Welt umfaßt. Wäre eine solche Universalstatistik, ein solcher Wirtschaftsplan seit jeher Ziel unseres Strebens, so würde die gesamte Wirtschaftsstatistik niemals in den jetzigen planlosen Zustand gekommen sein. An zahllosen Stellen werden wirtschaftsstatistische Erhebungen gemacht. Kartelle, Gewerkschaften, ja einzelne Vereine neben den verschiedenen staatlichen und kommunalen Behörden, die ihre eigenen statistischen Ämter besitzen, machen statistische Zusammenstellungen. Aber im allgemeinen weiß dabei die Rechte nicht, was die Linke tut. Die Statistiken können gemeinhin nur schwer oder gar nicht miteinander verknüpft oder verglichen werden. Erhebungsrubriken, welche in einer Statistik berücksichtigt werden, werden in der ergänzenden vernachlässigt, welche von einer anderen Stelle in Angriff genommen wird. Dazu kommen zahllose Lücken, welche oft leicht vermieden werden könnten, wenn jeder erhebenden Stelle das Gesamtschema bekannt wäre, innerhalb dessen die Einzelstatistik ihren Platz bekommen soll. Durch die Universalstatistik müßte jede Einzelstatistik erst Sinn und Bedeutung erhalten.

Selbstverständlich müßten durch eine entsprechende Verfügung die mengenmäßigen Kenntnisse Verwertung finden, welche heute von Einzelunternehmungen, Banken usw. geheim gehalten werden. Gewisse staatliche

Wirtschaftsstatistiken werden sorgfältig gehütet, ja sogar vor manchen staatlichen Stellen, z. B. den Steuerbehörden, geheim gehalten. Innerhalb der individualistischen Wirtschaftsordnung war letzten Endes jeder darauf aus, seine Konkurrenten über die eigene Lage zu täuschen, nicht selten auch die Behörden. *Die sozialisierte Wirtschaft kennt keine wirtschaftsstatistischen Geheimnisse.* [...]

Die Wirtschaftspläne müßten von einer eigenen Stelle entworfen werden, welche die gesamte Volkswirtschaft wie einen riesigen Betrieb anzusehen hätte. Die Geldpreise würden für ihre Übersichten keine Rolle spielen, werden sie auch im Rahmen einer Verwaltungswirtschaft, solange das Geld überhaupt noch besteht, wesentlich *willkürlich* durch Verbände, durch den Staat oder andere leitende Instanzen festgesetzt, während sie ehedem *automatische* Ergebnisse des Wettbewerbs waren. Die *Naturalrechnungszentrale*, wie wir die erwähnte Stelle nennen könnten, hätte einerseits den jeweiligen Wirtschaftsablauf darzustellen, vor allem aber *Wirtschaftspläne für die Zukunft* zu entwerfen. Aus diesen Wirtschaftsplänen müßte die Volksvertretung entnehmen können, welche mengenmäßigen Verschiebungen etwa der Bau von Talsperren, eine allgemeine Zementierung der Düngergruben und ähnliches mehr im Rahmen der Gesamtwirtschaft zur Folge haben würden. Die Bedeutung, die Durchführbarkeit jeder Einzelmaßnahme würde aus der Betrachtung des Ganzen ersichtlich werden.

Um den dann schließlich von der Volksvertretung gewählten Plan durchführen zu können, muß jeder deutsche Freistaat ein *Zentralwirtschaftsamt* besitzen. Es *genügt nicht*, die Wasserwirtschaft, die Kohlenwirtschaft, die Ernährungswirtschaft usw. zu zentralisieren. *Es muß in jedem Staatswesen eine Stelle vorhanden sein, welche die gleichzeitigen Veränderungen, die Zusammenhänge zwischen den verschiedenen Gebieten in jedem Augenblick im Auge hat, um gegebenenfalls eingreifen zu können.* Selbstverständlich müßte jedes Zentralwirtschaftsamt eine Abteilung für Reichsfragen besitzen, die ihrerseits mit der Reichszentrale in Verbindung zu stehen hätte. Kompetenzfragen und ihre politischen und gesellschaftstechnischen Folgen bleiben hier unerörtert.

Vor einer Zersplitterung der kommenden Verwaltungswirtschaft kann nicht nachdrücklich genug gewarnt werden. Die *Kriegswirtschaft* zeigt uns am besten, welchen ungeheuren Umfang staatliche Eingriffe annehmen können, ohne daß es zu einem wirklich umfassenden Gesamtplan kommen müßte. Nicht einmal das Preissystem wurde als Ganzes voll erfaßt. Fehlte es an Zucker, so erhöhte man wohl die Rübenpreise, ohne die zahllosen Nebenwirkungen ausreichend zu beachten, die eine solche vereinzelte Preisveränderung ausübt.

Fragen wir uns nun, wie man die Ergebnisse solcher Wirtschaftspläne verwenden kann. Sie geben vor allem eine uns bisher unbekannte schematisierende Übersicht über den Wirtschaftsablauf, zwingen unser Denken, die Geldrechnung abzutun und uns mit der Naturalrechnung zu beschäftigen, Produktion und Verbrauch werden einander näher gerückt, Dinge und Menschen treten uns plastischer gegenüber. Die Verschleierungen, welche durch »Valuta«, »Devisenkurse«, »Konjunktur«, »Depression« usw. erzeugt werden, sind plötzlich beseitigt. Alles wird *durchsichtig* und *beherrschbar*.

Auf Grund des Wirtschaftsplanes gestalten sich alle Verhandlungen über *Arbeitslohn* und *Arbeitszeit* völlig anders als bisher. Besäßen wir eine Naturalrechnungszentrale, so könnte man in großen Zügen Wirtschaftspläne für den 7-, 8- und 9-stündigen Arbeitstag entwerfen und nun fragen, ob längere Freizeit und Konsumzeit und kleinere Warenmenge oder kürzere Konsumzeit und größere Warenmenge innerhalb bestimmter Grenzen vorzuziehen ist. Während die überlieferte Ordnung den Achtstundentag nur als Mittel zur Leistungssteigerung anerkennen kann, kommt in den Entschließungen der Gesellschaft einer sozialisierten Wirtschaft die Freizeit unmittelbar als Gut in Frage.

Noch wichtiger als für die Bestimmung der Arbeitszeit ist das Entwerfen von Wirtschaftsplänen für die Bestimmung des *Arbeitslohnes*. Der gegenwärtige Zustand weist auf diesem Gebiet alle Mängel der freien Konkurrenz ohne deren Vorzüge auf. Die Arbeiter stellen unter Streikdrohung immer neue Lohnforderungen, man gewährt sie ihnen vielfach und belastet durch Preiserhöhungen die gesamte Wirtschaft, damit auch die Arbeiterschaft. Weitere Lohnerhöhungen bewirken neue Preiserhöhungen, und es wird die bekannte Schraube ohne Ende wirksam. Es hilft wenig, wenn sozialdemokratische Führer die Arbeiter darauf hinweisen, daß eine Geldlohnerhöhung letzten Endes bedeutungslos sei, wenn die Menge der Produkte nicht vermehrt wird. Innerhalb der überlieferten Ordnung können solche Betrachtungen *nicht viel Einfluß ausüben*, weil der Markt, auf welchem der Geldpreis der Arbeit bestimmt ist, von dem Markt, auf welchem der Preis der Verbrauchsgegenstände bestimmt wird, völlig getrennt ist. Der Arbeiter sieht nicht unmittelbar, was seine Forderungen bedeuten. Ganz anders würden sich die Verhandlungen gestalten, wenn der gesamten Arbeiterschaft ein *Wirtschaftsplan* vorgelegt und nun auf Grund der vorliegenden Daten festgestellt würde, wieviel *Brot,* wieviel Fleisch, wieviel Wohnung, wieviel Kleidung usw. auf den Einzelnen höchstens entfallen könne. Die Klarheit von allem, welche diesem Verhandeln anhaftet, hat bereits eine reinigende Wirkung. Es muß dann nur noch entschieden werden, welche Vorzugsversorgung Schwerarbeitern, Kindern, Kranken zuteil werden muß, wie man besonders wichtige Leistungen belohnen will, ob man Erfinder, Dichter,

Techniker, Ärzte, die Großes für die Allgemeinheit geleistet haben, etwa wie im alten Athen im Prytaneum (Ehren-Altersheim) speisen will. Die Bestimmung der Kriegsrationen hat uns gezeigt, daß derlei gesellschaftstechnisch nicht übermäßig schwierig ist und nicht so leicht zu ernstlichen Zwistigkeiten fuhrt, wie etwa Geldlohnverhandlungen. Auch die Versorgung der Arbeitslosen durch Abgabe von Naturalien würde viele Erörterungen über die Zulänglichkeit oder Unzulänglichkeit der bisher gezahlten Geldbeträge beseitigen. Die Arbeitslosenfrage spielt übrigens innerhalb einer durchsozialisierten Wirtschaft keine Rolle, da diese die Arbeitslosigkeit planmäßig beseitigt. [...]

Wir müssen uns endlich von veralteten Vorurteilen befreien und in der *Großnaturalwirtschaft* eine vollwertige Wirtschaftsform erblicken, welche heute um so bedeutsamer ist, als jede *vollständige Verwaltungswirtschaft* letzten Endes *Naturalwirtschaft* ist. Sozialisieren heißt daher die Naturalwirtschaft fördern. An der zersplitterten, unbeherrschbaren Geldordnung festhalten und gleichzeitig sozialisieren wollen, ist ein innerer Widerspruch. Es gehört zum Wesen des Geldes, daß es nicht geleitet werden kann, und alle Versuche, die »richtige Geldmenge« zu bestimmen, sind vergebliches Bemühen. Die bisherigen geldpolitischen Bestrebungen waren praktisch ergebnislos, theoretisch unzulänglich, nicht weil die Bearbeiter unfähig waren, sondern weil das Geld ein ungeeignetes Objekt all dieser Bemühungen war. Wenn man einmal das Wesen des Geldes voll erkannt haben wird, dann wird es allen wie Schuppen von den Augen fallen, und die Entwicklung von Jahrhunderten wird wie *ein großer Irrtum* erscheinen. Späteren Geschlechtern mag es dann vorbehalten sein, zu zeigen, welche befruchtenden, welche vernichtenden Wirkungen das unaufhörliche Streben nach einer vollkommenen Geldordnung erzeugt hat.

In einer Großnaturalwirtschaft, in einer sozialisierten Wirtschaft ist das Geld keine treibende Kraft mehr. Es gibt dann keinen »*Reingewinn*«, um dessentwillen produziert würde. Geld kann höchstens als Anweisung auf allerlei Gegenstände und Leistungen bestehen bleiben, welche der einzelne Verbraucher erhält, um seinen Verbrauch einrichten zu können. Es hängt vom gesamten Wirtschaftsplan ab, in welchem Ausmaß die Mannigfaltigkeit des Einzeldaseins Berücksichtigung finden kann. Eins werde vorweg festgestellt: *Innerhalb einer sozialisierten Wirtschaft kann eine weit größere Mannigfaltigkeit der Lebensweise ermöglicht werden, als innerhalb der freien Verkehrswirtschaft*. Die freie Konkurrenz erzwang eine weitgehende Gleichartigkeit. Die Arbeitszeit z. B. paßte sich der »Weltarbeitszeit« an, da ja alles auf alles durch Vermittlung des Marktes einwirkte. Ganz anders innerhalb der sozialisierten Wirtschaft. Es kann, wenn es die Gesellschaft wünscht, neben dem achtstündigen Arbeitstag für Durchschnittsarbeiter ein sechsstündiger für Kriegsbeschädigte und Alternde Geltung haben.

Die Ausschaltung des Reingewinns ist eine *notwendige Folge der Sozialisierung;* selbst in einer nur teilweise durchgeführten Verwaltungswirtschaft, wie es die Kriegswirtschaft war, wurde der Reingewinn im wesentlichen willkürlich festgesetzt. Wenn durch Verbände oder durch den Staat Mindestlöhne und Höchstpreise festgelegt sind, ist der Reingewinn im wesentlichen mitbestimmt. Er ist dann eigentlich ein verwaltungsmäßig bestimmtes *Geldeinkommen* und ist weder geeignet, *Anreiz* für Leistungen noch *ein auch nur vermeintlicher Anzeiger für die Wirtschaftlichkeit einer Maßnahme zu sein*. In der überlieferten Wirtschaftsordnung entschied man die Frage, ob eine Mühle oder ein Hüttenwerk zu bauen sei, auf Grund des Reingewinns, welchen das eine oder das andere Unternehmen abwarf. Verzinste sich das eine mit 5 v. H., das andere mit 6 v. H., so galt letzteres für wirtschaftlicher. Wenn höherer Reingewinn durch bessere Maschinen, sparsamere Behandlung der Rohstoffe erzielt wurde, war er tatsächlich ein Anzeiger der Wirtschaftlichkeit, er konnte aber unter Umständen wachsen, wenn der Unternehmer Produkte vernichtete oder Produktionsmöglichkeiten ungenützt ließ. Der Reingewinn war aber nicht nur ein Anzeiger, er war gleichzeitig die Prämie für den Unternehmer, durch welche seine Maßnahmen belohnt wurden. Der Reingewinn förderte so die Entwicklung der Technik, er förderte aber auch den Mißbrauch an Menschenkraft.

Was tritt nun an die Stelle des Reingewinns in einer sozialisierten Wirtschaft? Die gröbere oder geringere Wirtschaftlichkeit eines Systems von Maßnahmen kann *nur durch den Vergleich der Gesamtpläne* festgestellt werden. Die Naturalrechnungszentrale hätte etwa einen Wirtschaftsplan unter der Annahme zu entwerfen, daß ein Elektrizitätswerk gebaut und die Landwirtschaft in gewisser Weise verbessert wird, und einen zweiten unter der Annahme, daß ein Kanal gegraben und ein Hüttenwerk errichtet wird. Nun hat die Wirtschaftsleitung, vor allem die Volksvertretung, zu entscheiden, ob sie die eine Gestaltung der Lebenslagen oder die andere vorzieht, die bessere Versorgung mit Elektrizität und Lebensmitteln nebst anderen Wirkungen, oder die bessere Versorgung infolge Ausgestaltung des Imports und vermehrter Eisenerzeugung. *Keine Einzelheiten irgendwelcher Art können dieser Entscheidung zugrunde gelegt werden, weder Geldeinheiten noch Arbeitsstunden*. Es muß unmittelbar die Erfreulichkeit der beiden Möglichkeiten beurteilt werden. Vielen erscheint es unmöglich, so zu verfahren, und doch ist man es nur nicht auf diesem Gebiet gewöhnt. Denn der Entscheidung, ob neue Schulen oder Krankenhäuser errichtet werden sollen, hat man auch bisher nicht Unterrichts- oder

Krankheitseinheiten zugrunde gelegt, sondern unmittelbar die Gesamtheit der Veränderungen, welche durch Schulen, und jene, welche durch Krankenhäuser bewirkt werden, wenn auch nur in großen Umrissen einander gegenübergestellt. Oder entschied ein Feldherr auf Grund irgendwelcher »Kriegseinheiten«, wohin er seine Kanonen, seine Trains, seine Soldaten dirigieren solle? Entschied er auf Grund irgendwelcher »Schießeinheiten«, welche Mengen an Granaten, Minen, Kleinmunition usw. er auf bestimmte Punkte schleudern solle? Wir werden eben Erzeugung und Verbrauch, die Verteilung von Wohnung, Nahrung, Kleidung, Bildung, Arbeit und Mühsal usw. in ähnlicher Weise durch unmittelbare Betrachtung der verschiedenen Möglichkeiten zu bestimmen haben. Wer davor zurückschreckt, möge seine Hände von der Sozialisierung lassen. Es ist kindlich, zu glauben, man könne eine der gewaltigsten Umgestaltungen aller Zeiten durchführen helfen, ohne mit der Überlieferung in entscheidenden Punkten zu brechen.

Ebenso, wie wir den *Wirtschaftsplan* als Ersatz für einen »Wirtschaftlichkeitsanzeiger« einführen, müssen wir auch einen »Anreizersatz« schaffen. An die Stelle des Reingewinns muß die *Prämie für erhöhte* Leistung treten. Daß es nicht leicht fällt, die Leistung leitender Persönlichkeiten entsprechend zu beurteilen und zu belohnen, unterliegt keinem Zweifel. Die ausschlaggebenden Menschen wirken auch im allgemeinen nicht ausschließlich um solchen Erfolges willen, wohl aber ein großer Teil der Betriebsleiter. Es muß die Methodik der modernen Betriebslehre auch auf diese Gebiete zur Anwendung kommen. Was die Rationalisierung der Arbeit innerhalb eines Einzelbetriebes leistet, das wird sie eben auch innerhalb des *Riesenbetriebes »Volkswirtschaft«* zu leisten haben. Technisch im einzelnen beurteilbare Erfolge werden entsprechend belohnt werden. Der Leiter eines Betriebes innerhalb einer sozialisierten Wirtschaft würde aber nicht nur Prämien dafür bekommen, daß er viel erzeugt und die Rohstoffe sparsam verwendet, sondern auch dafür, daß er Arbeitsverhälthisse verbessert, die Krankheitsziffer der Arbeiter herabdrückt usw. [...]

Otto Neurath: »Wesen und Weg der Sozialisierung. Gesellschaftstechnisches Gutachten, vorgetragen in der 8. Vollsitzung des Münchener Arbeiterrates am 25. Januar 1919«, in: Durch die Kriegswirtschaft zur Naturalwirtschaft. München, 1919.

Nikolaj Bucharin
Das Programm der Kommunisten (1919)

Die Verwaltung der Industrie durch die Arbeiter

Damit die Produktion glatt vonstatten gehe, dazu ist, wie wir schon früher erwähnten, ein allgemeiner einheitlicher Plan notwendig. Das wäre zu wenig, wenn in jeder großen Fabrik nur ihre Arbeiterverwaltung wäre. Denn es gibt viele Fabriken, es existieren verschiedene Betriebszweige; sie alle sind mit einander verbunden, alle hängen von einander ab: wenn die Steinkohlengruben wenig Kohlen liefern, bleiben die Fabriken und Eisenbahnen stehen; wenn es kein Naphta gibt, können die Dampfschiffe nicht gehen; wenn es keine Baumwolle gibt, haben die Textilfabriken nichts zu tun. Hier muß man folglich eine Organisation schaffen, die die ganze Produktion umfaßt, nach einem allgemeinen Plan arbeitet und mit den Arbeiterverwaltungen der einzelnen Fabriken und Hüttenwerke verbunden ist, über alle Vorräte und Bedürfnisse genaue Rechnung führt, nicht über eine Stadt, und nicht über eine Fabrik, sondern übers ganze Land. Die Notwendigkeit eines solchen einheitlichen Plans ist an dem Beispiel der Eisenbahnen besonders sichtbar. Jedes Kind begreift, daß die Zerrüttung des Eisenbahnverkehrs unglaubliches Elend zur Folge hat: In Sibirien gibt es z. B. überflüssiges Korn, in Petersburg aber ist fast Hungersnot. Weshalb? Weil sogar das Korn, das zu haben wäre, den Einwohnern Petersburgs unerreichbar ist, man kann es nicht transportieren, wie es sich gehört. Damit es einen regelrechten Verkehr gebe, muß alles registriert und verteilt sein. Das ist aber nur durch einen Plan möglich. Stellen wir uns vor, daß man auf einer Strecke die Eisenbahnen nach einer Art verwaltet, auf einer andern nach einer andern, auf einer dritten nach einer dritten, ohne mit einander zu rechnen. Es entstände ein schrecklicher Wirrwarr. Diesen Wirrwarr kann man nur durch eine zentralisierte vereinte Verwaltung vermeiden. Daher entsteht die Notwendigkeit solcher Arbeiterorgane, solcher Arbeiterorganisationen, die ganze Betriebszweige vereinigen, diese Betriebszweige untereinander verbinden, die schließlich wieder die verschiedenen Rayons des Landes: Sibirien, den Ural, die nördlichen Gouvernements, das Zentrum usw. in ein Ganzes verbinden, ihre Wirksamkeit vereinigen.

Solche Organe werden geschaffen: das sind die Rayon- und Gebietsräte der Volkswirtschaft, außerdem spezielle Komitees, die ganze Betriebszweige oder Handelsbranchen vereinigen (z. B. Zentrotextil, Zentrometall usw.), an der Spitze aber als Zentralorganisation der Oberste Rat der Volkswirtschaft.

Alle diese Organisationen stehen in Verbindung mit den Räten der Arbeiterdeputierten und arbeiten Hand in Hand mit der Regierung der Räte. In ihrer Zusammensetzung bestehen sie hauptsächlich aus Vertretern der Arbeiterorganisationen und stützen sich auf die Gewerkschaften, Fabrikkomitees, Verbände der Angestellten usw.

So wird nach und nach von oben bis nach unten die Verwaltung der Produktion durch Arbeiter geschaffen. An Ort und Stelle Fabrikkomitees und Arbeiterverwaltungen; höher hinauf Rayon- und Gebietskomitees und Räte der Volkswirtschaft, und als Gipfel der Organisation der Oberste Rat der Volkswirtschaft. Die Aufgabe der Arbeiterklasse besteht nun darin, die Verwaltung der Produktion durch die Arbeiter zu erweitern und durch Erziehung der größten Massen zu diesem Werk zu festigen. Die Sorge des Proletariats, daß die Produktion in seine Hände nimmt, nicht als Eigentum einzelner Personen oder Gruppen, sondern als Eigentum der ganzen arbeitenden Klasse, diese Sorge muß darin bestehen, die Zentral- und Gebiets-Arbeiterorganisationen durch tausende seiner kleinen örtlichen Organisationen, durch Arbeiterverwaltungen an Ort und Stelle, in den einzelnen Fabriken und Hüttenwerken, zu unterstützen. Wenn sich die obersten Verwaltungsorgane nicht auf die örtlichen stützen, dann bleiben sie in der Luft hängen, verwandeln sich in amtliche oder, wie man zu sagen pflegt, in bürokratische Einrichtungen, aus denen der lebendige revolutionäre Geist entschwindet. Im Gegenteil, sie sind imstande, mit dem furchtbaren Zusammenbruch fertig zu werden, wenn sie von allen Seiten von den lebendigen Kräften der Arbeiterklasse an Ort und Stelle unterstützt werden, und wenn jede Anordnung der Zentral-Arbeiterorganisationen Anklang findet und nicht aus Furcht, sondern weil ihr Gewissen sie dazu antreibt, von den Arbeiterorganisationen und Arbeitermassen an Ort und Stelle durchgeführt wird. Je mehr die Massen selber ihre Angelegenheiten erörtern, je feuriger und interessierter sie an den Wahlen ihrer Verwaltungen, an der Arbeit in den Fabriken und Hüttenwerken Anteil nehmen und jegliche Unordnungen und allerlei Gaunereien erbarmungslos ahnden, desto schneller bemächtigt sich die Arbeiterklasse, in Wirklichkeit, nicht nur in Worten, des ganzen Industriebetriebes, und es wird nicht nur die politische, sondern auch die wirtschaftliche Diktatur der Arbeiterklasse verwirklicht, d.h. die Arbeiterklasse wird zum tatsächlichen Herrn nicht nur in Verwaltung der Armee, des Gerichts, der Schulen und andern Angelegenheiten, sondern auch in der Verwaltung der Produktion. Erst dann wird die Macht des Kapitals bis an die Wurzel erschüttert und die Möglichkeit beseitigt, daß das Kapital sich aufs neue der Arbeiterklasse in den Nacken setzen könnte.

Brot nur den Arbeitenden (Arbeitspflicht der Reichen)

Der Übergang zur kommunistischen Gesellschaftsordnung bedeutet den Übergang zu einer Gesellschaftsordnung, in der es keinerlei Klassen, keinen Klassenunterschied der Menschen gibt, wo aber alle in gleichem Maße nicht Lohnarbeiter, sondern Arbeiter der Gesellschaft sind. Man muß unverzüglich zur Vorbereitung dieser Gesellschaftsordnung übergehen. Und einer der ersten Schritte auf diesem Wege ist außer der proletarischen Nationalisierung der Banken und der Produktion die Einführung der Arbeitspflicht für die reichen Klassen.

Augenblicklich gibt es viele Menschen, die nichts tun, kein Produkt schaffen, sondern ausschließlich das konsumieren, verzehren, ausnützen, verbrauchen, was andre erarbeitet haben. Noch mehr, es finden sich Menschen, die nicht nur nicht arbeiten, sondern durch ihre ganze Wirksamkeit, durch verschiedene Mittel bestrebt sind, der Regierung der Räte und der Arbeiterklasse Schaden zuzufügen und ihnen Schwierigkeiten zu bereiten. Vor den Augen aller Arbeiter steht das Beispiel der Sabotage, womit sich die russische Intelligenz, Lehrer, Ingenieure, Ärzte und andre *gelehrte Leute,* beschäftigte. Von Höherstehenden, Fabrik- und Bankdirektoren, früheren höheren Beamten usw., lohnt es sich überhaupt nicht zu reden. Sie alle strengten sich an, die Arbeit des Proletariats und die Macht der Räte zu desorganisieren und bis zur Wurzel zu zerstören. Die Aufgabe des Proletariats besteht darin, auch die Herren Bourgeois, die früheren Herren Gutsbesitzer und die zahlreiche Intelligenz aus dem Kreise der Wohlhabenden zu zwingen, zum allgemeinen Nutzen zu arbeiten.

Wie soll man das machen? Durch Einführung von Budgetbüchlein der Arbeiter und durch die Arbeitspflicht. Jeder Arbeiter erhält ein besonderes Büchlein, worin das Konto seiner Arbeit, seiner obligatorischen Arbeit, geführt wird. Auf Grund der Eintragung in sein Arbeitsbüchlein wird ihm das Recht auf den Kauf oder das Erhalten bestimmter Produkte, in erster Linie Brot, gegeben. Wenn sich ein Mensch weigert, zu arbeiten (nehmen wir an, daß er ein Saboteur aus dem Kreise der früheren Beamten oder ein auf die Arbeiter wütender früherer Fabrikant oder Gutsbesitzer ist, oder sich durchaus nicht damit zufrieden geben kann, daß sein Grund und Boden ihm entschwand, auf dem er jahrzehntelang schaltete und waltete); wenn sich also dieser Mensch weigert zu arbeiten, so gibt es in seinem Arbeitsbüchlein keine entsprechende Eintragung; er geht in den Laden, aber man sagt ihm: »Für Sie haben wir nichts; bitte die Eintragung über Ihre Arbeit.« […]

Es versteht sich, daß die Arbeitspflicht der Reichen der Übergang zur allgemeinen Arbeitspflicht sein soll. Nicht nur deshalb, weil man nur durch Hinzuziehung aller arbeitsfähigen Mitglieder der Gesellschaft die Produktivität der Industrie und Landwirtschaft erhöhen kann, sondern auch, weil genaue Registrierung der Arbeitshände und regelrechte Verteilung dieser Arbeitshände in den verschiedenen Betriebszweigen und einzelnen Unternehmen notwendig sind. Wie man im Kriege einerseits alle Kräfte mobilisieren, andrerseits aber sie berechnen und regelrecht organisieren muß, ebenso muß man im Kriege gegen den wirtschaftlichen Zusammenbruch alle zu diesem Kriege tauglichen Schichten der Bevölkerung heranziehen, über sie Rechnung führen und sie in eine große Arbeitsarmee organisieren, wo Arbeitsdisziplin waltet und jedermann sich seiner schweren Pflicht bewußt ist.

Augenblicklich herrscht bei uns in Rußland, infolge des wirtschaftlichen Zusammenbruchs, mangels an Heiz- und Rohmaterial (diese Not wuchs aber besonders, weil die Banden des deutschen Imperialismus den Süden Rußlands und die Ukraine einnahmen), eine ungeheure Arbeitslosigkeit. Daher entsteht folgende Situation. Einerseits ist es klar, daß wir nur durch lebendige Arbeitskraft, dadurch, daß Arbeit die Produktivität unsrer Industrie und Landwirtschaft erhöht, den Zusammenbruch steuern können, während diese lebendige Arbeitskraft, Arbeitshände, vorhanden sind; andrerseits können diese Arbeitshände ungeachtet dessen, daß es ihrer viele gibt, nirgends ihre Kräfte anwenden. Schon ohnedies herrscht Arbeitslosigkeit. Wo sollte man denn noch mehr Leute anstellen, die die Arbeiter- und Bauernmacht verpflichtet zu arbeiten? Eine der wichtigsten Aufgaben ist freilich die Organisation gesellschaftlicher Arbeiten und verschiedener staatlich-wichtiger Bauten (Bauen neuer Eisenbahnen, Ausbeutung neuer Bergwerke, Entwässerungs- und Bewässerungsarbeiten, Ausbeutung von Torflagern, Bau von Kornspeichern, sogenannten Elevatoren usw.). Wiederum ist aber begreiflich, daß diese Arbeit nicht auf einmal eine so ungeheure Menge überflüssiger Arbeitshände, die vorhanden ist, in Anspruch nehmen kann.

Deshalb muß man sich in der allerersten Zeit auf genaue Registrierung der Arbeitshände mit Angabe der Profession und Spezialität und Einführung eines obligatorischen Dienstes auf Forderung der Räte oder der Arbeiterorgane, die die Produktion verwalten, beschränken. Erklären wir das durch ein Beispiel: Nehmen wir an, daß zur Untersuchung neuer Bergwerke in Sibirien Spezial-Ingenieure nötig sind. Die Berg- oder Hüttensektion des Rates der Volkswirtschaft fordert solche. Die Sektion der Registratur der Arbeitskräfte sieht die Berufsregisterverzeichnisse durch, findet dort entsprechende Personen, und sie sind als Registrierte verpflichtet, zu fahren, wohin die oben erwähnten Sektionen sie schicken.

Es versteht sich, daß in dem Maße, wie es gelingt, die Organisation der Produktion in Ordnung zu bringen und auf diese Weise die Möglichkeit zu arbeiten und zu schaffen, auch allmählich die Arbeitspflicht, d.h. die Hinzuziehung aller arbeitsfähigen Elemente zur obligatorischen gesellschaftlichen Arbeit, durchgeführt wird.

Die Arbeitspflicht an und für sich ist durchaus nichts neues. Augenblicklich haben die imperialistischen Regierungen in fast allen kriegführenden Ländern die Arbeitspflicht der Bevölkerung (in erster Linie der unterdrückten Klassen) eingeführt. Die Arbeitspflicht aber, die in Westeuropa eingeführt ist, ist so weit wie der Himmel von der Erde entfernt von der, die wir einführen müssen. In den imperialistischen Reichen bedeutet ihre Einführung völlige Unterjochung der Arbeiterklassen, ihre völlige Knechtung durch das Finanzkapital und das räuberische Reich. Weshalb?

Sehr einfach deshalb, weil die Arbeiter nicht selbst, sondern Generäle, Bankiers, Mitglieder großer Syndikate, bürgerliche Hochstapler-Minister nach ihrem Ermessen über sie herrschen. Der Arbeiter ist in ihrer Hand eine einfache Schachfigur. Er ist gleich einem Leibeignen, über den der Herr nach Belieben verfügen konnte. Es ist kein Wunder, daß die Arbeitspflicht im Westen nun einen neuen Frohndienst, eine Leibeignenpflicht, eine militärische Zwangsarbeit bedeutet. Sie wird dort aber dazu eingeführt, damit der räuberische Krieg ohne Ende fortdaure und damit die Arbeiter die Taschen der Herren Kapitalisten füllen.

Bei uns sollen die Arbeiter selbst durch ihre eignen Organisationen auf Grundlage der Selbstverwaltung der Arbeiter die Arbeitspflicht einführen und durchführen. Hier stehen über uns keinerlei Bourgeois. Im Gegenteil, die Arbeiter stehen höher als die früheren Bourgeois: Kontrolle, Registrierung, Verteilung der Arbeitshände, ist alles Sache der Arbeiterorganisationen; sofern aber die Arbeitspflicht auf dem Lande eingeführt wird, ist es die Sache der Bauernräte, die über die Dorfbourgeoisie herrschen und sie nicht unterordnen. Alle Organe, die die Arbeitshände verwalten, sind von unten bis nach oben Arbeiterorgane. Das ist ganz natürlich: Wenn die Verwaltung der Industrie eine Arbeiterverwaltung ist, dann ist auch die Verwaltung der Arbeit in den Händen der Arbeiter, denn das ist ja nur ein Teil der Verwaltung der Produktion.

Vor der Arbeiterklasse, die sich des ökonomischen, wirtschaftlichen Lebens bemächtigen will (und sich ungeachtet aller Hindernisse dessen bemächtigt), die zum Herrn aller Reichtümer wird, steht als Hauptfrage die Frage der Organisation der Produktion. Die Organisation der Produktion ihrerseits fordert die Lösung zweier Hauptaufgaben: der Organisation der Produktionsmittel (Registrierung, Kontrolle, regelmäßige Verteilung des Heiz- und Rohmaterials, der Maschinen, Instrumente, Samen usw.) und der Organisation der Arbeit (Registrierung, Kontrolle, regelmäßige Verteilung der Arbeitshände). Um auf jede Weise alle Kräfte der Gesellschaft auszunützen, bedarf es der Arbeitspflicht, die die Arbeiterklasse früher oder später einführt. Die Schmarotzer verschwinden dann, es bleiben die der Gesellschaft nützlichen Arbeiter übrig.

Regelmäßige Verteilung der Produkte; Vernichtung der Handelsprofits und der Spekulation; Konsumkommunen

Man kann sich der Produktion nicht, wie es sich gehört, bemächtigen, ohne sich der Verteilung der Produkte zu bemächtigen. Wenn das produzierte Produkt unregelmäßig verteilt wird, dann kann auch die Produktion nicht regelmäßig vonstatten gehen. Nehmen wir an, daß alle größten Industriezweige nationalisiert sind. Wie wir oben sahen, arbeitet ein Betriebszweig für den andern. Damit die Produktion regelmäßig vonstatten gehe, ist es notwendig, daß jede Branche so viel Material erhält, wie sie braucht, ein Unternehmen eine bestimmte Menge, ein andres eine andre. Das produzierte Produkt muß also regelrecht und planmäßig, den Bedürfnissen der Produktion entsprechend, verteilt werden. Die verschiedenen Organe der Versorgung, d. h. solche Arbeiterorganisationen, die die Verteilung des Produkts verwalten, müssen mit den Organen verbunden sein, die die Produktion dieses Produkts verwalten. Nur dann kann die ganze Produktion glatt vonstatten gehen.

Es gibt aber Produkte, die ebenso wie das Brot zu seinem persönlichen Bedarf unmittelbar in die Hände des Konsumenten übergehen. Hierher gehören z. B. viele Nahrungsmittel, ein großer Teil Gewebe, viele Gummifabrikate (z. B. Galoschen kauft keine Fabrik, sie werden zum persönlichen Bedarf des Konsumenten verwendet) u. a. Hier ist ebenfalls eine genaue Registrierung und gerechte Verteilung dieser Produkte unter der Bevölkerung notwendig. Diese gerechte Verteilung ist aber ganz unmöglich ohne Durchführung eines bestimmten Plans. Zuerst muß man die Menge der Produkte registrieren, dann den Bedarf daran und sie endlich auf Grundlage dieser Berechnungen verteilen. Das deutlichste Beispiel der Notwendigkeit eines solchen einheitlichen Planes ist die Verpflegungsfrage, die Brotfrage. Eben schreien die Bourgeoisie, die Schmarotzer, die rechten Sozialrevolutionäre, die Menschewiki, die wohlhabenden Bauern-Blutsauger aus allen Kräften, daß man das Kornmonopol abändern und den großen und kleinen Spekulanten, den Großhändlern und den Beutelmarodeuren erlauben solle, zu handeln, wie es ihnen beliebt. Es versteht sich, warum die Wucherer an der Abänderung des Monopols interessiert sind: wie dem auch sei, aber dieses Monopol hindert sie, den Konsumenten das Fell über die Ohren zu ziehen. Anderseits ist klar, daß auch jetzt Unsinn herauskommt, die Reichen essen seelenruhig Weißbrot, das sie heimlich einkaufen, vom Schwarzbrot gar nicht zu reden. Sie zahlen bedeutend höhere Preise und haben alles. Wer hilft ihnen dabei? Natürlich die Herren Spekulanten. Sie sind ja nicht darum besorgt, daß die Bevölkerung satt werde, sondern darum, mehr zu verdienen, mehr in ihre Tasche zu stopfen. Es ist daher bekannt, daß der Reiche mehr zahlen kann als der Arme. Deshalb schaffen die Spekulanten das Brot nicht an die Orte, wo man dessen am meisten bedarf, sondern dahin, wo sie gut bezahlt werden. Und dem gelang es noch kein Ziel zu setzen. Hieraus ist deutlich ersichtlich, daß man, um eine regelrechte Verteilung des Brots anzuordnen, das Kornmonopol und die Arbeiten der Verpflegungskomitees und der Verpflegungsämter durchaus nicht abändern, sondern ganz im Gegenteil dieses Monopol aufs strengste durchführen muß. Über die Spekulanten muß erbarmungslos Gericht gehalten, den Privathändlern Furcht eingejagt werden, damit sie es nicht wagen, auf Kosten des Volkselends Reichtümer zu erwerben und den allgemeinen Plan der Volksernährung zu stören. Das Unglück besteht eben nicht darin, daß es ein Monopol gibt und keinen Privathandel, sondern darin, daß das Kornmonopol schlecht durchgeführt wird, der heimliche Privathandel aber bleibt. Und das in einer Zeit, da es wenig Brot gibt, da die Deutschen die reichsten Gebiete ergriffen haben, da an vielen Orten das Korn, das man zur Saat übrig gelassen, verzehrt ist, und die Felder unbesät bleiben, da die Menschen hungern! Jedes Stück Brot ist teuer, jedes Pfund Mehl, jedes Pfund Korn ist eben unschätzbar. Und grade deshalb muß alles der genauesten Registrierung unterworfen werden, damit kein Krümchen umsonst verkomme, damit alles Brot gleichmäßig verteilt werde, damit die Reichen sich keinerlei Vorrechte erfreuen. Das, wiederholen wir, kann man tun, und das kann man erreichen, wenn alle Arbeiter einmütig ans Werk gehen, wenn sie die Spekulanten und Spitzbuben einfangen. […]

Regelmäßige Verteilung des Produkts auf Grundlage einer Registrierung der Bedürfnisse und Vorräte ist eine der Hauptaufgaben der Arbeiterklasse. Was bedeutet das? Nationalisierung des Handels, d. h. im wesentlichen Vernichtung des Handels, denn der Übergang zur gesellschaftlichen Verteilung schickt sich nicht in die Existenz der Wucherer und verschiedener Vermittler, die gleich Parasiten leben und das ganze Werk der Versorgung hindern. Nicht zurück zum *freien Privathandel,* d. h. zum *freien* Raub, sondern vorwärts zur genauen plangemäßen Verteilung der Produkte durch die Arbeiterorganisationen! – das soll die Losung der klassenbewußten Arbeiter sein.

Zur erfolgreichen Durchführung eines solchen Plans muß man zu einer zwangsweisen Vereinigung der Bevölkerung in Konsumkommunen streben. Nur dann kann man das Produkt regelrecht verteilen, wenn die Bevölkerung, die dieses Produkt erhält, in große Gruppen, deren Bedürfnisse man genau berechnen kann, vereinigt und organisiert ist. Ist das nicht der Fall, dann ist es außerordentlich schwer, diese Verteilung einigermaßen regelmäßig zu ordnen: man weiß nicht, was und wieviel man braucht, wohin und wieviel man liefern, wie, d.h. durch wen, man verteilen soll. Nehmen wir an, daß die Bevölkerung z.B. nach Rayons in Konsumkommunen vereinigt ist. Jedes Stadtviertel ist, sagen wir, in eine Kooperative, in eine Konsumkommune, vereinigt, die mit den Hauskomitees in Verbindung steht. Dann wird das Produkt zuerst an diese Kommunen verteilt, die im voraus berechnen, was und wieviel sie brauchen, und das Produkt durch ihre Vertrauenspersonen an die einzelnen Konsumenten weiter verteilen.

Bei der Vereinigung der Bevölkerung in solche Konsumkommunen können die schon bestehenden Konsumvereine (Kooperative) eine bedeutende Rolle spielen. Je umfangreicher die Wirksamkeit der Kooperative ist, je größere Kreise der Bevölkerung sie umfassen, desto besser organisiert geht die Verteilung des Produktes vonstatten, desto mehr verwandeln sich diese Kooperative in Organe der Versorgung der ganzen Bevölkerung. Zwangsweise gebildete Kommunen im Anschluß an die schon vorhandenen Kooperative sind aller Wahrscheinlichkeit nach die zur Organisation der Verteilung geeignetste Form, durch die sich der Handel endgültig verdrängen läßt, durch die man ein für allemal den Handelsprofit vernichten kann.

Um die Aufgabe der regelmäßigen Verteilung des Produkts noch mehr zu erleichtern, muß man auch streben, die häusliche Wirtschaft durch eine gesellschaftliche zu ersetzen. Jetzt hat jede Familie ihre eigne Küche, kauft selbst unabhängig von andern das Produkt ein, die Frau zur Sklaverei verurteilend, sie in eine ewige Köchin verwandelnd, die vom frühen Morgen bis zum späten Abend nichts sieht als Küchengeschirr, Kehrbürsten, Lappen und Abfälle. Dabei geht eine ungeheure Menge Arbeit und Ausgaben unnütz verloren. Wenn man die häusliche Wirtschaft, in erster Linie die Nahrungssorgen, vereinigte und zentralisierte (z.B. durch gemeinsamen Empfang der Produkte, gemeinsames Kochen der Speisen, Organisation großer und musterhaft eingerichteter Speiselokale), dann wäre es leichter, die Bedürfnisse zu registrieren, und außer der Ökonomie, der Ersparnis, würde das Werk regelmäßiger Verteilung stark gefördert.

Eine der wichtigsten Fragen für den Konsumenten ist die Wohnungsfrage. Die Armen werden hier erbarmungslos ausgebeutet. Andrerseits verdienen die Hausbesitzer daran ein Heidengeld. Die Expropriation dieser Form des Eigentums, die Übergabe der Häuser und Räumlichkeiten aller Art an die örtlichen Arbeitsorgane, an die Organe der Rätemacht, ihre Registrierung und die regelmäßige Verteilung der Wohnungen und Zimmer ist eine schwere aber dankbare Aufgabe. Die Herrschaften haben lange genug ein Herrenleben geführt! Der Arbeiter, der arme fleißige Arbeiter, hat auch das Recht auf einen warmen Winkel und menschlich zu leben.

So muß nach und nach das ökonomische Leben organisiert werden. Die Arbeiterklasse organisiert die Erzeugung; die Arbeiterklasse organisiert die Produktion. Die Arbeiterklasse organisiert die Verteilung; die Arbeiterklasse organisiert die Konsumtion; Nahrung, Kleidung, Wohnung, alles ist registriert, alles wird aufs zweckmäßigste verteilt. Es gibt keine Herren, es existiert allein die Selbstverwaltung der Arbeiterklasse!

Die Arbeitsdisziplin der Arbeiter und der armen Bauern

Die Produktion so zu ordnen, daß man ohne Herren, nach genossenschaftlichen Prinzipien, leben könnte, das wäre allerdings schön. Es ist aber ein Unterschied zwischen Reden und Handeln. Es gibt hier Schwierigkeiten in Hülle und Fülle: erstens haben wir das Erbe des schweren und unglücklichen Krieges, der schließlich das Land ruiniert hat. Die Arbeiterklasse muß nun die Suppe auslöffeln [...]; zweitens muß die Arbeiterklasse die Produktion organisieren, die Hiebe der bösesten Feinde abwehren: der einen, die die Menschenfresserzähne fletschend, von außen auf sie eindringen; der andern, die bestrebt sind, die Arbeitermacht von innen in die Luft zu sprengen. Unter solchen Umständen muß die Arbeiterklasse, um zu siegen, endgültig und ein für allemal zu siegen, auch ihre eigne Rückgratlosigkeit besiegen. Die Arbeitsarmee organisierend, muß man auch eine revolutionäre Arbeitsdisziplin dieser Armee schaffen. Es gibt ja noch Schichten der Arbeiter, die, wie es scheint, nicht glauben, daß sie selber nun zu den Herren des Lebens geworden sind. [...]

Das Ende der Macht des Geldes (Die Staatsfinanzen in der Räterepublik und die Geldwirtschaft)

Das Geld ist jetzt ein Zeichen zum Erhalten der Waren. Daher kann derjenige, der viel Geld hat, viel kaufen; er ist reich. Wie sehr der Wert des Geldes auch fiele, dennoch kann derjenige, der mehr Geld hat, besser leben. Die reichen Klassen, die im Überfluß Geld haben, können daher alles vollauf erhalten. Die Handels- und Kaufleute, die Kapitalisten und Spekulanten in der Stadt; die Blutsauger auf dem Lande, die während des Krieges bis zur Unwahrscheinlichkeit fett geworden sind, haben sich hunderttausende verschiedenfarbiges Papiergeld aufgespart. Es ist so weit gekommen, daß sie in irdnen Gefäßen und Glasgeschirren Geld in der Erde vergraben, soviel dieser Zeichen haben sie angesammelt. Andrerseits aber hat der Arbeiter- und Bauernstaat Geld nötig. Weitre Emissionen setzen den Wert des Geldes herab: je mehr herausgegeben wird, desto billiger wird es. Man muß aber die Fabriken und Hüttenwerke mit Geldzeichen versehen; die Arbeiter müssen bezahlt werden. Woher sollte man Geld nehmen? Zu diesem Zwecke ist es notwendig, in erster Linie die reichen Klassen zu besteuern. Die Einkommen- und Vermögenssteuer, d. h. eine Besteuerung großer Einkommen und großen Vermögens, soll die Hauptsteuer sein, eine Besteuerung der Reichen, derjenigen, die einen Einkommenüberschuß erhalten.

Jetzt aber, wo wir alle in der Hitze der Revolution leben, wo es schwer fällt, auf einmal die Einhebung der Steuern regelrecht zu ordnen, sind auch verschiedene andre Formen des Erhaltens von Geldmitteln zulässig und zweckmäßig. Zweckmäßig und gut ist z. B. folgendes Mittel: die Regierung erklärt, daß zu einer gewissen Zeit alles Geld in neues gewechselt werden muß, das alte Geld aber seinen Wert verliert. Das bedeutet, daß jedermann alles aus seinen irdnen Gefäßen, Truhen und Schränken schütteln und alles zum Wechseln in die Bank tragen muß. Hier kann man aber folgendes durchführen. Die Ersparnisse kleiner Leute werden nicht angerührt: sie erhalten Rubel für Rubel, der alte Rubel wird gegen einen neuen gewechselt, von einer gewissen Summe an wird aber ein Teil zum Besten des Staates zurückbehalten; und je größer die ersparten Geldsummen sind, desto grausamer muß man Abzüge machen, sagen wir folgendermaßen: bis fünf Tausend wird Rubel gegen Rubel gewechselt, von den folgenden fünf Tausend wird der zehnte Teil abgezogen, von den dritten fünf Tausend nimmt man den siebenten Teil, von den vierten den vierten, von den fünften die Hälfte, von den sechsten drei Viertel, von einer bestimmten Summe an wird alles konfisziert.

Dann wäre die Macht der Reichen genügend untergraben, man könnte ergänzende Mittel für die Nöte des Arbeiterstaates erhalten, alle Einkommen wären mehr oder weniger ausgeglichen.

In der Revolutionszeit sind auch Kontributionen von der Bourgeoisie zulässig, d. h. obligatorische einmalige Entrichtungen nach Beschluß der Räteorganisationen. Es ist natürlich durchaus nicht zweckmäßig, wenn ein Rat die Bourgeoisie auf eine Art besteuert, ein andrer auf eine andre, ein dritter auf eine dritte; das ist ebenso unzweckmäßig, wie Verschiedenartigkeit der Steuern, die an Ort und Stelle auferlegt werden.

Daher muß man zur Vereinigung des ganzen Besteuerungsapparates nach einem bestimmten Plan streben, der für die ganze Räterepublik geeignet wäre. Bis wir das jedoch noch nicht haben, sind auch Kontributionen zulässig. »Unter den Blinden ist der Einäugige König«, sagt das Sprichwort. Man muß nur dessen eingedenk sein, daß die Aufgabe der Partei, die Aufgabe der Räte, die Aufgabe der Arbeiterklasse und bei den armen Bauern grade darin besteht, die Angelegenheit der Steuererhebung zu vereinigen und zu zentralisieren, um auch hier Ordnung zu machen, die Bourgeoisie planmäßig aus ihrer ökonomischen Verschanzungslinie zu schlagen.

Man muß jedoch bemerken, daß die Bedeutung des Geldes überhaupt immer mehr fällt, je besser das Werk der Organisation der Produktion nach neuen Arbeitsprinzipien vonstatten geht. In der Tat. Früher, als es eine Herrschaft der Privatunternehmen gab, verkauften diese Privatunternehmen einander ihre Waren; jetzt werden diese Betriebe früher oder später vereinigt und verwandeln sich in verschiedene Abteilungen der gesellschaftlichen Produktion. Das Produkt kann unter ihnen nicht durch Vermittlung des freien Handels verteilt werden, sondern nach einem Plan, den die Verteilungsorgane der Arbeiter bekanntgeben. Hier geschieht dasselbe wie in den sogenannten kombinierten Unternehmungen der Kapitalisten.

Kombinierte (zusammengesetzte) Unternehmungen nennt man solche, die verschiedenartige Betriebszweige in sich vereinigen. In Amerika gibt es z.B. Unternehmen, die Metallfabriken und Steinkohlengruben, Eisenerzgruben und Dampfschiffahrtsgesellschaften besitzen. Ein Teil des Unternehmens liefert dem andern das Produkt oder transportiert das fertige Produkt. Da aber alle diese einzelnen Betriebszweige nur Teile eines Unternehmens sind, so ist es begreiflich, daß der eine Teil dem andern durchaus nicht sein Produkt verkauft, sondern dieses Produkt wird nach Anordnung eines für die einzelnen Teile des Unternehmens gemeinsamen Zentralbüro verteilt. Oder nehmen wir ein andres Beispiel. In einem Hüttenwerk geht ein Halbprodukt aus einer Abteilung in eine andre über, und doch findet innerhalb des Hüttenwerkes kein Kauf und Verkauf statt. Dasselbe wird auch in der ganzen Produktion stattfinden. Wenn die Hauptbetriebszweige organisiert sein werden, so bedeutet das, daß sie sich in ein ungeheures geschäftliches Unternehmen mit einer Arbeiterverwaltung verwandeln; zwischen allen Teilen dieses Unternehmens findet eine regelmäßige Verteilung der notwendigen Produktionsmittel: Heizmaterial, Rohstoff, Halbprodukte, Hilfsmaterialien usw. statt. Das heißt aber, daß das Geld seine Bedeutung verliert. Es hat eine Bedeutung, wenn die Produktion nicht organisiert ist; je organisierter sie ist, desto geringer wird die Rolle des Geldes, und folglich schwindet auch die Notwendigkeit desselben.

Wie verhält es sich denn, fragt man uns, mit dem Lohn der Arbeiter? Auch hier ist es wieder dieselbe Geschichte. Je organisierter die ganze Produktion in den Händen der Arbeiterklasse ist, desto weniger wird man den gesellschaftlichen Arbeitern in bar zahlen und desto mehr in Natur, d.h. in Produkten. Wir redeten schon von Konsumkommunen und Arbeitsbüchlein. Nach den Eintragungen in den Arbeitsbüchlein werden aus den gesellschaftlichen Depots die Produkte, deren die Arbeiter bedürfen, ohne Geld, einfach gegen das Zeugnis davon, daß der Mensch arbeitet, verabfolgt. Natürlich kann man das nicht auf einmal einführen. Es vergeht viel Zeit, bis man das alles organisieren, ordnen, einrichten kann. Das ist ein neues nirgends in der Welt dagewesnes und daher besonders schweres Werk. Aber eins ist klar: je mehr sich die Arbeiter der Produktion und der Verteilung des Produkts bemächtigen, desto geringer wird die Notwendigkeit des Geldes, nachher wird aber das Geld allmählich auch ganz aussterben. [...]

Nikolai Buchharin: »Das Programm der Kommunisten (Bolschewiki)«, Berlin: Verlag Gesellschaft und Erziehung, 1919.

Alexander Schljapnikow
Die Organisation der Volkswirtschaft und die Aufgaben der Gewerkschaften (1920)

Leitprinzipien

Der kommunistische Aufbau muß sich auf einen einheitlichen Wirtschaftsplan stützen, der die Grundlage für die organisierte Nutzung und Steigerung der Produktivkräfte des Landes bildet. Die Planwirtschaft besteht sowohl in der zweckmäßigen Nutzung der Arbeitskräfte, der technischen Werkzeuge und Mittel als auch in der organisierten und gezielten Verteilung zwischen den einzelnen Industriezweigen und Verkehrswegen sowie zwischen den einzelnen Produzenten und den Verbrauchern.

Unter den derzeitigen Bedingungen besteht die Durchführung eines einheitlichen Wirtschaftsplans vor allem in der Wiederherstellung unserer mit der Gewinnung von Roh- und Brennstoffen aller Art beschäftigten Industrie sowie aller Zweige der verarbeitenden Industrie und in der Wiederherstellung von Verkehrswegen aller Art sowie der Landwirtschaft in ihrer ganzen Vielfalt. Der Plan zur Wiederherstellung des Produktionsvermögens der Republik muß sich sowohl zeitlich als auch im Hinblick auf das Programm seiner Verwirklichung in bestimmten Grenzen halten. Das praktische Hauptziel muß auf einige Jahre hinaus darin bestehen, den Produktivitätsstand von 1913 zu erreichen.

Ein einheitlicher Wirtschaftsplan schließt jegliches anarchische Draufgängertum, jegliche Extravaganz aus. Die Berechnungen der Rohstoff- und Brennstoffgewinnung und die Produktionsprogramme der Betriebe müssen die [vorhandenen] materiellen Mittel berücksichtigen und sich planmäßig entsprechend der Akkumulation dieser Mittel gestalten. Bei der Durchführung dieses Plans müssen die kapitalistischen Erfahrungen, aber auch die Erfahrungen, die wir in unserer dreijährigen Arbeit zur Organisierung einer neuen Wirtschaft des Landes gewonnen haben, verwertet werden.

Um die Verwirklichung des einheitlichen Wirtschaftsplans zu erleichtern, ist es unerläßlich, die Betriebe nach Produktionsmerkmalen zu vereinigen, die Nutzung der Technik zu zentralisieren und die Leitung in einem Organ zu konzentrieren. Daraus ergibt sich die Notwendigkeit, mit der gegenwärtigen von den Interessen des eigenen Betriebes bestimmten Politik Schluß zu machen, die den einheitlichen Wirtschaftsorganismus des Landes zersplittert.

Die Verwirklichung eines einheitlichen Wirtschaftsplans macht es erforderlich, daß auch die Leitung aller jener Organe zentral zusammengefaßt wird, die unmittelbar mit der Organisierung und Verwaltung der Wirtschaft zu tun haben, wie z. B. der Oberste Volkswirtschaftsrat, das Volkskommissariat für Verkehrswesen, das Volkskommissariat für Finanzen, das Volkskommissariat für die Landwirtschaft und das Volkskommissariat für Außenhandel. Diese Zusammenfassung erfolgt im Allrussischen Zentralen Exekutivkomitee der Sowjets.

Die Leitung der gesamten Volkswirtschaft der RSFSR muß dem Sowjetsystem entsprechend auf den Prinzipien des Arbeiterzentralismus, der Wählbarkeit und Verantwortlichkeit aller mit der Leitung und Organisierung der Volkswirtschaft betrauten Organe, von den untersten bis zu den höchsten, gegenüber den organisierten Produzenten und allen Werktätigen beruhen.

Die Organisationsformen der Wirtschaftsleitung und das System der gegenseitigen Beziehungen zwischen den verschiedenen Wirtschaftsorganen sollen es in ihrer endgültigen Gestalt ermöglichen, daß die ganze Leitung der gesamten Volkswirtschaft als eines einheitlichen Wirtschaftsganzen in den Händen der jetzt als Produktionsgewerkschaften existierenden Produzentenorganisationen der Republik konzentriert werden.

Diese Konzentration der Leitung der einheitlichen Wirtschaft der Republik wird durch die Einführung einer organisatorischen Ordnung erreicht, bei der alle leitenden Organe der Volkswirtschaft sowohl im Zentrum als auch in der Provinz von den Vertretern der organisierten Produzenten gewählt werden. Auf diese Weise wird die für die Organisierung der Volkswirtschaft notwendige Willenseinheit herbeigeführt, aber auch den breiten Arbeitermassen die reale Möglichkeit gegeben, mit eigenen Initiativen auf die Organisation und Entwicklung unserer Wirtschaft Einfluß zu nehmen.

Die Organisierung der Leitung der Volkswirtschaft

Die Organisierung der Leitung der Volkswirtschaft obliegt dem Allrussischen Kongreß der in den Gewerkschaften zusammengeschlossenen Produzenten, die das zentrale Verwaltungsorgan zur Leitung der gesamten Volkswirtschaft der Republik wählen.

Die Allrussischen Kongresse der Gewerkschaften der einzelnen Wirtschaftszweige wählen die Organe zur Leitung der wirtschaftlichen Produktionssektoren und -zweige.

Die leitenden Organe der Gebiete, Gouvernements, Kreise, Rayons usw. werden von den entsprechenden örtlichen Kongressen der Gewerkschaften gewählt. Dadurch wird eine Verbindung zwischen dem Zentralismus der Produktion und der örtlichen Eigeninitiative hergestellt.

Die Abteilungen der Organe zur Leitung der Wirtschaft der Gebiete, Gouvernements, Kreise, Rayons usw. werden von den entsprechenden Gewerkschaften gewählt.

Das Abgehen von der derzeit bürokratisch gelenkten Wirtschaft, die die Eigeninitiative der Arbeitermassen nicht berücksichtigt, muß in organisierter Weise vor sich gehen und mit der Verstärkung der untersten Zellen der Gewerkschaften von den Fabrikkomitees an aufwärts beginnen, damit diese auf die unmittelbare Leitung der Wirtschaft vorbereitet werden.

Zur Gewährleistung des Erfolges ist es notwendig, die Art und Weise des allmählichen Übergangs der Gewerkschaften von der derzeitigen passiven Unterstützung der Volkswirtschaftsorgane zur aktiven, selbständigen Teilnahme an der Leitung der gesamten Wirtschaft des Landes genau festzulegen. Dazu ist es notwendig:

a) zwischen den einzelnen Gewerkschaften eine Abgrenzung nach Produktionsmerkmalen vorzunehmen;

b) unverzüglich mit der Stärkung der Gewerkschaften durch Funktionäre, technische und andere materielle Mittel zu beginnen, um sie auf die neuen Aufgaben vorzubereiten;

c) die Funktionäre der Gewerkschaften und der Arbeiterkomitees im Hinblick auf ihre Eignung für die vor den Gewerkschaften stehenden Aufgaben auszuwählen. Diese Auswahl muß von unten her und unter der Kontrolle der Gewerkschaften erfolgen;

d) alle hinsichtlich der Teilnahme der Gewerkschaften an der Organisierung der Leitung der Wirtschaft zwischen dem Obersten Volkswirtschaftsrat und dem Allrussischen Zentralrat der Gewerkschaften geltenden Prinzipien der Parität zugunsten einer Erweiterung der Rechte und Privilegien der Arbeiterorganisationen auszudehnen;

e) daß niemand ohne Zustimmung der Gewerkschaft mit einer führenden Stellung in der Wirtschaft betraut werden darf;

f) daß kein von den Gewerkschaften vorgeschlagener Kandidat abgelehnt werden darf und alle Kandidaten vom Obersten Volkswirtschaftsrat und seinen Organen unbedingt akzeptiert werden,

g) daß alle von den Gewerkschaften aufgestellten oder vorgeschlagenen Funktionäre diesen gegenüber verantwortlich sind und jederzeit von ihnen abberufen werden können;

h) daß die Gewerkschaften, denen der Allrussische Zentralrat der Gewerkschaften die Organisierung und unmittelbare Leitung ganzer Industriezweige zutraut, dieses Recht ausüben, ohne abzuwarten, bis auch andere Gewerkschaften dazu in der Lage sind.

Die Organisierung der Arbeiterkomitees zur Leitung der Betriebe

1. Sämtliche Arbeiter und Angestellten aller Betriebe und Behörden der Republik, die Mitglieder der Gewerkschaften sind, müssen zum Zwecke einer möglichst raschen Organisierung der Arbeit und der Produktion nach sozialistischen Prinzipien systematisch und aktiv an der Leitung der Volkswirtschaft teilnehmen.

Alle Arbeiter und Angestellten ohne Ansehen der Stellung und des Berufs, die in den einzelnen Wirtschaftseinheiten, wie Fabriken, Gruben, Bergwerken, in allen Betrieben, Behörden und Diensten des Verkehrs-, des Post- und Fernmeldewesens sowie in allen Sparten der Landwirtschaft beschäftigt sind, verfügen unmittelbar über die ihnen anvertrauten Werte und haften gegenüber allen Werktätigen der Republik für deren Unversehrtheit und zweckmäßige Nutzung.

Als Teilnehmer an der Organisierung und Leitung der Betriebe wählen die Arbeiter und Angestellten, die in Fabriken, Werkstätten, Behörden, im Verkehrs- sowie im Post- und Fernmeldewesen, in landwirtschaftlichen und anderen an einem Ort eine bestimmte Wirtschaftseinheit bildenden Betrieben beschäftigt sind, ein Organ zur Leitung des betreffenden Betriebes, das Arbeiterkomitee.

Das Arbeiterkomitee ist die organisatorische Grundzelle der Gewerkschaft des betreffenden Produktionszweiges; es wird unter der Leitung und der Kontrolle der betreffenden Gewerkschaft gebildet.

Zu den Aufgaben des Arbeiterkomitees gehört die Leitung des betreffenden Werkes oder Betriebes, die

a) die Leitung der Produktionstätigkeit aller Arbeiter und Angestellten der betreffenden Wirtschaftseinheit;

b) die Sorge um alle Bedürfnisse der Produzenten umfaßt.

Die Komiteemitglieder verteilen ihre Aufgaben bei der Leitung des Betriebes so, daß neben ihrer kollektiven Verantwortung die persönliche Verantwortung jedes einzelnen genau festgelegt wird.

Die gesamte Tätigkeit, das Arbeitsprogramm und die innere Ordnung eines Betriebes werden im Rahmen der zugeteilten Aufgaben und der geltenden gesetzlichen Bestimmungen vom Arbeiterkomitee ausgearbeitet und unter seiner Leitung sowie unter der verantwortlichen Kontrolle der Gewerkschaft von den im Betrieb beschäftigten Werktätigen erörtert und bestätigt.

Die Organisierung der Lebensbedingungen der Arbeiter

Als eine unerläßliche Voraussetzung für den Aufschwung unserer Volkswirtschaft ist es notwendig, die Naturalisierung des Arbeitslohnes – eine Maßnahme, die die Erhöhung der Arbeitsproduktivität und die Verbesserung der Lebensbedingungen der Produzenten gewährleistet – systematisch zu verwirklichen. Alle im folgenden aufgeführten Maßnahmen müssen durch ein Tarifsystem verbunden und Bestandteil der Gesamtsumme des Naturallohnes sein.

1. Die Bezahlung der Verpflegungsrationen sowie der Haushalts- und Massenbedarfsartikel, die den Arbeitern gegen Karten und Gutscheine der Lebensmittelbehörde ausgehändigt werden, ist abzuschaffen.

2. Die Bezahlung der Mittagsmahlzeiten, die die Arbeiter und ihre Familien einnehmen, muß abgeschafft werden.

3. Die Bezahlung für Bäder, Theaterbesuche, Straßenbahnfahrten u. ä. muß abgeschafft werden.

4. Die Wohnungsmieten sowie die Bezahlung für Heizung und Licht müssen abgeschafft werden.

5. In den Gegenden, wo die Wohnungsfrage akut ist, müssen die Sowjet- und die Militärbehörden sich mit engeren Raumverhältnissen begnügen, damit Raum für Wohnungen geschaffen wird.

6. Die Instandsetzung von Arbeiterwohnungen muß aus Mitteln der Betriebe organisiert werden, vorausgesetzt, daß die Erfüllung der wichtigsten Produktionsaufgaben durch den Betrieb gewährleistet ist.

7. Der Bau von Arbeitersiedlungen und Arbeitergemeinschaftshäusern muß als eine Angelegenheit von vorrangiger Bedeutung anerkannt und für

die nächste Bauperiode ein Maximalprogramm des Arbeiterwohnungsbaus in das Programm des Komitee für staatliche Bauvorhaben aufgenommen werden.

8. Es müssen, eigens für die Arbeiter, Züge und Straßenbahnen organisiert werden, deren Fahrpläne auf den Beginn und das Ende der Arbeitszeit in den Betrieben abgestimmt sind.

9. Es müssen Maßnahmen zur bevorzugten Versorgung der Arbeiter mit Massenbedarfsartikeln ergriffen werden.

10. Das Ausgabeverfahren für die Arbeitskleidung und den Naturalprämiengrundfonds muß vereinfacht und beschleunigt werden.

11. Zur Betreuung der Fabrikarbeiter müssen Schuh- und Bekleidungsreparaturwerkstätten geschaffen werden, die den Fabriken angegliedert sind oder gesondert organisiert werden. Dabei müssen die Betriebe diesen Werkstätten sowohl bei der Beschaffung ihrer Ausrüstung als auch nach Möglichkeit bei der Versorgung mit den notwendigen Materialien jegliche Unterstützung und Hilfe gewähren.

12. Falls die Betriebe über kommunalen Grund und Boden verfügen, etwa zur Unterhaltung von Gemüsegärten u. ä., müssen diese Betriebe auf eigene Kosten die kommunale Wirtschaft mit technischen Geräten und mit Mitteln ausstatten.

13. In den Betrieben, die in unmittelbarer Nachbarschaft eines Dorfes liegen, muß die Instandsetzung von landwirtschaftlichen Maschinen und Geräten organisiert werden.

14. Bei der Erstellung der finanziellen und der die Lebensmittel betreffenden Kostenvoranschläge der Betriebe muß berücksichtigt werden, daß die Betriebe die aufgezählten Maßnahmen durchzuführen haben.

15. Alle oben aufgeführten Maßnahmen sind in erster Linie in den verstaatlichten Betrieben durchzuführen. In Privatbetrieben und Betrieben der Heimindustrie werden sie jeweils nur mit Erlaubnis der Gewerkschaft durchgeführt.

16. Soweit die Maßnahmen kollektiver Natur sind und den ganzen Betrieb angehen, sind sie in jedem Betrieb entsprechend dem Arbeitsergebnis durchzuführen. Maßnahmen, die für den einzelnen Arbeiter rein persönliche Bedeutung haben, sind in der Form von Anreizen durchzuführen, wobei bei den Arbeitern mit den besten Ergebnissen begonnen wird.

Alexander Schljapnikow: »Die Organisation der Volkswirtschaft und die Aufgaben der Gewerkschaften«, in: Stenographischer Bericht X. Parteitag der RKP (Originaltext 1920).

Kapitel 3:
Planmäßige Anwendung des Wertgesetzes

Rudolf Hilferding
Die Aufgaben der Sozialdemokratie in der Republik (1927)

Wenn wir uns aber fragen, wie die Situation in Wirklichkeit ist, so müssen wir diese Situation zunächst einmal viel konkreter anschauen und genauer charakterisieren, als es etwa mit dem Ausdruck »Spätkapitalismus« geschieht. Da ist das Entscheidende, daß wir augenblicklich in der Periode des Kapitalismus uns befinden, in der im wesentlichen die Ära der freien Konkurrenz, in der der Kapitalismus rein durch das Walten der blinden Marktgesetze beherrscht war, überwunden ist, und wir zu einer kapitalistischen Organisation der Wirtschaft kommen, also von der Wirtschaft des freien Spiels der Kräfte zur organisierten Wirtschaft. [...]

Das Charakteristische ist nun zweitens, daß die kapitalistische Industrie, in der ein mit neuer Energie geladenes wissenschaftliches Verfahren wirksam wird, von vornherein das Bestreben hat, in organisierter Weise die neuen Möglichkeiten auszunutzen. Es ist bezeichnend, daß neu entstehende Industrien sich nicht nur wie schon in der unmittelbar vorhergehenden Periode von vornherein auf größter technischer Stufenleiter aufbauen, sondern sich zugleich organisieren, womöglich über die ganze Welt organisieren. [...]

Ein dritte charakteristische Tatsache ist die Internationalisierung der kapitalistischen Industrie, das Bestreben, die nationalen Monopole, Kartelle und Truste international zusammenzufassen. Wer mit kapitalistischen Wirtschaftskreisen in Berührung kommt – und das ist sehr nützlich, weil es darauf ankommt, die Psychologie des Gegners zu erkennen –, ist erstaunt, mit welchem Eifer diese Kreise, die vor dem Kriege in ihrer Wirtschaftseinstellung national abgeschlossen waren, heute internationale Verbindungen suchen, die Beziehungen mit dem Ausland pflegen, und wie sehr der Drang nach internationaler Organisation lebendig wird. Während die Organisation der Arbeiterklasse sich zuerst entwickelte, die Gewerkschaften das erste organisierte Wirtschaftselement im Kapitalismus gewesen sind, haben die Unternehmer infolge ihres größeren Klassenbewußtseins und ihrer geringeren Zahl unsere Organisation eingeholt. Wir werden acht geben müssen, daß das auf internationalem Gebiete nicht ebenfalls eintritt. [...]

Nun der vierte Punkt, der gewöhnlich nicht gesehen wird, der vorläufig erst in der Entwicklung angedeutet ist, der aber vielleicht der bedeutsamste ist. Wir haben heute alle das Gefühl, daß auch der Privatbetrieb, die Wirtschaftsführung des einzelnen Unternehmers, aufgehört hat, Privatsache dieses Unternehmers zu sein. Die Gesellschaft hat verstanden, daß es ihr Interesse ist, wenn die Produktivität in jedem einzelnen Betriebe gesteigert wird, wenn also der betreffende Wirtschaftsführer auch wirklich seine technische und organisatorische, produktionssteigernde Pflicht als Unternehmer erfüllt. Ich erinnere daran, daß Institutionen wie das Kuratorium für Wirtschaftlichkeit, wie überhaupt alle behördlich geförderten Rationalisierungsbestrebungen, die den Unternehmer bewegen sollen, die Leistungen der Betriebe zu erhöhen, nichts anderes bedeuten, als das; die Gesellschaft sagt: Führung des Unternehmens ist nicht mehr Privatsache des Unternehmers, sondern gesellschaftliche Angelegenheit. Das Wichtigste ist nun folgendes: Die Konzernbildung, das Zusammenfassen von immer mehr Betrieben in eine oberste Spitze bedeutet für die einzelnen Betriebe die Ausschaltung der freien Konkurrenz. Es ist kapitalistische Lehre gewesen, daß nur der Zwang der freien Konkurrenz die Wirtschaft fördern, die notwendigen technischen Erneuerungen und Fortschritte durchsetzen kann. Das Hauptargument gegen den Sozialismus ist immer gewesen: Ihr schaltet die private Initiative der freien Konkurrenz aus und wißt nichts an die Stelle zu setzen. Infolgedessen wird eure Wirtschaft nicht gehen, weil sie den Ehrgeiz und Eigennutz des Privateigentümers der Produktionsmittel nicht in Rechnung stellt. Nun ist es sehr interessant zu sehen, wie in der Entwicklung der modernen Betriebswissenschaft nach Methoden gesucht wird, um diese freie Konkurrenz des privaten Eigennutzes durch wissenschaftliche, planmäßige Methoden zu ersetzen. Es ist ganz klar: Der Konzernleiter hat das größte Interesse, jederzeit feststellen zu können, ob in dem einzelnen Betrieb, der einen Teil seines Unternehmens bildet, aber nicht mit andern gleichartigen Unternehmungen im selben Konzern konkurriert, der höchste Nutzeffekt erzielt wird. Es sind sehr feine Methoden ausgearbeitet worden, um an die Stelle der Konkurrenz aus Eigennutz eine wissenschaftliche Methode des Wettbewerbs zu setzen. Damit haben wir Sozialisten zugleich das Prinzip unserer Wirtschaftsführung, damit gibt der Kapitalismus selbst den Haupteinwand auf, den er gegen den Sozialismus erheben kann, und damit fällt der letzte psychologische Einwand gegen den Sozialismus. *(Sehr richtig!)* Organisierter Kapitalismus bedeutet also in Wirklichkeit den prinzipiellen Ersatz des kapitalistischen Prinzips der freien Konkurrenz durch das sozialistische Prinzip planmäßiger Produktion. Diese planmäßige, mit Bewußtsein geleitete Wirtschaft unterliegt in viel höherem Matze der Möglichkeit der bewußten Einwirkung der Gesellschaft, das heißt nichts anderes, als der Einwirkung durch die einzige bewußte und mit Zwangsgewalt ausgestattete Organisation der Gesellschaft, der Einwirkung durch den Staat.

Wenn das so ist, dann treten sich klar gegenüber auf der einen Seite die kapitalistische Organisation der Wirtschaft, auf der andern Seite die Staatsorganisation, und das Problem ist, wie wir ihre gegenseitige Durchdringung gestalten wollen. Das heißt nichts anderes, als daß unserer Generation das Problem gestellt ist, mit Hilfe des Staates, mit Hilfe der bewußten gesellschaftlichen Regelung diese von den Kapitalisten organisierte und geleitete Wirtschaft in eine durch den demokratischen Staat geleitete Wirtschaft umzuwandeln. Daraus folgt, daß das Problem, das unserer Generation gestellt ist, nichts anderes sein kann als der Sozialismus. Wenn wir als Sozialdemokratie früher gekämpft haben um politische Rechte, um die Anfänge und Erweiterung der Sozialpolitik, so ist durch die ökonomische Entwicklung selbst das Problem des Sozialismus gestellt.

Es ist also kein Zweifel: die Formel, es handle sich jetzt für uns um den Gegensatz zwischen Sozialismus und Kapitalismus, ist richtig. Gestatten Sie mir aber dazu zwei Bemerkungen. Diese Formel ist ökonomisch und historisch richtig. Aber sie ist historisch richtig gewesen schon zu einer Zeit, wo wir noch um Sozialreform gekämpft haben, weil Sozialreform für uns nichts anderes gewesen ist als die Wegbereitung für den Sozialismus. Denn dadurch haben wir uns immer von der bürgerlichen Sozialreform unterschieden. Die Formel ist auch ökonomisch richtig. Aber erschöpft sie den politischen Gehalt unserer Zeit? Als Massenpartei sind wir immer in folgendem Dilemma: Wir müssen uns an die Massen wenden mit einer möglichst einfachen und verständlichen Formel, aber andererseits bringt jede solche allgemeine Formel die Gefahr mit sich, daß sie die Politik der Partei zu sehr bindet *(Sehr wahr!)*, denn die Formel ist zu weit, unterliegt also allen möglichen Deutungen, und bei jedem Schritt kann eingewendet werden: dieser politische Schritt widerspricht der allgemeinen Formel. [...]

Aber, was wichtiger und neu ist, ist die Staatsregelung auf dem Gebiet, das unmittelbar das proletarische Schicksal angeht, nämlich auf dem Gebiet des Arbeitsmarktes. Wir haben dank der Revolution die Arbeitslosenversicherung. Diese bedeutet eine ganz bestimmte Regelung von Angebot und Nachfrage auf dem Arbeitsmarkt. Wir haben durch unser Tarifvertragswesen, durch die Schiedsgerichte heute eine politische Lohnregelung und eine politische Arbeitszeitregelung. Das persönliche Schicksal des Arbeiters wird bestimmt durch die Politik, die der Staat treibt. Wenn es gelungen ist, bei einer Arbeitslosigkeit von mehr als zwei Millionen im großen und ganzen für die Arbeiter den Reallohn zu halten, dann haben wir diese Sicherung des Reallohnes vor allem deswegen durchführen können, weil der politische Einfluß der Arbeiterklasse groß genug gewesen ist, um mit diesen Methoden der Arbeitslosenversicherung, des Schiedsgerichts und Tarifwesens wenigstens eine Senkung des Lohnes zu verhindern. Wir müssen es in jedes Arbeiterhirn einhämmern, daß der Wochenlohn ein politischer Lohn ist, daß es von der Stärke der parlamentarischen

Vertretung der Arbeiterklasse, von der Stärke ihrer Organisation und den sozialen Machtverhältnissen außerhalb des Parlaments abhängt, wie der Lohn am Ende der Woche sich gestaltet. Namentlich den Arbeiterfrauen muß es gesagt werden: wenn ihr zur Wahl geht, entscheidet ihr gleichzeitig über Brot und Fleisch und die Höhe des Lohnes. Das ist natürlich etwas Neues in der kapitalistischen Wirtschaft, das ist ein Element von großer ökonomischer, sozialer und politischer Bedeutung. [...]

Und damit komme ich zu unserer Stellung zum Staat. Ich möchte mich hier auf die beste Marxistin berufen, auf die Geschichte, und die ist auch diesmal in Übereinstimmung mit Karl Marx. Wie ist unsere Einstellung zum Staat historisch gewesen? Kein Zweifel, daß die Arbeiterbewegung, insbesondere die sozialistische, von Anfang an der Träger des Gedankens des Staatseinflusses auf die Wirtschaft gegen den Liberalismus gewesen ist! Kein Zweifel, daß wir – zuerst aus dem Gebiet der Sozialpolitik – immer wieder das Eingreifen des Staates und die Vermehrung der Staatsmacht gefordert haben, daß wir sie jetzt wieder fordern über das Gebiet der Sozialpolitik hinaus auf das Gebiet der Wirtschaftspolitik und der Wirtschaftsführung. Betriebs- und Wirtschaftsführung als Angelegenheiten der Gesellschaft zu betrachten, ist gerade das sozialistische Prinzip, und die Gesellschaft hat kein anderes Organ, durch das sie bewußt handeln kann, als den Staat. Also für die Gegenwart ist kein Zweifel über unsere Stellung zum Staat möglich. Aber wenn das historisch so ist, so haben wir uns immer gehütet, in die Konstruktionen der bürgerlichen und namentlich der deutschen Staatsphilosophie zu verfallen. Die marxistische Methode verlangt, daß wir bei all den gesellschaftlichen Erscheinungen den Fetischismus dieser Erscheinungen auflösen durch die Analyse der Realität. Die deutsche Staatsphilosophie hat den Staat absolutiert, vergottet; sie hat gelehrt: der Staat ist die Verwirklichung der Freiheit, der Sittlichkeit oder sonst eines metaphysischen Prinzips. [...]

Die Engländer, die so lange schon einen Staat haben, haben sich nie um diese staatsphilosophischen Konstruktionen bemüht. Die englische staatsrechtliche Literatur schreibt überhaupt nicht über den Staat, sondern *on governement*, über die Regierung. Für uns Sozialisten sollte es selbstverständlich sein, daß eine Organisation besteht aus den Mitgliedern, der Leitung und dem Apparat, das heißt also, daß der Staat nichts anderes ist, als die Regierung, die Verwaltungsmaschinerie, und die Staatsbürger, die den Staat zusammensetzen – politisch gesehen. Das bedeutet in einem anderen Zusammenhange, daß das wesentliche Element jedes modernen Staates die Parteien sind, weil der einzelne seinen Willen nur durch das Medium der Partei zur Geltung bringen kann. Infolgedessen sind alle Parteien notwendige Bestandteile des Staates, genau wie die Regierung und die Verwaltung. Das bedeutet zugleich die Anerkennung der Grundlage der marxistischen Definition, weil der Parteikampf nichts anderes widerspiegelt, als den Kampf der Klassen untereinander, der Parteikampf also der Ausdruck der Klassengegensätze ist.

Wenn so der Kampf um den Staat den Inhalt hat, Einfluß auf die Leitung der Wirtschaft zu erhalten, dann erst wird uns die ganze Genialität einer Bemerkung von Marx klar, auf die er solches Gewicht gelegt hat, daß er sie nicht nur im Kapital, sondern auch in der Inauguraladresse niedergelegt hat. Er spricht dort vom 10-Stundentag, und sagt zum Schluß: »Darum war das Zehnstundengesetz nicht nur ein großer praktischer Erfolg – es war der Sieg eines Prinzips. Zum ersten Male unterlag die politische Ökonomie der Bourgeoisie der politischen Ökonomie der Arbeiterklasse.« Das bedeutet, immer mehr unterliegt die kapitalistische Gesellschaft dem zunehmenden Einfluß der Arbeiterklasse, immer mehr siegt das politische Prinzip der Arbeiterklasse, den Staat zu benutzen als Mittel zur Leitung und Beherrschung der Wirtschaft im allgemeinen Interesse. *(Bravo!)* [...]

Welche Konsequenzen ergeben sich aus dem Gesagten? Es ergibt sich für uns wieder eine große staatliche Aufgabe. Wir müssen aus dem Staat das beste politische Instrument machen, das er heute auch nach der neuen Verfassung rein politisch gesehen noch nicht ist. Wir müssen mit größerer Energie als je den Kampf um den Einheitsstaat führen. Der heutige Zustand ist ein Hohn sowohl auf den Gedanken des nationalen Einheitsstaates wie auf den des Föderativstaates. Das Prinzip des Föderativstaates ist die Gleichberechtigung gleicher Teile, die zusammenwirken, um den Gesamtwillen des Staates schließlich zu erzeugen. Diese Gleichberechtigung haben wir nicht. [...]

Ich glaube, daß dieser Kampf um den Einheitsstaat einer der wichtigsten politischen Kämpfe ist, weil er unsere politische Stoßkraft erhöhen wird. *(Sehr wahr!)*

Wenn dem so ist, wird der Kampf um den Einheitsstaat etwa gedeckt durch die Formel: Kapitalismus oder Sozialismus? Wenn wir durch den Eintritt in eine Regierungskoalition – ich rede nicht davon als einer Notwendigkeit, aber als einer Möglichkeit – etwa den Einheitsstaat in Deutschland verwirklichen könnten, sollten wir dann sagen: nein, unter keinen Umständen? Das ist eine ganz unmögliche Stellungnahme, und schon das beweist, daß man mit der Formel »Kapitalismus oder Sozialismus« politisch in sehr vielen Situationen gar nichts wird anfangen können. *(Zustimmung.)*

Die zweite Konsequenz! Wenn die Wirtschaft immer organisierter und der Einfluß des Staates auf die Wirtschaft immer bedeutsamer wird, ist es ganz klar, daß es das Interesse der Arbeiterschaft sein muß, immer größere Möglichkeiten zu haben, sich in der Kommunal- und Länderverwaltung zu betätigen. *(Sehr richtig!)* Länder sind Verwaltungen und keine staatlichen Hoheitsgebiete. Ich glaube, daß selbst die Gründe, die man von der einen oder anderen Seite gegen eine Koalitionsregierung im Reich vorbringen kann, für die Teilnahme an diesen Verwaltungen keineswegs ohne weiteres zutreffen können. [...]

Wie liegen denn nun die Dinge im Reich, wie steht hier das Koalitionsproblem? Zunächst etwas Negatives! Es ist eine Binsenwahrheit, scheint aber mitunter vergessen zu werden, daß in jedem Staat regiert werden muß. Wenn wir erklären, daß wir unter keinen Umständen mitregieren, unter keinen Umständen eine Regierung unterstützen, so wird eine Regierung von den Gegnern der Sozialdemokratie gebildet werden. *(Zustimmung.)* Das kann natürlich passieren. Ich glaube auch, im Laufe der Zuspitzung der politischen Kämpfe wird die Situation für eine Koalitionsregierung immer seltener werden, aber wir dürfen doch nicht den Leuten die Verantwortung dafür abnehmen, daß sie sich gegen die Arbeiterklasse vereinigen. *(Sehr richtig!)* Es hieße doch gerade das Zentrum entlasten, wenn wir erklären würden – unter keinen Umständen eine Koalitionsregierung im Reich! *(Zustimmung.)* Wir würden doch damit zugleich erklären, die Deutschnationalen müssen unter allen Umständen an der Regierung bleiben. *(Erneute Zustimmung.)* Ich muß gestehen – ich wüßte nicht, wie ich mit einer solchen Erklärung den politischen Kampf draußen in den Massen eigentlich führen soll. (Sehr gut!) Dieser Formelkram, mit dem wir uns immer wieder behängen wollen, ist ein Verhängnis; wir müssen endlich davon loskommen. Es ist früher, im Obrigkeitsstaat, ziemlich gleichgültig gewesen, wie die Resolution in dem einen oder anderen Wort oder Absatz gelautet haben mag, damals, als wir keinen politischen Einfluß hatten und keine politische Verantwortung übernehmen konnten. Heute, wo wir Politik treiben müssen, wo von uns die Gestaltung des Staatswillens mitbestimmt wird – denn auch die Sozialdemokratie ist Teil des Staates und wenn sie nicht wäre, bestände ein ganz anderer Staat und ein ganz anderer Staatswille – von vornherein die Formel zu prägen, unter keinen Umständen die Verantwortung einer Regierung zu übernehmen, wäre das Falscheste, was wir überhaupt tun könnten, das hieße, das Spiel der Gegner spielen. *(Lebhafte Zustimmung.)*

Darüber kommt eben kein Sozialdemokrat hinweg. Deswegen haben wir die sehr erfreuliche Erscheinung in der Partei, daß heute kein Mensch mehr aufsteht und sagt, er sei prinzipiell Gegner der Koalitionspolitik. Wenn es aber eine taktische Frage ist, dann können Sie nicht die Taktik für alle künftigen Fälle binden wollen, dann müssen Sie freie Beweglichkeit statuieren. [...]

Also es gilt, die ganze Arbeiterklasse als politische Partei zu konstituieren. Ich habe gezeigt, wie die ökonomische Entwicklung in der Richtung geht, daß sie immer mehr den Sozialismus als das unmittelbare Problem der Arbeiterklasse hinstellt. Ich habe gezeigt, wie die Wechselwirkung zwischen Staat und Wirtschaft immer enger werden muß, habe gezeigt, von welcher Bedeutung die Politik für das Arbeiterschicksal ist, also die Notwendigkeit für das Proletariat, die Eroberung der Staatsmacht zur Verwirklichung des Sozialismus endlich zu erreichen.

Wir kennen den Weg, wir kennen das Ziel! [...]

Parteigenossen, die Kommunisten gehen zugrunde – es mag etwas länger oder etwas kürzer dauern. Ich verstehe, daß die Arbeitslosen, die jahrelang das Verhängnis der Arbeitslosigkeit ertragen haben, daß die vielen Verzweifelten, die in der Inflation ihr Geld verloren haben, daß die vielen Leute, die im Kriege jeden andern Glauben als den an die Gewalt eingebüßt haben, vielleicht noch aus einem blinden Instinkt einen kommunistischen Wahlzettel in die Urnen werfen. Aber eine Bedeutung für die sozialistische Bewegung hat die Kommunistische Partei gar nicht, sie ist verloren! *(Sehr richtig!)*

Parteigenossen! Ein großer Sieg der Sozialdemokratie erscheint als möglich. Ich sage nochmals: wir kennen den Weg, wir kennen das Ziel. Wenn wir kämpfen unter dem Wahlspruch: treu dem sozialistischen Prinzip, unbeirrbar im Ziele der Eroberung der Staatsmacht, aber freie Beweglichkeit für unsere Taktik, dann wird aus der Möglichkeit des Sieges die Wirklichkeit des Sieges werden! *(Stürmischer Beifall.)*

Rudolf Hilferding: »Die Aufgaben der Sozialdemokratie in der Republik«, in: Sozialdemokratischer Parteitag 1927 in Kiel. Berlin: Dietz Nachfolger, 1927.

Wladimir Iljitsch Lenin
Die Neue Ökonomische Politik und die Aufgaben der Ausschüsse für politische und kulturelle Aufklärung (1921)

Eine schroffe Wendung der Sowjetmacht und der KPR [...]

Über die Neue Ökonomische Politik werde ich in kurzen und allgemeinen Zügen sprechen. Die übergroße Mehrzahl von Ihnen, Genossen, sind Kommunisten, und zwar, obgleich manche von Ihnen sehr jung sind, Kommunisten, die in den ersten Jahren unserer Revolution in unserer allgemeinen Politik eine große Arbeit geleistet haben. Und als Menschen, die einen großen Teil dieser Arbeit geleistet haben, kann Ihnen nicht entgangen sein, welche schroffe Wendung unsere Sowjetmacht und unsere Kommunistische Partei vollzogen haben, als sie zu der ökonomischen Politik übergingen, die man die »neue« nennt, neu im Verhältnis zu unserer vorherigen ökonomischen Politik.

Aber dem Wesen der Sache nach enthält sie mehr Altes als unsere vorherige ökonomische Politik.

Warum ist das so? Weil unsere frühere ökonomische Politik, wenn man auch nicht sagen kann, darauf berechnet war (wir haben in der damaligen Situation überhaupt wenig berechnet), so doch bis zu einem gewissen Grade vorausgesetzt hatte – man kann sagen: ohne Berechnung vorausgesetzt hatte –, daß ein unmittelbarer Übergang von der alten russischen Ökonomik zur staatlichen Produktion und Verteilung auf kommunistischer Grundlage erfolgen werde.

Wenn wir an unsere eigene frühere ökonomische Literatur denken, wenn wir uns erinnern, was die Kommunisten vor der Machtergreifung in Rußland und kurz nach der Machtergreifung geschrieben haben, zum Beispiel Anfang 1918, als der erste politische Ansturm auf das alte Rußland mit einem gewaltigen Erfolg geendet hatte, als die Sowjetrepublik geschaffen worden war, als Rußland aus dem imperialistischen Krieg zwar verstümmelt, aber doch ausgeschieden war, und zwar weniger verstümmelt, als wenn es den Ratschlag der Imperialisten sowie der Menschewiki und Sozialrevolutionäre befolgt und weiterhin das »Vaterland verteidigt« hätte, so werden wir sehen, daß wir in der ersten Periode, als wir eben erst den Grundstein zum Aufbau der Sowjetmacht gelegt hatten und eben erst aus dem imperialistischen Krieg ausgeschieden waren, über die Aufgaben unseres wirtschaftlichen Aufbaus viel vorsichtiger und bedachter gesprochen haben, als wir dann in der zweiten Hälfte des Jahres 1918 und während des ganzen Jahres 1919 und des ganzen Jahres 1920 handelten. [...]

Unser Fehler

Anfang 1918 rechneten wir auf eine gewisse Periode, in der ein friedlicher Aufbau möglich sein werde. Nach dem Abschluß des Brester Friedens schien es, als sei die Gefahr entrückt und man könne mit dem friedlichen Aufbau beginnen. Aber wir täuschten uns, denn im Jahre 1918 zog eine wirkliche Kriegsgefahr über uns herauf – dazu kam der tschechoslowakische Aufstand und der Beginn des Bürgerkriegs, der sich bis 1920 hinzog. Zum Teil unter dem Einfluß der auf uns einstürmenden militärischen Aufgaben und der, wie es schien, verzweifelten Lage, in der sich die Republik damals, im Augenblick der

Beendigung des imperialistischen Krieges, befand, unter dem Einfluß dieser und einer Reihe anderer Umstände begingen wir den Fehler, daß wir beschlossen, den unmittelbaren Übergang zur kommunistischen Produktion und Verteilung zu vollziehen. Wir waren der Meinung, daß uns die Bauern auf Grund der Ablieferungspflicht die notwendige Menge Getreide liefern und wir es auf die Fabriken und Werke verteilen werden und daß wir damit eine kommunistische Produktion und Verteilung haben werden.

Ich kann nicht sagen, daß wir uns einen solchen Plan ganz so bestimmt und anschaulich vorgezeichnet hätten, aber wir handelten ungefähr in diesem Sinne. Das ist leider eine Tatsache. Ich sage: leider, weil uns eine nicht sehr lange Erfahrung von der Fehlerhaftigkeit dieser Konstruktion überzeugte, die in Widerspruch stand zu dem, was wir früher über den Übergang vom Kapitalismus zum Sozialismus geschrieben hatten, als wir die Auffassung vertraten, daß es ohne eine Periode der sozialistischen Rechnungsführung und Kontrolle unmöglich sei, auch nur die untere Stufe des Kommunismus zu erreichen. In unserer theoretischen Literatur wurde seit 1917, als die Aufgabe der Machtausübung auf der Tagesordnung stand und dem ganzen Volk von den Bolschewiki erläutert wurde, mit Bestimmtheit hervorgehoben, daß ein langwieriger und komplizierter Übergang von der kapitalistischen Gesellschaft (und zwar desto langwieriger, je weniger sie entwickelt ist), ein Übergang auf dem Weg der sozialistischen Rechnungsführung und Kontrolle notwendig ist, um auch nur zu einer der Vorstufen der kommunistischen Gesellschaft zu gelangen.

Ein strategischer Rückzug

Das haben wir damals, als wir im Feuer des Bürgerkriegs die notwendigen Schritte zum Aufbau unternehmen mußten, gewissermaßen vergessen. Und unsere Neue Ökonomische Politik besteht ihrem Wesen nach eben darin, daß wir in diesem Punkt eine ernste Niederlage erlitten und einen strategischen Rückzug eingeleitet haben: »Bevor man uns endgültig schlägt, wollen wir den Rückzug antreten und alles aufs neue umbauen, aber stabiler.« Da die Kommunisten bewußt die Frage der Neuen Ökonomischen Politik stellen, kann für sie kein Zweifel darüber bestehen, daß wir an der ökonomischen Front eine ziemlich schwere ökonomische Niederlage erlitten haben. Und es ist natürlich unvermeidlich, daß manche Leute nun in einen recht deprimierten, fast panikartigen Zustand verfallen und daß sich diese Leute wegen des Rückzugs einer Panikstimmung hingeben werden. Das ist unvermeidlich. [...]

An der ökonomischen Front haben wir bei dem Versuch, zum Kommunismus überzugehen, im Frühjahr 1921 eine Niederlage erlitten, die ernster war als irgendeine Niederlage, die uns jemals von Koltschak, Denikin oder Pilsudski [gegnerische Militärs im Bürgerkrieg] beigebracht wurde, eine Niederlage, die viel ernster, viel wesentlicher und gefährlicher war. Sie kam darin zum Ausdruck, daß sich unsere Wirtschaftspolitik oben als losgelöst von unten erwies und nicht den Aufschwung der Produktivkräfte bewirkte, der im Programm unserer Partei als die grundlegende und unaufschiebbare Aufgabe bezeichnet wird.

Die Ablieferungspflicht im Dorf, dieses unmittelbar kommunistische Herangehen an die Aufgaben des Aufbaus in der Stadt, behinderte den Aufschwung der Produktivkräfte und war die Grundursache der tiefgehenden ökonomischen und politischen Krise, in die wir im Frühjahr 1921 hineingerieten. Deshalb wurde das notwendig, was, vom Standpunkt unserer Linie, unserer Politik aus betrachtet, nur als eine sehr schwere Niederlage und ein Rückzug bezeichnet werden kann. Dabei kann man nicht sagen, daß dieser Rückzug einem Rückzug der Roten Armee gleicht, in voller Ordnung, in rechtzeitig vorbereitete Stellungen. Zwar waren die Stellungen rechtzeitig vorbereitet. Das läßt sich nachprüfen, wenn man die Beschlüsse unserer Partei vom Frühjahr 1921 mit dem von mir erwähnten Beschluß vom April 1918 vergleicht. Die Stellungen waren rechtzeitig vorbereitet, aber der Rückzug in diese Stellungen erfolgte (und erfolgt an vielen Orten in der Provinz noch jetzt) in ziemlicher und sogar übermäßiger Unordnung.

Der Sinn der Neuen Ökonomischen Politik

Hier tritt nun die Aufgabe der Ausschüsse für politisch-kulturelle Aufklärung, gegen diese Erscheinung anzukämpfen, in den Vordergrund. Vom Standpunkt der Neuen Ökonomischen Politik besteht die Grundfrage darin, daß man es versteht, die entstandene Lage so schnell wie möglich auszunutzen.

Die Neue Ökonomische Politik bedeutet die Ersetzung der Ablieferungspflicht durch die Steuer, bedeutet den Übergang zur Wiederherstellung des Kapitalismus in beträchtlichem Ausmaß. In wie großem Ausmaß, das wissen wir nicht. Konzessionen an ausländische Kapitalisten (vorläufig sind allerdings noch recht wenige abgeschlossen, insbesondere im Vergleich mit den Angeboten, die wir gemacht haben), Verpachtung an Privatkapitalisten – das ist eben eine direkte Wiederherstellung des Kapitalismus, und das ist mit den Wurzeln der Neuen Ökonomischen Politik verbunden. Denn die Aufhebung der Ablieferungspflicht bedeutet für die Bauern freien Handel mit den landwirtschaftlichen Überschüssen, die nicht durch die Steuer erfaßt sind, die Steuer aber erfaßt nur einen kleinen Teil der Produkte. Die Bauern bilden den übergroßen Teil der gesamten Bevölkerung und der gesamten Wirtschaft, und deshalb muß auf dem Boden dieses freien Handels der Kapitalismus unausbleiblich wachsen.

Das ist das elementarste ökonomische Abc, das mit den Anfangsgründen der ökonomischen Wissenschaft gelehrt wird und das uns außerdem jeder Schleichhändler lehrt, ein Geschöpf, das uns unabhängig von der ökonomischen und politischen Wissenschaft ausgezeichnet mit der Ökonomie bekannt macht. Und die Grundfrage besteht vom Standpunkt der Strategie in folgendem: Wer wird diese neue Lage schneller ausnutzen? Die ganze Frage ist, wem die Bauernschaft folgen wird – dem Proletariat, das bestrebt ist, die sozialistische Gesellschaft aufzubauen, oder dem Kapitalisten, der sagt: »Machen wir kehrt, so ist es ungefährlicher; mit ihrem Sozialismus sollen sie uns vom Leibe bleiben.«

Wer wird siegen – der Kapitalist oder die Sowjetmacht?

[...] Die ganze Frage ist die: Wer wird wen überflügeln? Gelingt es den Kapitalisten, sich früher zu organisieren, dann werden sie die Kommunisten zum Teufel jagen, darüber braucht man überhaupt kein Wort zu verlieren. Man muß diese Dinge nüchtern betrachten: Wer – wen? Oder wird die proletarische Staatsmacht imstande sein, gestützt auf die Bauernschaft, die Herren Kapitalisten gehörig im Zaum zu halten, um den Kapitalismus in das Fahrwasser des Staates zu leiten und einen Kapitalismus zu schaffen, der dem Staat untergeordnet ist und ihm dient? Man muß diese Frage nüchtern stellen. Alle ideologischen Auslassungen, alle Betrachtungen über politische Freiheiten sind hier Räsonnements, die man sehr häufig antreffen kann, besonders wenn wir uns das ausländische Rußland, das Rußland Nummer zwei, ansehen, wo es Dutzende von Tageszeitungen aller politischen Parteien gibt, wo alle diese Freiheiten in den höchsten Tönen und in allen erdenklichen Tonarten besungen werden Das alles ist Geschwätz, sind Phrasen. Von diesen Phrasen muß man sich frei zu machen wissen. [...]

Ob es uns gelingen wird, die Kleinbauernschaft auf der Grundlage der Entwicklung ihrer Produktivkräfte zu organisieren, indem wir diese Entwicklung durch die proletarische Staatsmacht unterstützen, oder ob es den Kapitalisten gelingen wird, sie unter ihre Botmäßigkeit zu bringen – davon hängt der Ausgang des Kampfes ab. In Dutzenden von Revolutionen gab es dasselbe, aber einen solchen Krieg hat die Welt noch nie gesehen. Das Volk konnte keine Erfahrung in solchen Kriegen haben. Wir müssen diese Erfahrung selbst sammeln, und wir können uns dabei nur auf das Bewußtsein der Arbeiter und Bauern stützen. Das ist die Devise, und darin liegt die größte Schwierigkeit dieser Aufgabe.

Wir dürfen nicht auf einen unmittelbar kommunistischen Übergang rechnen

Wir dürfen nicht auf einen unmittelbar kommunistischen Übergang rechnen. Es gilt, sich auf die persönliche Interessiertheit des Bauern zu stützen. Man sagt uns: »Persönliche Interessiertheit des Bauern – das bedeutet Wiederherstellung des Privateigentums.« Nein, das persönliche Eigentum an Gebrauchsgegenständen und Werkzeugen wurde von uns in bezug auf die Bauern niemals angetastet. Wir haben das Privateigentum am Grund und Boden aufgehoben, der Bauer aber betrieb seine Wirtschaft ohne Privateigentum am Grund und Boden, zum Beispiel auf Pachtland. Dieses System bestand in sehr vielen Ländern. Daran ist nichts, was ökonomisch unmöglich wäre. Die Schwierigkeit besteht darin, das persönliche Interesse zu wecken. Es gilt auch, das Interesse jedes Spezialisten zu wecken mit dem Ziel, ihn an der Entwicklung der Produktion zu interessieren.

Haben wir es verstanden, das zu tun? Nein, wir haben es nicht verstanden! Wir glaubten, in einem Lande mit einem deklassierten Proletariat würden auf kommunistisches Geheiß Produktion und Verteilung zustande kommen. Wir werden das ändern müssen, weil wir sonst das Proletariat mit diesem Übergang nicht vertraut machen können. Solche Aufgaben wurden in der Geschichte noch niemals gestellt. Als wir versuchten, diese Aufgabe direkt, sozusagen durch einen Frontalangriff, zu lösen, erlitten wir einen Mißerfolg. Solche Fehler kommen in jedem Krieg vor, und sie gelten nicht als Fehler. Ist der Frontalangriff mißglückt, so greifen wir zur Umgehung, rücken mittels Belagerung und Minierarbeit vor. [...]

Lernen Sie alle wirtschaften. Neben Ihnen werden Kapitalisten sein, neben Ihnen werden auch ausländische Kapitalisten, Konzessionäre und Pächter sein, die bei Ihnen Hunderte Prozent Profit herausschinden und sich vor Ihren Augen bereichern werden. Mögen sie sich bereichern, Sie aber sollen bei ihnen wirtschaften lernen, und erst dann werden Sie die kommunistische Republik aufbauen können. Vom Standpunkt der Notwendigkeit, rasch zu lernen, ist jede Laschheit das größte Verbrechen. Und in diese Lehre, eine schwere, harte, manchmal sogar grausame Lehre, muß man gehen, da es einen anderen Ausweg nicht gibt.

Sie dürfen nicht vergessen, daß unser nach den langjährigen Prüfungen verarmtes Sowjetland nicht von einem sozialistischen Frankreich und nicht von einem sozialistischen England umgeben ist, die uns mit ihrer hochentwickelten Technik, mit ihrer hochentwickelten Industrie helfen würden. Nein! Wir müssen stets daran denken, daß ihre ganze hochentwickelte Technik, ihre ganze hochentwickelte Industrie heute den Kapitalisten gehört, die gegen uns arbeiten.

Wir dürfen nicht vergessen, daß wir entweder unsere Kräfte in der täglichen Arbeit aufs äußerste anspannen müssen oder daß uns der unausbleibliche Untergang droht.

Die ganze Welt entwickelt sich kraft der gegebenen Lage der Dinge schneller als wir. Die kapitalistische Welt, die sich entwickelt, richtet alle Kräfte gegen uns. So steht die Frage! Und deshalb muß man diesem Kampf besondere Aufmerksamkeit zuwenden.

Bei unserer Kulturlosigkeit können wir den Untergang des Kapitalismus nicht durch einen Frontalangriff herbeiführen. Bei einem anderen Kulturniveau könnte man die Aufgabe direkter lösen, und vielleicht werden andere Länder sie auch so lösen, wenn die Zeit der Errichtung kommunistischer Republiken für sie gekommen sein wird. Wir jedoch können die Frage nicht auf direktem Wege lösen.

Der Staat muß lernen, so Handel zu treiben, daß die Industrie die Bauernschaft zufriedenstellt, daß die Bauernschaft durch den Handel ihre Bedürfnisse befriedigt. Man muß die Sache so einrichten, daß jeder Werktätige seine Kräfte für die Stärkung des Arbeiter- und Bauernstaates einsetzt. Nur dann kann eine Großindustrie geschaffen werden. [...]

Hebung der Kultur – das ist eine der aktuellsten Aufgaben. Und das ist die Aufgabe des Ausschusses für politisch-kulturelle Aufklärung, wenn er wirklich der »politischen Aufklärung« dienen will entsprechend dem Namen, den er sich ausgesucht hat. Sich einen Namen zulegen ist nicht schwer, aber wie steht es mit der Erfüllung der Aufgabe? Wir wollen hoffen, daß wir nach diesem Kongreß genaue Angaben darüber erhalten werden. Eine Kommission zur Liquidierung des Analphabetentums wurde bei uns am 19. Juli 1920 gebildet. Ich habe eigens, bevor ich hierher zum Kongreß kam, das betreffende Dekret durchgelesen. Gesamtrussische Kommission zur Liquidierung des Analphabetentums ... Damit nicht genug: Außerordentliche Kommission zur Liquidierung des Analphabetentums. Hoffen wir, daß wir nach diesem Kongreß Angaben erhalten werden, in wie vielen Gouvernements etwas auf diesem Gebiet geleistet und was geleistet worden ist, und daß wir einen genauen Bericht bekommen werden. Aber schon allein der Umstand, daß eine außerordentliche Kommission zur Liquidierung des Analphabetentums gebildet werden mußte, beweist, daß wir (wie soll ich mich milder ausdrücken?) so etwas wie Halbwilde sind, denn in einem Lande, wo die Menschen keine Halbwilden sind, würde man sich schämen, eine außerordentliche Kommission zur Liquidierung des Analphabetentums zu gründen; dort liquidiert man das Analphabetentum in den Schulen.

Dort gibt es leidliche Schulen, und in ihnen wird unterrichtet. Worin? Vor allem im Lesen und Schreiben. Wenn aber diese elementare Aufgabe nicht gelöst ist, dann ist es lächerlich, von einer Neuen Ökonomischen Politik zu sprechen.

Das größte Wunder

Was soll es da schon für eine neue Politik geben? Wenn wir das Analphabetentum durch außerordentliche Maßnahmen liquidieren müssen, können wir froh sein, uns mit der alten zu halten, so gut es geht. Das ist klar. Aber noch klarer ist, daß wir sowohl auf militärischem als auch auf anderen Gebieten Wunder vollbracht haben. Das größte unter diesen Wundern, glaube ich, wäre es, wenn wir die Kommission zur Liquidierung des Analphabetentums selbst ganz und gar liquidieren könnten. Und wenn keine solchen Projekte, wie ich sie hier gehört habe, über eine Abtrennung vom Volkskommissariat für Bildungswesen auftauchen würden. Wenn dem so ist, so werden Sie, wenn Sie darüber gründlich nachdenken, mir beipflichten, daß man eine außerordentliche Kommission zur Liquidierung gewisser dummer Projekte bilden müßte.

Mehr noch: Es genügt nicht, das Analphabetentum zu liquidieren, man muß außerdem die sowjetische Wirtschaft aufbauen, und dabei wird man mit bloßer Kenntnis des Lesens und Schreibens nicht weit kommen. Wir brauchen ein unvergleichlich höheres Kulturniveau. Es ist notwendig, daß der Mensch seine Kenntnis des Lesens und Schreibens auch wirklich ausnutzt, daß er etwas zum Lesen hat, daß er Zeitungen und Propagandabroschüren bekommt, daß diese richtig verteilt werden und ins Volk gelangen, daß sie nicht unterwegs verlorengehen, so daß sie nicht mehr als zur Hälfte gelesen und in den Kanzleien zu irgendwelchen Zwecken verwendet werden, während ins Volk möglicherweise nicht einmal ein Viertel gelangt. Man muß lernen, das Wenige, das wir haben, auszunutzen.

Aus diesem Grund muß man im Zusammenhang mit der Neuen Ökonomischen Politik unermüdlich den Gedanken in den Vordergrund rücken, daß die politische Aufklärung um jeden Preis eine Hebung des Kulturniveaus erfordert. Man muß erreichen, daß die Kenntnis des Lesens und Schreibens der Hebung des Kulturniveaus dient, daß der Bauer die Möglichkeit erhält, diese Kenntnis des Lesens und Schreibens zur Vervollkommnung seiner Wirtschaft und seines Staates auszunutzen.

Wladimir Iljitsch Lenin: »Die neue ökonomische Politik und die Aufgaben der Ausschüsse für politische und kulturelle Aufklärung«, in LW, Band 33. Berlin: Dietz Verlag, 1977 (Originaltext 1921).

Autorenkollektiv sowjetischer Ökonomen
Der Charakter des Wirkens des Wertgesetzes im Sozialismus (1954)

Sofern im Sozialismus die Warenproduktion und die Warenzirkulation bestehen, ist auch das Wertgesetz weiterhin wirksam.

Die Wirtschaftsordnung des Sozialismus setzt dem Wirken des Wertgesetzes strenge Grenzen. Die Rolle des Wertgesetzes wird begrenzt durch die Vergesellschaftung der Produktionsmittel in Stadt und Land, durch Einengung des Bereichs der Warenproduktion und der Warenzirkulation und durch das Wirken der ökonomischen Gesetze des Sozialismus, vor allem des Gesetzes der planmäßigen Entwicklung der Volkswirtschaft. Der Wirkungsbereich des Wertgesetzes wird im Sozialismus auch durch die Jahres- und Fünfjahrpläne und überhaupt durch die gesamte wirtschaftliche Tätigkeit des sozialistischen Staates begrenzt. Deshalb kann das Wertgesetz im Sozialismus nicht die Rolle des Regulators der Produktion spielen. Wäre das Wertgesetz im Sozialismus Regulator der Produktion, so würden sich in der sozialistischen Gesellschaft in erster Linie die rentabelsten Zweige und Betriebe entwickeln, während vom volkswirtschaftlichen Standpunkt aus äußerst wichtige Betriebe der Schwerindustrie, die zeitweilig unrentabel sein können, geschlossen würden, In der UdSSR werden aber die in der ersten Zeit unrentablen oder wenig rentablen Betriebe, die für die Volkswirtschaft notwendig sind, keineswegs geschlossen, sondern erhalten und unterstützt; dabei werden gleichzeitig Maßnahmen getroffen, um sie rentabel zu machen, Der sozialistische Staat deckt in diesem Falle die zeitweilige Unrentabilität der einen Zweige oder Betriebe aus den Einnahmen, die durch andere Zweige und Betriebe erzielt werden.

Der sozialistische Staat baut Betriebe und ganze Produktionszweige auf, wobei er sich nicht von Profitstreben, sondern allein von den Erfordernissen des ökonomischen Grundgesetzes des Sozialismus und des Gesetzes der planmäßigen Entwicklung der Volkswirtschaft leiten läßt. Der Wirkungsbereich des Wertgesetzes erstreckt sich im Sozialismus vor allem [...] auf den Austausch von Waren – vor allem von Gegenständen des persönlichen Bedarfs. Auf diesem Gebiet wirkt das Wertgesetz in bestimmten Grenzen als Regulator.

Die regulierende Wirkung des Wertgesetzes äußert sich auf dem Gebiet der Warenzirkulation darin, daß der Staat, der ein bestimmtes Preisverhältnis zwischen den verschiedenen Waren des persönlichen Bedarfs festsetzt, dabei sowohl ihren in Geld ausgedrückten Wert als auch die Nachfrage nach diesen Waren und das Angebot berücksichtigt. Nichtbeachtung der Nachfrage und des Angebots bedeutet, daß bei Waren mit zu hohen Preisen ein rapider Rückgang der Nachfrage einsetzen würde, während für Waren mit zu niedrigen Preisen die Nachfrage künstlich aufgebläht würde. Am stärksten tritt die regulierende Rolle des Wertgesetzes auf dem kollektivwirtschaftlichen Markt in Erscheinung; hier bilden sich die Preise auf Grund der Nachfrage und des Angebots heraus, wobei die Preisbewegung die Größe und Struktur des Warenumsatzes auf dem kollektivwirtschaftlichen Markt beeinflußt. Der sozialistische Staat übt jedoch einen starken ökonomischen Einfluß auf den kollektivwirtschaftlichen Markt aus, da die Hauptmasse der Waren im staatlichen und genossenschaftlichen Handel zu festen Planpreisen verkauft wird.

Das Wirken des Wertgesetzes beschränkt sich nicht nur auf den Bereich der Warenzirkulation. Es wirkt auch auf die sozialistische Produktion ein; diese Einwirkung ist jedoch nicht bestimmend.

Es ist so, daß die Konsumgüter, die für die Deckung des Aufwands an Arbeitskraft im Produktionsprozeß notwendig sind, bei uns als Waren erzeugt und realisiert werden, die der Wirkung des Wertgesetzes unterliegen. Hier gerade zeigt sich die Einwirkung des Wertgesetzes auf die Produktion. Im Zusammenhang damit haben in unseren Betrieben solche Fragen wie die wirtschaftliche Rechnungsführung und die Rentabilität, die Selbstkosten, die Preise und dergleichen aktuelle Bedeutung. Darum können und dürfen unsere Betriebe das Wertgesetz nicht außer acht lassen.

Gegenstände des persönlichen Bedarfs, die Waren sind, haben Wert. In den Wert der Industriewaren geht der Wert der Rohstoffe ein, die von den Kollektivwirtschaften als Ware erzeugt werden. Ein Teil des neugeschaffenen Wertes der Konsumgüter wird verwandt, um die Auslagen für den Geldlohn zu ersetzen, während der andere Teil die Einnahmen des Betriebes bildet, die in Geldform auftreten, Außerdem unterliegen die bei der Produktion von Industriewaren eingesetzten Arbeitsmittel – Werkzeugmaschinen, Maschinen, Fabrikgebäude – die keine Waren sind, dem Verschleiß. Da alle übrigen Elemente, die in den Wert der Industriewaren eingehen, Geldform haben, müssen auch die Arbeitsmittel in Geld kalkuliert werden.

Die Einwirkung des Wertgesetzes auf die Produktion von Produktionsmitteln vollzieht sich über die Bedarfsgüter, die für den Ersatz des Aufwands an Arbeitskraft notwendig sind. Die Bedarfsgüter, die Waren sind, können von den Arbeitern nur gegen Geld, vom Geldlohn gekauft werden. Daraus ergibt sich die Notwendigkeit, auch in der Produktion von Produktionsmitteln die Geldform für die Erfassung aller übrigen Elemente, die neben dem Arbeitslohn die Selbstkosten der Industrieproduktion bilden, auszunutzen.

Während die Konsumgüter, die Waren sind, Wert besitzen, haben die Produktionsmittel, die keine Waren sind, nur die Form der Ware und des

Wertes, die der Kalkulation, der Rechnungslegung und der Kontrolle dient. Im Gegensatz zum Kapitalismus, wo das Wertgesetz als elementare, die Menschen beherrschende Kraft wirkt, wird die Wirkung des Wertgesetzes in der sozialistischen Wirtschaft erkannt und vom Staat in der Praxis der Planung der Volkswirtschaft berücksichtigt und ausgenutzt. Die Erkenntnis der Wirkung des Wertgesetzes und das Vermögen, es auszunutzen, hilft den Wirtschaftlern, die Produktion rationell zu leiten, die Arbeitsmethoden systematisch zu verbessern, die wirtschaftliche Rechnungsführung zu verwirklichen, verborgene Reserven ausfindig zu machen und zur Steigerung der Produktion auszunutzen.

Der sozialistische Staat berücksichtigt das Wertgesetz bei der Planung der Preise. Der Preis ist in der sozialistischen Wirtschaft der planmäßig fest gesetzte Geldausdruck des Wertes der Ware. Bei der Planung der Preise für die im staatlichen Sektor erzeugten Produktionsmittel wird nur die Wertform benutzt, um die für die Produktion aufgewandte gesellschaftliche Arbeit in Geld zu erfassen. Bei der Festsetzung der Preise geht der Staat von den gesellschaftlichen Produktionskosten aus, die in den Zweigen, die Waren erzeugen, den Wert dieser Waren darstellen. Eine ökonomisch begründete Preisplanung ist für die Entwicklung der Volkswirtschaft von großer Bedeutung.

Im Problem der Preise kreuzen sich alle grundlegenden ökonomischen und folglich auch politischen Probleme des Sowjetstaates, Die Herstellung richtiger Wechselbeziehungen zwischen der Bauernschaft und der Arbeiterklasse, die Sicherung einer koordinierten und wechselseitig bedingten Entwicklung der Landwirtschaft und der Industrie, die Sicherung des Reallohnes, die Festigung des Tscherwonez ... alle diese Fragen stoßen auf das Preisproblem.

Die Wirkung des Wertgesetzes ist zu berücksichtigen, damit das richtige Preisverhältnis zwischen den verschiedenen Waren hergestellt und ein materieller Ansporn für ihre Produktion geschaffen wird. Man kann beispielsweise für eine Tonne Baumwolle und eine Tonne Getreide nicht den gleichen Erfassungspreis festsetzen und außer acht lassen, daß der Wert der Baumwolle wesentlich höher ist als der des Getreides. Anderseits darf man nicht zu niedrige Getreidepreise festsetzen, weil damit die materielle Interessiertheit der Kollektivwirtschaften und der Kollektivbauern an der Getreideproduktion beeinträchtigt und der Entwicklung der Getreidewirtschaft Schaden zugefügt würde.

So trugen beispielsweise ökonomisch begründete Erfassungspreise für Baumwolle, Wolle, Zuckerrüben und andere landwirtschaftliche Erzeugnisse dazu bei, die Erzeugung dieser Produkte zu erweitern. Umgekehrt haben niedrige Erfassungs- und Aufkaufspreise für Kartoffeln, Gemüse, Milch, Fleisch und Getreide deren Produktion gehemmt. Die beträchtliche Erhöhung der Erfassungs- und Aufkaufspreise für diese Produkte, die 1953 auf Beschluß des

Ministerrates der UdSSR und des ZK der KPdSU erfolgte, war ein sehr wichtiger Ansporn für die Vergrößerung ihrer Produktion.

Das Wertgesetz ist jedoch nicht der Regulator der staatlichen Preise, sondern lediglich einer der Faktoren, die auf sie einwirken. Im staatlichen und genossenschaftlichen Warenumsatz gibt es kein »freies Spiel« der Preise. Der sozialistische Staat setzt die Warenpreise mit bestimmten Abweichungen von den gesellschaftlichen Produktionskosten, vom Wert der Waren fest. Dabei geht er in erster Linie von den Erfordernissen des ökonomischen Grundgesetzes des Sozialismus aus, von der Notwendigkeit, die ununterbrochene Steigerung der Produktion auf der Grundlage der höchstentwickelten Technik und die Befriedigung der wachsenden Bedürfnisse der gesamten Gesellschaft zu sichern. Der Staat bedient sich des Preismechanismus, um solche Proportionen in der Verteilung der Mittel auf die Zweige festzusetzen, die durch die Erfordernisse der planmäßigen Entwicklung der Volkswirtschaft bedingt sind.

So verwendet der Staat mit Hilfe einer entsprechenden Preispolitik einen Teil der in den einen Zweigen geschaffenen Einnahmen für den schnellen Aufstieg anderer Zweige, die zwar weniger rentabel, aber von großer volkswirtschaftlicher Bedeutung sind. Durch niedrige Preise für die Produktionsmittel fördert der Staat die Einführung der modernen Technik in den staatlichen Industriebetrieben und rüstet ferner über die MTS die kollektivwirtschaftliche Produktion mit einer hochentwickelten Technik aus. Bei der Preisfestlegung geht der Staat von der Notwendigkeit aus, eine bestimmte Rentabilität der Betriebe zu sichern, und berücksichtigt hierbei die Menge der betreffenden Waren sowie ihre Bedeutung in der Wirtschaft. Vermittels der Preise spornt er die Produktion dieser oder jener Erzeugnisse an und reguliert er die Nachfrage. Der Sowjetstaat betreibt eine konsequente Politik der Preissenkung für Bedarfsgüter, um den Volkswohlstand zu heben.

Auf Grund all der genannten Einschränkungen des Wertgesetzes ist seine Wirkung im Sozialismus nicht von den verheerenden Folgen in Form von Krisen, Arbeitslosigkeit und Zerstörung von Produktivkräften begleitet, die im Kapitalismus unvermeidliche Begleiter dieses Gesetzes sind. Ebendeswegen führt das Wertgesetz, trotz des ununterbrochenen und stürmischen Wachstums der sozialistischen Produktion, in der UdSSR nicht zu Überproduktionskrisen, während es im Kapitalismus trotz des langsamen Wachstumstempos der Produktion in den kapitalistischen Ländern zu periodischen Überproduktionskrisen führt.

Akademie der Wissenschaften der UdSSR – Institut für Ökonomie, Autorenkollektiv: »Politische Ökonomie (Lehrbuch)«, Berlin: Dietz Verlag, 1955 (Originaltext 1954)

Leo Trotzki
Verratene Revolution (1936)

Die Entwicklungskurve der Sowjetwirtschaft bildet durchaus keine ununterbrochene und gleichmäßig aufsteigende Linie. [...]

Die ersten drei Jahre nach dem Umsturz waren eine Periode offenen und erbitterten Bürgerkriegs. Das Wirtschaftsleben blieb vollständig den Bedürfnissen der Fronten untergeordnet. Das kulturelle Leben nistete in den Hinterhöfen und war gekennzeichnet durch kühnen Schwung des schöpferischen Gedankens, vor allem Lenins persönlichen Denkens, bei außerordentlicher Dürftigkeit der materiellen Mittel. Das ist die sogenannte Periode des »Kriegskommunismus« (1918–1921), eine heroische Parallele zum »Kriegssozialismus« der kapitalistischen Länder. Die Wirtschaftsaufgaben der Sowjetregierung liefen in diesen Jahren hauptsächlich darauf hinaus, die Kriegsindustrien instand zu halten und die aus der Vergangenheit übrig gebliebenen armseligen Vorräte für den Krieg und zur Rettung der städtischen Bevölkerung vor dem Verderben zu verwerten. Der Kriegskommunismus war im Grunde ein System zur Reglementierung des Verbrauchs in einer belagerten Festung.

Man muss jedoch zugeben, dass er in seiner ursprünglichen Absicht breitere Ziele verfolgte. Die Sowjetregierung hoffte und trachtete, die Reglementierungsmethoden auf direktem Wege zu einem Planwirtschaftssystem zu entwickeln, sowohl auf dem Gebiet der Verteilung wie der Produktion. Mit anderen Worten: vom »Kriegskommunismus« gedachte sie allmählich, aber ohne das System zu verletzen, zum echten Kommunismus überzugehen. [...]

Die Wirklichkeit jedoch geriet immer mehr in Konflikt mit dem Programm des »Kriegskommunismus«: Die Produktion ging ständig zurück, und zwar nicht nur infolge der verheerenden Wirkungen des Krieges, sondern auch, weil der Anreiz des persönlichen Interesses bei den Produzenten erloschen war. Die Stadt verlangte vom Dorf Korn und Rohprodukte, ohne dafür etwas anderes zu geben als bunte Papierlappen, die aus alter Gewohnheit Geld genannt wurden. Der Muschik vergrub seine Vorräte. Die Regierung sandte bewaffnete Arbeiterabteilungen nach Korn aus. Der Muschik säte weniger an. Die Industrieproduktion des Jahres 1921, unmittelbar nach Beendigung des Bürgerkriegs, betrug bestenfalls ein Fünftel der Vorkriegsproduktion. Die Stahlerzeugung war von 4,2 Millionen Tonnen gesunken auf 183.000 Tonnen, d.h. auf ein Dreiundzwanzigstel. Die gesamte Getreideernte von 801 Millionen Zentner auf 503 Millionen im Jahre 1922: das war das Jahr der furchtbaren Hungersnot! Gleichzeitig rutschte der Außenhandel von 2,9 Milliarden Rubel herab auf 30 Millionen. Der Verfall der Produktivkräfte stellte alles in den

Schatten, was die Geschichte diesbezüglich früher aufzuweisen hatte. Das Land und mit ihm die Macht standen am Rande des Abgrunds.

Die utopischen Hoffnungen der Epoche des Kriegskommunismus wurden in der Folgezeit einer scharfen und in vielem begründeten Kritik unterzogen. Der theoretische Fehler der herrschenden Partei würde jedoch ganz unerklärlich sein, berücksichtigte man nicht, dass alle damaligen Berechnungen auf der Erwartung eines baldigen Sieges der Revolution im Westen aufgebaut waren. Man hielt es für selbstverständlich, dass das siegreiche deutsche Proletariat, gegen künftige Lieferungen von Nahrungsmitteln und Rohstoffen, Sowjetrussland nicht nur mit Maschinen und Fertigwaren, sondern auch mit Zehntausenden hochqualifizierter Arbeiter, Techniker und Organisatoren versorgen würde.

Und es ist kein Zweifel, wenn die proletarische Revolution in Deutschland triumphiert hätte – ihren Sieg verhinderte einzig und allein die Sozialdemokratie – die Wirtschaftsentwicklung der Sowjetunion wie auch Deutschlands hätte solche Riesenschritte gemacht, dass das Schicksal Europas und der Welt heute viel günstiger aussähe. Man kann dennoch mit aller Bestimmtheit sagen, dass auch in diesem glücklichen Fall man auf die unmittelbare staatliche Verteilung der Produkte hätte verzichten und auf die Methoden des Handelsverkehrs hätte zurückgreifen müssen.

Die Notwendigkeit der Wiederherstellung des Marktes motivierte Lenin mit den im Lande vorhandenen Millionen isolierter Bauernwirtschaften, die es nicht gewohnt waren, ihre Beziehungen zur Außenwelt anders als durch den Handel zu regeln. Der Handelsverkehr sollte die sogenannte »Smytschka« der Bauernschaft mit der nationalisierten Industrie bewirken. Die theoretische Formel der »Smytschka« ist sehr einfach: die Industrie muss dem Dorf die notwendigen Waren zu solchen Preisen ablassen, dass der Staat auf die zwangsweise Beschlagnahme der bäuerlichen Arbeitsprodukte verzichten kann.

Die Gesundung der Wirtschaftsbeziehungen zum Dorf war zweifellos die dringendste und heikelste Aufgabe der NEP [Neuen Ökonomischen Politik]. Binnen kurzem zeigte die Erfahrung aber, dass auch die Industrie selber, trotz ihrer Vergesellschaftung, der vom Kapitalismus ausgearbeiteten Methoden der Geldrechnung bedurfte. Ein Plan kann nicht auf spekulativen Größen allein fußen. Das Spiel von Angebot und Nachfrage bleibt für ihn noch auf lange Zeit hinaus unerlässliche materielle Grundlage und heilsame Korrektur.

Der legalisierte Markt begann mit Hilfe des geordneten Geldsystems seine Wirkung auszuüben. Bereits 1923 begann die Industrie sich dank einem ersten Antrieb vom Lande zu beleben und schlug unversehens ein hohes Tempo an. Es genügt zu sagen, dass die Produktion von 1922 auf 1923 sich verdoppelte und 1926 bereits das Vorkriegsniveau erreichte, im Vergleich zu 1921 sich verfünffachte. Gleichzeitig, wenn auch in viel bescheidenerem Tempo, stiegen die Ernten.

Von dem Jahr der Wende 1923 an nehmen die in der herrschenden Partei auch früher schon zu beobachtenden Meinungsverschiedenheiten in der Frage der Beziehungen zwischen Industrie und Landwirtschaft zu. In einem Lande, das seine Vorräte und Reserven restlos erschöpft hatte, konnte sich die Industrie nicht anders entwickeln als durch Entlehnung von Korn und Rohstoffen bei den Bauern. Allzu viele »Zwangsanleihen« in Naturalien bedeuteten indessen Tötung des Anreizes zur Arbeit: die Bauern, die an die künftige Glückseligkeit nicht glaubten, beantworteten die Kornexpeditionen der Stadt mit dem Saatstreik. Aber auch durch zu geringe Beschlagnahmungen drohte Stillstand: da sie keine Industrieerzeugnisse bekamen, verwandelten die Bauern die Landwirtschaft in eine Wirtschaft zur Befriedigung der eigenen Bedürfnisse und nahmen die alten Handwerksgewerbe wieder auf. Die Meinungsverschiedenheiten in der Partei begannen bei der Frage, wie viel dem Dorfe zugunsten der Industrie wegzunehmen sei, um möglichst bald zu einem dynamischen Gleichgewicht zwischen beiden zu kommen. Der Streit verwickelte sich sofort durch die Frage nach der sozialen Struktur des flachen Landes selbst. […]

Geld und Plan

Wir haben versucht, das Sowjetregime unter dem Gesichtswinkel des Staates zu prüfen. Eine analoge Prüfung lässt sich unter dem Gesichtswinkel des Geldumlaufs anstellen. Diese beiden Probleme: *Staat* und *Geld*, haben eine Reihe gemeinsamer Züge, weil sie letzten Endes beide auf das Problem aller Probleme zurückgehen: die Produktivität der Arbeit. Der staatliche wie der Geldzwang sind ein Erbteil der Klassengesellschaft, die die Beziehungen von Mensch zu Mensch nicht anders bestimmen kann als durch Fetische, kirchliche oder weltliche, und zu ihrem Schutz den fürchterlichsten aller Fetische eingesetzt hat: den Staat, mit einem großen Messer zwischen den Zähnen. In der kommunistischen Gesellschaft werden Staat und Geld verschwunden sein. Ihr allmähliches Absterben muss also schon unter dem Sozialismus beginnen. Von einem tatsächlichen Sieg des Sozialismus wird man erst in dem geschichtlichen Augenblick sprechen können, wenn der Staat nur noch halb ein Staat ist und das Geld seine magische Kraft einzubüßen beginnt. Das wird bedeuten, dass mit dem Sozialismus, der sich der kapitalistischen Fetische entledigt, zwischen den Menschen durchsichtigere, freiere, würdigere Beziehungen zu walten beginnen.

Für den Anarchismus charakteristische Forderungen wie »Abschaffung« des Geldes, »Abschaffung« des Arbeitslohns oder »Aufhebung« des Staates und der Familie können nur als Musterbeispiele mechanischen Denkens Interesse beanspruchen. Das Geld kann man nicht willkürlich »abschaffen«, und den Staat oder die alte Familie nicht »aufheben«, sie müssen ihre historische Mission erfüllen, verwelken und verschwinden. Dem Geldfetischismus wird erst auf der Stufe der Todesstoß versetzt sein, wo ein unaufhörliches Wachsen des gesellschaftlichen Reichtums den Zweifüßlern ihr Geizen mit jeder Minute Mehrarbeit und ihre demütigende Angst um die Größe ihrer Ration abgewöhnt haben wird. Mit dem Verlust seiner Eigenschaft, Glück zu bringen und in den Staub zu werfen, wird sich das Geld in einfache Rechenbelege verwandeln, zur Bequemlichkeit der Statistik und der Planaufstellungen. Noch später wird es wahrscheinlich auch solcher Quittungen nicht mehr bedürfen. Doch diese Sorge können wir getrost unseren Nachkommen überlassen, die klüger sein werden als wir.

Die Nationalisierung der Produktionsmittel und des Kredits, die Vergenossenschaftung oder Verstaatlichung des Binnenhandels, das Monopol des Außenhandels, die Kollektivierung der Landwirtschaft und die Erbschaftsgesetzgebung stecken der persönlichen Geldakkumulation enge Grenzen und erschweren ihre Verwandlung in privates (Wucher-, Kaufmanns- und Industrie-) Kapital. Diese mit der Ausbeutung verknüpfte Funktion des Geldes ist jedoch beim Anfang der proletarischen Revolution noch nicht liquidiert, sondern geht in umgeformter Gestalt an den Staat über, den universellen Kaufmann, Gläubiger und Industriellen. Zugleich bleiben die elementareren Funktionen des Geldes als *Wertmesser, Tausch-* und *Zahlungsmittel* nicht nur erhalten, sondern bekommen auch ein viel breiteres Wirkungsfeld als unter dem Kapitalismus.

Das administrative Planwesen hat zur Genüge seine Kraft bewiesen, zugleich aber auch die Grenzen seiner Kraft. Ein vorgefasster Wirtschaftsplan ist, vor allem in einem zurückgebliebenen Land mit einer 170-Millionenbevölkerung und tiefen Gegensätzen zwischen Stadt und Land, kein unverrückbares Gebot, sondern ein Entwurf, eine Arbeitshypothese, die im Laufe der Durchführung der Prüfung und Umarbeitung unterliegt. Man kann sogar eine Regel aufstellen: je »genauer« die administrative Aufgabe erfüllt wird, um so schlimmer steht es um die Wirtschaftsleitung. Zwei Hebel müssen zur Regulierung und Anpassung der Pläne dienen: ein *politischer*, gebildet durch die reale Beteiligung der interessierten Massen selbst an der Leitung, was ohne Sowjetdemokratie undenkbar ist, und ein *finanzieller.* gebildet durch eine reale Prüfung der apriorischen Berechnungen mit Hilfe eines allgemeinen Äquivalenten, undenkbar ohne festes Geldsystem.

Die Rolle des Geldes in der Sowjetwirtschaft ist nicht nur noch nicht ausgespielt, sondern soll sich, wie bereits gesagt, erst restlos entfalten. Die Übergangsepoche zwischen Kapitalismus und Sozialismus als Ganzes genommen bedeutet keine Verminderung, sondern umgekehrt eine außerordentliche Ausdehnung des Warenumlaufs. Alle Industriezweige wandeln und vergrößern sich, ständig entstehen neue, und alle sind gezwungen, quantitativ und qualitativ ihr gegenseitiges Verhältnis zu bestimmen. Die gleichzeitige Liquidierung der bäuerlichen Verbrauchswirtschaft und des in sich abgeschlossenen Familienwesens bedeutet, all jene Arbeitsenergien in die Sprache des gesellschaftlichen Verkehrs und damit des Geldumlaufs zu übertragen, die bisher innerhalb der Grenzpfähle des Bauernhofes oder der Wände der Privatwohnung verausgabt wurden. Alle Produkte und Dienstleistungen beginnen zum ersten Mal in der Geschichte, sich gegenseitig auszutauschen.

Andererseits ist ein erfolgreicher sozialistischer Aufbau undenkbar ohne Einschaltung des unmittelbaren persönlichen Interesses der Erzeuger und Verbraucher in das Plansystem, d. h. ihres Egoismus, der seinerseits nur in dem Fall befruchtend wirken kann, wenn ihm das gewohnte zuverlässige und geschmeidige Mittel zur Verfügung steht: das Geld. Erhöhung der Arbeitsproduktivität und Verbesserung der Produktionsqualität sind ohne ein genaues Messinstrument, das frei in alle Poren der Wirtschaft eindringt, d. h. ohne feste Geldeinheit, nicht zu erreichen. Daraus erhellt, dass in der Übergangswirtschaft wie unter dem Kapitalismus das einzig wahre Geld auf Gold basiert. Alles andere Geld ist nur Ersatz. Zwar sind in der Hand des Sowjetstaates ebenso wohl die Warenmassen wie die Geldausgabeorgane vereinigt. An der Sache ändert das aber nichts: administrative Manipulationen mit den Warenpreisen schaffen oder ersetzen nicht im geringsten eine feste Geldeinheit, weder im Binnen- noch erst recht im Außenhandel.

Einer selbständigen. d. h. einer Goldbasis bar, ist das Geldsystem der UdSSR ganz wie das mehrerer kapitalistischer Länder notgedrungen in sich abgeschlossen: für den Weltmarkt existiert der Rubel nicht. Wenn die UdSSR die negativen Seiten eines solchen Systems viel leichter ertragen kann als Deutschland oder Italien, so nur zum Teil dank des Außenhandelsmonopols, zur Hauptsache aber dank der natürlichen Reichtümer des Landes: nur diese machen es ihr möglich, nicht im Schraubstock der Autarkie zu ersticken. Die historische Aufgabe besteht jedoch keineswegs darin, nicht zu ersticken, sondern angesichts der Höchstleistungen des Weltmarkts eine machtvolle, ganz und gar rationelle Wirtschaft zu schaffen, worin größtmögliche Zeitersparnis und infolgedessen höchste Entfaltung der Kultur gewährleistet sind.

Gerade die dynamische Sowjetwirtschaft, die unaufhörlich technische

Revolutionen und grandiose Erfahrungen durchmacht, bedarf mehr als irgendeine andere beständiger Nachprüfung vermittels eines festen Wertmessers. Theoretisch kann es nicht den geringsten Zweifel daran geben, dass die Resultate der Fünfjahrespläne, verfügte die Wirtschaft der UdSSR über einen Goldrubel, unvergleichlich vorteilhafter wären, als sie jetzt sind. Natürlich, was nicht ist, ist nicht. Aber man soll aus der Not keine Tugend machen, denn das führt seinerseits zu weiteren wirtschaftlichen Fehlern und Verlusten.

»Sozialistische« Inflation

Die Geschichte des Sowjetgeldsystems ist nicht bloß die Geschichte der wirtschaftlichen Schwierigkeiten, Erfolge und Misserfolge, sondern auch eine Geschichte der Zickzacks des bürokratischen Denkens.

Die Wiedereinführung des Rubels in den Jahren 1922–1924 im Zusammenhang mit dem Übergang zur NEP war untrennbar von der Wiedereinführung der »bürgerlichen Rechtsnormen« in der Verteilung der Gebrauchsartikel. Solange der Kurs auf den Farmer in Geltung war, bildete der Tscherwonez [die Währung] den Gegenstand der Regierungssorgen. Dagegen wurden in der Periode des ersten Fünfjahresplans alle Schleusen der Inflation geöffnet. Von 0,7 Milliarden Rubel Anfang 1925 stieg die Gesamtsumme der Geldemission bis Anfang 1928 auf die verhältnismäßig bescheidene Summe von 1,7 Milliarden, womit sie ungefähr die Höhe des Papiergeldumlaufs im zaristischen Russland kurz vor dem Kriege erreichte, selbstverständlich ohne die frühere Metallbasis. Im weiteren Verlauf zeichnet die Inflation von Jahr zu Jahr folgende Fieberkurve: 2,0–2,8–4,3–5,5–8,4. Die letzte Ziffer, 8,4 Milliarden Rubel, wurde Anfang 1933 erreicht. Danach folgen Jahre des Besinnens und des Rückzugs: 6,9–7,7–7,9 Milliarden (1935).

Der Rubel von 1924, der offiziell mit 13 französischen Francs notiert wurde, war im November 1935 auf 3 Francs gesunken, d. h. auf ein Viertel, fast ebensoviel wie der französische Franc im Anschluss an den Krieg. Beide Notierungen. die alte wie die neue, sind sehr bedingt zu nehmen: die Kaufkraft des Rubels bei den Weltpreisen erreicht heute kaum anderthalb Francs. Doch das Ausmaß der Entwertung zeigt immerhin, in welch halsbrecherischer Geschwindigkeit die Sowjetwährung bis 1934 hinabgerutscht war.

Auf dem Höhepunkt seines ökonomischen Abenteurertums versprach Stalin, die NEP, d. h. die Marktverhältnisse, »zum Teufel« zu jagen. Die ganze Presse schrieb genau wie 1918 über die endgültige Ersetzung des Kaufs und Verkaufs durch die »unmittelbare sozialistische Verteilung«, als deren äußeres Zeichen die Lebensmittelkarte bezeichnet wurde. Zu gleicher Zeit wurde die

Inflation als eine dem Sowjetsystem überhaupt fremde Erscheinung kategorisch geleugnet. »Die Stabilität der Sowjetwährung«, sagte Stalin im Januar 1933, »ist vor allen Dingen gewährleistet durch die gewaltigen Warenmengen im Besitz des Staates, die zu festen Preisen in den Warenverkehr gebracht werden«. Obzwar dieser rätselhafte Aphorismus nirgends entwickelt oder erläutert wurde (zum Teil gerade deswegen), wurde er zum Grundgesetz der Sowjetgeldtheorie, genauer gesagt, eben der geleugneten Inflation. Der Tscherwonez war von nun an nicht mehr das allgemeine Äquivalent, sondern nur ein allgemeiner Schatten einer »gewaltigen« Warenmenge, wobei er wie jeder Schatten das Recht bekam, sich zu verkürzen oder zu verlängern. Wenn diese trostreiche Doktrin einen Sinn hatte, so nur diesen: das Sowjetgeld hört auf, Geld zu sein, es dient nicht mehr zum Messen des Wertes, »die festen Preise« werden von der Staatsgewalt festgesetzt, der Tscherwonez ist nur noch ein konventionelles Papierchen der Planwirtschaft, d. h. eine universelle Verteilungskarte: mit einem Wort, der Sozialismus hat »endgültig und unwiderruflich« gesiegt.

Die utopischsten Ansichten aus der Periode des Kriegskommunismus erstanden wieder auf, zwar auf einer neuen, etwas höheren, doch leider für eine Liquidierung des Geldumlaufs noch ganz ungenügenden wirtschaftlichen Grundlage. In den regierenden Kreisen herrschte entschieden die Meinung vor, in einer Planwirtschaft sei eine Inflation nichts Schlimmes. Das heißt ungefähr: ist ein Kompass vorhanden, dann ist ein Leck im Schiff nicht gefährlich. In Wirklichkeit führt die Geldinflation, die unvermeidlich die Kreditinflation erzeugt, zur Vertauschung der realen Größen durch fiktive und zerfrisst die Planwirtschaft von innen heraus. [...]

Von allmählicher Vergesellschaftung der einzelnen Wirtschaftsfunktionen in dem Masse, wie die materiellen und kulturellen Bedingungen dafür reif würden, war keine Rede mehr. Die Kollektivierung erfolgte in einer Weise, als handle es sich um die sofortige Verwirklichung des kommunistischen Regimes in der Landwirtschaft.

Die unmittelbare Folge war nicht nur die Vertilgung von mehr als der Hälfte des lebendigen Inventars, sondern, was noch wichtiger ist, eine völlige Gleichgültigkeit der Kolchosbauern gegenüber dem vergesellschafteten Eigentum und den Resultaten der eigenen Arbeit. Die Regierung trat einen ungeordneten Rückzug an. Die Bauern erhielten wieder Hühner, Schweine, Schafe und Kühe in persönlichen Besitz. Das beim Haus liegende Land wurde ihnen zurückerstattet. Der Film der Kollektivierung rollte umgekehrt ab.

Mit der Wiederherstellung der kleinen individuellen Wirtschaften ging der Staat einen Kompromiss ein, zahlte er den individualistischen Tendenzen der Bauernschaft Tribut. Die Kolchosen blieben erhalten. Auf den ersten Blick möchte der Rückzug daher zweitrangig erscheinen. In Wirklichkeit aber lässt sich seine Bedeutung schwerlich überschätzen. Abgesehen von der Kolchosaristokratie deckt der Durchschnittsbauer seinen täglichen Bedarf in größerem Maße aus Arbeit »für sich« als aus seiner Kolchosbeteiligung. Das Einkommen aus der persönlichen Wirtschaft, besonders wenn darin technische Kulturen, Gartenbau oder Viehzucht betrieben werden, übersteigt den Erwerb desselben Bauern aus der Kollektivwirtschaft oft um das Zwei- bis Dreifache. Diese von der Sowjetpresse selbst bescheinigte Tatsache enthüllt deutlich einerseits die ganz barbarische Vergeudung von Millionen menschlicher, besonders weiblicher Kräfte in Zwergwirtschaften, andererseits die noch ungemein niedrige Arbeitsproduktivität in den Kolchosen.

Um die kollektive Großlandwirtschaft zu heben, galt es von neuem mit dem Bauern die Sprache sprechen, die er versteht, d. h. von der Naturalsteuer zum Handel zurückzukehren und den Markt wiederherzustellen, mit einem Wort, vom Satan die ihm zu früh überlassene NEP zurückzufordern. Der Übergang zu einer mehr oder weniger stabilen Geldrechnung wurde somit die unerlässliche Vorbedingung für die künftige Entwicklung der Landwirtschaft.

Rehabilitierung des Rubels

Die Eule der Weisheit fliegt bekanntlich nach Sonnenuntergang aus. So entfaltete sich auch die Theorie des »sozialistischen« Geld- und Preissystems nicht eher, als bis die Inflationsillusionen zu dämmern begannen. Gehorsame Professoren brachten es fertig, Stalins rätselhafte Worte zu einer ganzen Theorie auszubauen, wonach der Sowjetpreis im Gegensatz zum Marktpreis, ausschließlich planmäßigen oder dirigierten Charakter trägt, d. h. keine ökonomische, sondern eine administrative Kategorie darstellt, um desto besser der Neuverteilung des Volkseinkommens im Interesse des Sozialismus zu dienen. Die Professoren vergaßen zu erklären, wie man denn den Preis »lenken« kann, ohne die realen Gestehungskosten zu kennen, und wie denn die realen Gestehungskosten zu errechnen sind, wenn alle Preise den Willen der Bürokratie ausdrücken und nicht den Aufwand an gesellschaftlich notwendiger Arbeit. Zur Neuverteilung des Volkseinkommens verfügt die Regierung in der Tat schon über so machtvolle Hebel wie die Steuer, das Staatsbudget und das Kreditsystem. Nach dem Ausgabenbudget von 1936 werden mehr als 37,6 Milliarden unmittelbar und viele Milliarden indirekt auf die Finanzierung der verschiedenen Wirtschaftszweige verwandt. Der Budget- und Kreditmechanismus reicht vollkommen aus, um das Volkseinkommen planmäßig zu verteilen. Was die Preise betrifft, so werden sie der Sache des Sozialismus um so besser dienen, je ehrlicher sie die realen wirtschaftlichen Verhältnisse von heute zum Ausdruck bringen.

Die Erfahrung hat in dieser Hinsicht ihr entscheidendes Wort sprechen können. Der »dirigierte« Preis sah im Leben durchaus nicht so eindrucksvoll aus wie in den Schulbüchern. Ein und dieselbe Ware wurde zu Preisen verschiedener Kategorien veranschlagt. In die breiten Ritzen zwischen diesen Kategorien schlichen sich mit Leichtigkeit alle Art Spekulation, Günstlingswesen, Schmarotzertum und ähnliche Übel ein, und dabei eher als Regel, als als Ausnahme. Zugleich damit wurde der Tscherwonez, der ein fester Schatten der stabilen Preise sein sollte, in Wirklichkeit zu seinem eigenen Schatten.

Wieder galt es, jäh den Kurs zu wechseln, diesmal infolge von Schwierigkeiten, die aus den Wirtschaftserfolgen erwachsen waren. Das Jahr 1935 begann mit der Abschaffung der Brotkarten, im Oktober wurden die Karten für die übrigen Nahrungsmittel abgeschafft, im Januar verschwanden auch die Karten für die industriellen Massenverbrauchsgegenstände. Die ökonomischen Beziehungen zwischen den Werktätigen von Stadt und Land und dem Staat, sowie untereinander, wurden in die Geldsprache übersetzt. Durch das Werkzeug des Rubels wirkt die Bevölkerung auf die Wirtschaftspläne ein, angefangen bei der Menge und Güte der Gebrauchsartikel. Auf keine andere Weise lässt sich die Sowjetwirtschaft rationalisieren.

Der Vorsitzende der Staatsplanbehörde erklärte im Dezember 1935: »Das heutige System der Wechselbeziehungen zwischen den Banken und der Wirtschaft muss revidiert werden, und die Banken müssen tatsächlich eine Kontrolle durch den Rubel ausüben.« So brachen der Aberglaube vom administrativen Plan und die Illusionen über die administrativen Preise zusammen. Wenn das Nahen des Sozialismus in der Geldsphäre bedeutet, dass der Rubel sich einer Verteilungskarte nähert, so müsste man die Reformen von 1935 folglich als eine Entfernung vom Sozialismus betrachten. In Wirklichkeit wäre aber eine solche Betrachtungsweise ein grober Fehler. Die Verdrängung der Karte durch den Rubel ist lediglich ein Verzicht auf Fiktionen und ein offenes Eingeständnis der Notwendigkeit, die Voraussetzungen für den Sozialismus durch eine Rückkehr zu den bürgerlichen Verteilungsmethoden zu schaffen.

Leo Trotzki: »Verratene Revolution«, Essen: Arbeiterpresse Verlag, 1997 (Originaltext 1936).

Kapitel 4:
Planwirtschaftsdebatte 2.0

Wolfgang Harich
Kommunismus ohne Wachstum (1975)

Begriffe wie »Aufbau des Sozialismus«, »Aufbau des Kommunismus« kommen nämlich aus guten Gründen bei Marx, Engels und Lenin nicht vor. Warum nicht? Weil der Sozialismus eigentlich nicht aufgebaut, sondern *verwirklicht* wird – durch Vergesellschaftung der Produktionsmittel. Aufgebaut werden Fabriken, Häuser usw. Und auch der Kommunismus wird *verwirklicht* – indem die sozialistische Gesellschaft zu einem System der Verteilung übergeht, das, wie die alte Formel lautet »jedem nach seinen Bedürfnissen« gibt. Der erst auf Stalin zurückgehende Sprachgebrauch, der in diesen Zusammenhängen das Wort »Aufbau« mit ins Spiel bringt, spiegelt spezifische historische Bedingungen wider, die nicht verallgemeinert werden dürfen. Er erklärt sich aus der Rückständigkeit, welche die aus der Oktoberrevolution hervorgegangene, kommunistische geführte Arbeiter- und Bauernmacht in Rußland vorfand [...]

Einmal handelte es sich, mit Ausnahme der DDR und der ČSSR, abermals um überwiegende Agrarländer, die der Industrialisierung bedurften. Zum anderen mußten alle osteuropäischen sozialistischen Länder nach 1945 ja mit den ungeheuren Zerstörungen des Zweiten Weltkriegs fertig werden. Bloße *Verwirklichung* des Sozialismus hätte da also wieder nicht genügt. Wieder verknüpfte sie sich unlösbar mit der Notwendigkeit großer Aufbauanstrengung, weshalb der Begriff »Aufbau des Sozialismus« der Sache nach, um die es ging, angemessen *blieb*. Wenn jedoch aus der – nun wirklich dogmatischen – Unart, diesen Sprachgebrauch als schlechthin allgemeingültig zu akzeptieren, Kommunisten in der Bundesrepublik, Frankreich, England, Italien usw. den Schluß zögen, sie würden in ihren Ländern, einmal zur Macht gelangt, erst den Sozialismus und dann nach einer Weile auch noch den Kommunismus »aufbauen« müssen, so wäre das nicht mehr angemessen, sondern abwegig. Aufgebaut zu werden braucht hier so gut wie gar nichts mehr. Im Gegenteil, man täte gut daran, einiges Nutzlose, Schädliche, Widerwärtige schleunigst wieder abzubauen, weshalb eher von »Abbau des Kapitalismus« als von »Aufbau des Sozialismus« gesprochen werden müßte. Ein Großteil dessen, was laufend verbraucht wird – auch da beileibe nicht alles –, müßte laufend reproduziert werden und im übrigen gerecht verteilt. [...]

Ein frisch am Magen operierter darf kein Wasser trinken. Wollte man diese Maßregel auf den brennenden Durst, der ihn plagt, abstimmen, so würde man den Patienten töten. Natur ist ohne Volkswirtschaft denkbar, aber keine Volkswirtschaft ohne Natur. Abgestimmt werden muß daher umgekehrt: die Produktion auf die Erfordernisse des Naturschutzes. Alle Erfindungen sollten, bevor sie in die Produktion überführt werden, sich erst einem Gerichtsverfahren unterwerfen müssen, das sie freisprechen oder zur Nichtauswertung verurteilen kann. Die Ökonomen könnten da die Verteidigung, die Ökologen die Anklage übernehmen. Die Politik hätte den Richter zu stellen, eine weit vorausschauende, von globaler Verantwortung getragene, eben marxistische Politik. [...]

Heißt das jedoch, daß sich aus den sozialistischen Eigentumsverhältnissen idealer Umweltschutz automatisch ergibt? Dies anzunehmen wäre auch wieder ein Fehler. Wenn die Möglichkeiten des sozialistischen Systems nicht in dieser Richtung bewußt, zielstrebig ausgenutzt werden, bleibt seine prinzipielle Überlegenheit ineffektiv, wird sie nicht sichtbar. Und sie maximal effektiv zu machen, sie, sichtbar für alle Welt, praktisch unter Beweis zu stellen [...] darauf kommt es jetzt an. Das West-Ost-Gefälle des Lebensstandards, das bisher den Fortgang der proletarischen Revolution in den kapitalistischen Industriestaaten gehemmt hat, müssen wir von nun an umkehren in ein Ost-West-Gefälle des vorbildhaften Umweltschutzes, des vernünftigen, maßvollen, haushälterischen Umgangs mit den Rohstoffen und einer damit in Einklang stehenden Qualität des sozialistischen Lebens. Gelingt uns das, dann wird unsere Sache siegen, überall. [...]

Der PKW in Privatbesitz ist nach meiner Überzeugung ein natur- und gesellschaftsfeindliches Konsumtionsmittel, ein antikommunistisches auf jeden Fall. [...] Als antikommunistisch bezeichne ich einen Gebrauchswert, der unter keinen, wie auch immer gearteten gesellschaftlichen Bedingungen von ausnahmslos allen Gliedern der Gesellschaft konsumiert werden könnte und infolgedessen, falls man seine Produktion für alle Zeiten aufrechtzuerhalten gedächte, den Übergang zum Kommunismus nie zuließe, da dieser per Definition eine an Einkommensunterschiede und Privilegien gebundene Konsumtion nicht kennt. Von dem PKW in Privatbesitz glaube ich, daß er über kurz oder lang aus der sozialistischen Gesellschaft verschwinden wird. Aus sozialen wie ökologischen Gründen gehört hier die Zukunft einem optimalen Ausbau der öffentlichen Verkehrsmittel sowie dem Fahrrad und, nicht zu vergessen, der gesunden, dem Herzinfarkt vorbeugenden Lebensweise des Fußgängers, der überdies, laut Ivan Illich, die größte Freiheit besitzt, sich seine Nahziele und die Wege, auf denen er zu ihnen gelangen möchte, selber auszusuchen. Je schneller der Einzelne das erkennt und danach handelt, desto besser ist es. [...]

In einer kommunistisch organisierten Welt wären die Fabrikationsstätten jedes industrialisierten Landes ohne Ausnahme nicht mehr Privateigentum irgendwelcher Konzernherren, sondern Volkseigentum. Sie wären aber auch nicht mehr nur Eigentum des bestimmten Volkes, das in dem betreffenden Land lebt, dessen Arbeiter und Ingenieure in seinen Fabriken tätig sind, sondern Eigentum gleichermaßen aller Völker, gesellschaftliches Eigentum der

Menschheit überhaupt. Die Werke des Flickkonzerns etwa würden nicht mehr der Familie Flick gehören – das sowieso –, aber auch nicht mehr nur dem Staatsvolk der Bundesrepublik, sondern ihm und außerdem allen Franzosen, Indern, Russen, Chinesen, Israelis, DDR-Bürgern, Syrern, Brasilianern, Eskimos usw., wie umgekehrt auch deren Produktionsstätten den Bundesdeutschen. Die Frage nun, ob der Bedarf Indiens an – sagen wir – Kugellagern aus der Produktion eines in der Bundesrepublik bereits existierenden Kugellagerwerks laufend gedeckt werden soll oder aus der Produktion eines Werks gleicher Branche, das in Indien selbst neu errichtet werden müsste, würde unter diesen Umständen nur noch nach Zweckmäßigkeitskriterien technischer, geologischer, ökologischer oder aus ethnologischer Art entschieden werden. Man muss z. B. die Rohstoffsituation beider Länder und die in ihnen vorhandenen Zulieferindustrien in Betracht ziehen. Man würde die Mühen des Transports der Kugellager von, sagen wir, Schweinfurt nach Kalkutta, den dafür nötigen Energieaufwand der Schiffe, der Eisenbahngüterzüge abwägen gegen die Vor- und Nachteile der Ausbildung indischer ingenieurtechnischer Kader für die Kugellagerindustrie, gegen die Gunst oder Ungunst der örtlichen klimatischen Verhältnisse für eine derartige Produktion, gegen deren Umweltverträglichkeit unter diesen klimatischen Bedingungen usw. usf. – alles Daten für den Computer, der dann die für alle Beteiligten nützlichste Lösung auszurechnen hätte. Das heißt, es ginge um einen Spezialfall der optimalen Standortverteilung von Industriestätten auf unserem Planeten. Es ginge aber nicht mehr darum, ob irgendein Land eine exportfähige Industrie braucht. Die Frage, ob die Kugellagerproduktion der Bundesrepublik vor indischer Konkurrenz geschützt werden müsse, würde somit keine Rolle mehr spielen; denn keiner konkurrierte mehr gegen den anderen. Desgleichen brauchte in Indien sich niemand mehr den Kopf darüber zu zerbrechen, ob die für Kaschmir-Schals oder Darjeeling-Tee zu erzielenden Exporterlöse ausreichten, den Import von Kugellagern zu begleichen. Es würde nichts mehr beglichen werden, denn es gäbe kein Geld, keinen Zahlungsverkehr mehr. Es gäbe den vom Weltwirtschaftsrat ausgearbeiteten Weltwirtschaftsplan mit seinen Kontingentierungsauflagen für die Welt-Kugellagerproduktion wie für alle übrigen Industrieprodukte, und für den Einzelnen gäbe es Rationierungskarten, Bezugsscheine, damit basta. […]

[E]s würde unter kommunistischem Vorzeichen nicht bedeuten, dass nun plötzlich in Indien doch einer Industrialisierung nördlichen Typs Tür und Tor geöffnet wäre. Ebensowenig hätte man sich aber auch, etwa aus falsch verstandener Romantik, auf die vorherrschende arbeitsintensive Produktion wie auf ein Dogma, das keine Ausnahme zulässt, festgelegt. Für den Kommunismus sind weder urwüchsig-autochtone Produktionsweisen noch technische

Perfektion und Effizienz absolute Werte an sich. Ihm geht es um das Lebensglück der Menschen. Der Kommunismus wird aus dem Sieg der proletarischen Weltrevolution als ein globales System zentral gesteuerter gegenseitiger Hilfe und Bedarfsdeckung hervorgehen, das von Warenaustausch, Konkurrenz, Handelsbilanzen usw. befreit, das einzig und allein am optimalen Nutzen aller orientiert sein wird. In diesem System wird die »Produktion durch die Massen« ihren sicheren, geschützten Platz finden, ohne dass deswegen den Völkern Asiens, Afrikas und Lateinamerikas die Segnungen technisch hochperfektionierter Massenproduktion, so weit sie wirklich welche sind – und teilweise sind sie es, vorenthalten bleiben müssten. Fällt das kapitalistische System in Nordamerika, Westeuropa und Japan jedoch nicht, bleibt infolge dessen der kapitalistische Weltmarkt mit seiner Suprematie der multinationalen Konzerte bestehen, dann werden die Völker der dritten Welt so oder so in immer tieferes Elend versinken, dann wird weder die Industrialisierung nach nördlichem Modell noch eine Entwicklung ihrer Länder wie Sachs, Dumont, Morgan, Illich und Schumacher sie empfehlen, für sie ein Ausweg sein. […]

Aber der kommunistische Weltwirtschaftsplan basierend auf dem Menschheits-Kollektiveigentum an allen Produktionsmitteln des Planeten, mit seinen Kennziffern ausgerichtet auf »organisches Wachstum« […], würde nach dem Grundsatz der Gleichheit jedem Individuum zuteilen, was es für ein menschenwürdiges Leben an Gebrauchswerten benötigt, nicht mehr, aber auch nicht weniger, in Indien wie in USA, überall. Womit der Hunger in Indien gestillt wäre. Womit endgültig die Stabilität homöostatischen Welt-Gesellschaftszustandes gesichert wäre, die von der Gleichheit aller abhängt. Womit die Voraussetzungen geschaffen wären für die harmonische Eingliederung des Homo sapiens und seiner Kultur in die Biosphäre. […]

Wie aber, wenn nun, den Aussagen des Club of Rome zufolge, die Entwicklung der industriellen Produktion bis zu einem Punkt gediehen ist, wo die Naturbasis menschlicher Existenz schlechthin zu vernichten beginnt? Dann heißt das, nach den obigen Prämissen, doch nichts anderes, als daß eben diese Produktion aus der variablen, plastischen Antriebsstruktur des Menschen Bedürfnisse bzw. Wünsche herausgeholt und entfesselt haben muß, denen insofern keine Daseinsberechtigung mehr zukommt, als sie, ebenso wie die Produktion, durch sie befriedigt werden und die sie immer wieder neu erzeugt, die Zerstörung jener Naturbasis, nämlich der Biosphäre, und damit die des Homo sapiens selbst, heraufbeschwören. Diese Schlußfolgerung muß für jeden Marxisten zwingend sein, der die »Grundrisse der Kritik der politischen Ökonomie« von Marx gelesen hat und überdies die geistigen Befunde der Ökologie als Bestandteil des dialektischen Materialismus anerkennt.

Daraus folgt: Wir Marxisten stehen heute vor der Aufgabe, unsere bisherige Zielsetzung, im Kommunismus alle Bedürfnisse der Menschen befriedigen zu wollen, einer kritischen Revision zu unterziehen und, jedenfalls in dieser pauschalen Fassung, über Bord zu werfen. Genauer gesagt: Unserem Programm der Bedürfnisbefriedigung müssen wir, mit dem Vorsatz, es in ökologisch verantwortbaren Grenzen zu halten, eine differenzierende kritische Bestandsaufnahme all dieser Bedürfnisse vorausschicken, die sich im Verlauf des Geschichtsprozesses beim Menschen herausgebildet haben; die uns besonders die Klassengesellschaft, mit dem Luxus- und Prestigekonsum ihrer herrschenden Schichten, und zumal die kapitalistische, mit ihrer Profitjägerei, ihrem Konkurrenzkampf der Kapitale, ihren Drang zur Erschließung immer neuer Absatzmärkte, hinterlassen hat. Wobei es dann selektiv zu unterscheiden gilt, zwischen solchen Bedürfnissen, die beizubehalten, als Kulturerbe zu pflegen, ja gegebenenfalls erst zu erwecken bzw. noch zu steigern sind, und anderen, die den Menschen abzugewöhnen sein werden – soweit möglich, mittels Umerziehung und aufklärender Überzeugung, doch, falls nötig, auch durch rigorose Unterdrückungsmaßnahmen, etwa durch Stilllegung ganzer Produktionszweige, begleitet von gesetzlich verfügten Massen-Entziehungskuren. Es ist klar, daß dafür das gesellschaftliche Eigentum an allen Produktionsmitteln, vom proletarischen Staat verwaltet, die unabdingbare Voraussetzung ist. Aber es genügt noch nicht. Der proletarische Staat muß vielmehr, darüber hinaus, über die Machtmittel verfügen, auch den Konsum, der Individuen zu kontrollieren, und zwar nach Kriterien, die ihm die Ökologie an die Hand gibt.

Hilfreich ist in diesem Zusammenhang, daß Marx, in der »Kritik des Gothaer Programms«, die Parole der alten, utopischen Kommunisten: »Jedem nach seinen Bedürfnissen« zwar übernommen, ihre Verwirklichung aber prinzipiell an Bedingungen geknüpft hat, die, unter stillschweigender Anerkennung der plastisch-variablen menschlichen Antriebsstruktur, die Anerziehung neuer Bedürfnisse und Gewohnheiten einschließen. Erst müsse, sagt Marx sinngemäß unter anderem, die Arbeit selbst dem Menschen zum ersten Lebensbedürfnis geworden sein. Ich würde dies heute, angesichts des gegebenen Entwicklungsstandes der Produktivkräfte, relativieren, aber nur, soweit es den Vorrang des Arbeitsbedürfnisses betrifft, der mir an die Zeit vor hundert Jahren gebunden erscheint. [...] Unbedingt festhalten würde ich dagegen an dem allgemeineren, grundsätzlichen Postulat, das in dieser Marxschen Formulierung steckt: an der Forderung nämlich, daß es für den Kommunismus und durch ihn die menschlichen Bedürfnisse zu formieren gelte. Und hinzufügen würde ich: Umweltgerechtes Verhalten, sparsamer Umgang mit Rohstoffen und Energie, ökologisch verantwortungsbewußter Konsum, Schutz der Natur, moralische Ächtung aller

Verschwendung usw. müssen den Menschen zu »ersten Lebensbedürfnissen«, d. h. selbstverständlichen Gewohnheiten, geworden sein, ehe an die Verwirklichung der Formel »Jedem nach seinen Bedürfnissen« gedacht werden kann.

Wolfgang Harich: »Kommunismus ohne Wachstum«, in: »Schriften aus dem Nachlass Wolfgang Harichs«, Bd. 14: »Das grüne Jahrzehnt«, Baden-Baden: Tectum, 2020

Rudolf Bahro
Die Alternative (1977)

Die entscheidende Leitungsfunktion, die mit zunehmender Komplexität des Reproduktionsprozesses immer mehr zum zentralen Element innerhalb all dieser Regelkreise und primär des volkswirtschaftlichen Systems als Ganzes wird, ist die Planung. Wenn der Plan die nationale Wirtschaft oder für den Anfang wenigstens ihre sogenannten Kommandohöhen dirigiert, dann zeigt er in dieser Rolle die neuen Verhältnisse positiv als nichtkapitalistische […]. Der Plan ist absolut notwendig, sobald sich Entwicklungsrichtung, Wachstumstempo und Proportionalität der Produktion, was den gesamtgesellschaftlichen Maßstab betrifft, nicht mehr empirisch über den Marktmechanismus herstellen. Die Bedürfnisse der Gesellschaft, über die im Kapitalismus die zahlungsfähige Nachfrage informiert, müssen nun in einen planmäßigen Bedarf übersetzt werden, wobei natürlich die begrenzten Mittel zu ihrer Befriedigung mitspielen.

Die eigentliche Planungsaufgabe scheint auf den ersten Blick die Matrizenrechnung zur Sicherung der Proportionalität in der insgesamt zu erzeugenden Masse von Gebrauchswerten (einschließlich Dienstleistungen im weitesten Sinne) zu sein, und in der Tat beansprucht diese Arbeit mit ihren Voraussetzungen in der Primärdatenerfassung (bzw. -erfindung) den Löwenanteil des Planungszeitaufwands auf allen Ebenen der Hierarchie. Es ist ein ungeheures Zahlenspiel, die Erzeugnis- und Leistungsstruktur zwei- bis dreimal jährlich (Planentwurf, Plan, präzisierter Plan, Plankorrekturen) für die zahllosen Positionen, in die sie aufgegliedert und unter die verschiedenen Wirtschaftszweige und -einheiten verteilt ist, »materiell« (d. h. nach Menge, z. B. Stückzahl), finanziell und zeitlich durchzurechnen sowie die Aufwände an Arbeitszeit, Maschinerie und Material dafür zu bilanzieren. Wissenschaftlich, wie sie es beansprucht, ist unsere Planung, wenigstens im Prinzip, genau hinsichtlich ihres methodischen Verfahrens zur Sicherung der Proportionalität. […] Wo aber hört die Wissenschaftlichkeit der Planung auf? Bei ihren Prämissen, also ehe sie beginnt. Diese Prämissen, ich meine die Prioritäten und Präferenzen, die in die Ausarbeitung eingehen, können gar nicht wissenschaftlich-objektiv bestimmt werden, solange es in einer Gesellschaft antagonistische Interessen gibt, wie sie mit der ungleichmäßigen Verteilung knapper Existenz- und Genußmittel sowie vor allem mit der ungleichmäßigen Verteilung von Bildung und Arbeit als Mitteln zur Selbstentwicklung und zur Aneignung der Kultur gegeben sind.[...]

Bisher maß sich der Aufstieg für die Unteren immer am *Verbrauch* der Oberen, d.h. an ihrer Aneignung materieller Güter, sinnlicher und kultureller Genüsse, nicht an der Verfügung über den sozialen Prozeß oder gar an der kulturellen Sublimation jenseits des Reichtums. Meiner Ansicht nach kann man den Schluß ziehen, daß *eine Nivellierung der Gesellschaft in bezug auf die Quantität des Verbrauchs die Bedingung dafür wäre, über das Prinzip der Quantität, über den kompensatorischen Verbrauch hinauszukommen*. Eine solche Politik hätte zugleich die Tendenz, die Entwicklung neuer Luxusbedürfnisse zu begrenzen und auf lange Sicht das Anwachsen des materiellen Bedarfs überhaupt abzubremsen, das primär durch die soziale Ungleichheit der Aneignungspotenzen angetrieben wird.

So verfolgt das kulturrevolutionäre Konzept den Zweck, den Abfluß eines möglichst großen Betrages motivationaler Energie aus dem kompensatorischen Komplex zu erreichen. Neben der positiven Anziehung überschüssigen Bewußtseins durch die politische Aktivierung der Menschen muß daher etwas geschehen, um *bestimmte vordringliche, massenhafte kompensatorische Bedürfnisse zu neutralisieren, und zwar am besten durch ihre relative Absättigung.* Dabei steht zunächst der Ausgleich der elementarsten sozialen Ungerechtigkeiten in den Verteilungsverhältnissen des Einkommens, erst ansatzweise auch schon der Entscheidungsmacht, im Vordergrund. Dieser Ausgleich bezweckt vor allem Entlastung der kulturrevolutionären Bewegung für die tiefgreifende Transformation der Bedürfnisstruktur, für die Schwerpunktverlagerung des sozialen Interessenkampfes von der vornehmlich durch Verzehr charakterisierten Aneignung materieller Subsistenz- und Genußmittel auf die Aneignung der Kultur (d.h. natürlich auch auf eine andere Struktur des materiellen Verbrauchs). Die Gefahr einer »Explosion« der materiellen Bedürfnisse droht besonders für die Situation des Übergangs, und dagegen ist Egalisierung der Einkommen die wichtigste Abfangmaßregel, die zugleich der relativ ungestörten Einübung neuer Gewohnheiten Raum bietet.

Wenn bei der sozialistischen Losung »Jeder nach seinen Fähigkeiten, jedem nach seiner Leistung« der zweite Teil der Formel die meiste Aufmerksamkeit auf sich zieht, so gebührt sie bei der kommunistischen Losung »Jeder nach seinen Fähigkeiten, jedem nach seinen Bedürfnissen« dem ersten. Zugespitzt formuliert, lautet die Forderung: *Das Leistungsprinzip* (hinsichtlich der Einkommensverteilung) *abschaffen, um es* (hinsichtlich des Einsatzes der Fähigkeiten) *zu verwirklichen.* Die beiden Losungen aus der Kritik des Gothaer Programms sind viel weniger kommensurabel, als der Wortlaut erscheinen läßt. Das Herumrätseln über die Möglichkeit bzw. Unmöglichkeit schrankenloser Bedürfnisbefriedigung wird sich als gegenstandslos, als Reflex auf jetzt bestehende Verhältnisse erweisen, wenn der Reproduktionszyklus der kompensatorischen Interessen einmal durchbrochen ist. Denn dann wird die Erweiterung des materiellen Verbrauchs über eine gewisse Schwelle hinaus diejenigen benachteiligen, die sie betreiben. Sie wird als Hindernis für die Selbstverwirklichung der Individuen erkannt werden. Denn sie wird, wie Sève in seinem Buch über »Marxismus und Theorie der Persönlichkeit« gut gezeigt hat, die Proportionen des Zeitplans für die verschiedenen Aktivitäten, die die Persönlichkeit konstituieren, in Richtung auf ein Überhandnehmen der psychologisch unproduktiven Konsumtion (im Unterschied zur psychologisch produktiven) verschieben. Das bedeutet, die in dieser Richtung fixierten Individuen werden in der für ihre soziale Geltung und ihren Beziehungsgewinn aus der Kommunikation ausschlaggebenden »Akkumulationstätigkeit«, der Akkumulation von Fähigkeiten und Kenntnissen, beeinträchtigt. Man wird solche Menschen dann mit derselben Mischung aus Mitleid und gelinder Geringschätzung ansehen, mit der man in ausreichend versorgten Ländern heute bereits Leute betrachtet, die »fürs Fressen leben«.

Die weitgehende Ausschaltung des materiellen Anreizes liefert die Grundlage, um die neue Triebkraft des intersubjektiven Wettbewerbs, die ungleiche Verteilung der Fähigkeiten und Tätigkeiten, die zum zentralen Thema der Kulturrevolution werden soll, erst einmal klar in der massenhaften gesellschaftlichen Praxis herauszuarbeiten und dem allgemeinen Bewußtsein als Problem darzustellen. Denn so bedeutsam die Angleichung im Umfang des Verbrauchs auch ist, sie spielt noch immer im Vorfeld der Kulturrevolution, die die Bedürfnis*inhalte* betrifft, und bleibt an und für sich mehr Mittel als Zweck. Dennoch muß dieses Vorfeld erst einmal gewonnen werden, um die Kräfte für die Umwälzung der Zivilisation zu formieren, um sie ideologisch so weit aus den alten Strukturen herauszuführen, daß sie sich neu gruppieren können. Das heißt, hier geht es darum, die Bewegungsfreiheit für die emanzipatorischen Interessen herzustellen, ein Terrain zu erobern, auf dem sie ausgreifen können. Die kommunistische Strategie besteht also darin, eine Situation herbeizuführen, in der die Menschen ihre unmittelbaren Interessen in Beziehung zu den allgemeinen

Möglichkeiten und Herausforderungen der Epoche setzen und sich über alle jene Aneignungen erheben können, die ihre kulturelle Entwicklung beschränken. Zugleich werden die Kommunisten jedes bloß restriktive Verhalten zu diesen Kompensationen vermeiden, weil sie wissen, daß die entschiedene Angleichung der materiellen Existenzgrundlagen aller Gesellschaftsmitglieder die Voraussetzung für die allmähliche Überwindung der kompensatorischen Interessenorientierung und damit für die vollständige Ablösung der bisherigen Verteilungsverhältnisse ist.

Damit wird die Ausgangsposition für den Aufbruch in den eigentlichen kulturrevolutionären Prozeß gewonnen: für die Beseitigung der alten Arbeitsteilung als Quelle aller Subalternität und Entfremdung durch tiefe Eingriffe in die Verteilung der Arbeit, in die Bedingungen der Sozialisation und Ausbildung der Individuen sowie in die Regulationsformen des Reproduktionsprozesses. Man darf sich diese Abfolge nur nicht als mechanisches Nacheinander vorstellen. Schon der Kalkül zur Unterordnung bzw. Neutralisierung der kompensatorischen Interessen kann nur aufgehen, wenn der Abbau des finanziellen Anreizes für die Massen mit viel weitergehenden Hoffnungen und Perspektiven verbunden ist, so daß gleichzeitig die neuen Motivationen aufgebaut und die sonst vorübergehend unvermeidlichen desorganisatorischen Effekte vermieden werden. [...]

Die positive ökonomische Aufgabe der Kulturrevolution kann unter einem einzigen Begriff zusammengefaßt werden: *jene neue Organisation der Arbeit und des gesellschaftlichen Lebens zu schaffen, auf die sich endlich ein Gemeinwesen gründen kann, das den lange vorgeprägten Namen der freien Assoziation solidarischer Individuen verdient.* Das ist eine Gesellschaft, in der es keine Herrschaft des Menschen über den Menschen mehr gibt, weil auch der auf Unterwerfung unter subalterne Arbeitsfunktionen beruhenden sozialen Ungleichheit der Boden entzogen ist. Die Arbeitsorganisation im gesamtgesellschaftlichen Maßstab ist der Kern des letzten ökonomischen Emanzipationsproblems, mit dessen Lösung bereits die Emanzipation *von* der Ökonomie, d.h. von ihrer Dominanz über den sozialen Zusammenhang beginnt. Ihre Umwälzung hat natürlich die Konsequenz, die *gesamte* Ökonomik, das ganze Verhältnis von Produktion und Bedürfnis wie auch die informationelle Regulation des Reproduktionsprozesses umzuprogrammieren. Es gilt die Selbstbefreiung des Menschen von der Herrschaft der Verdinglichung, von der gegen die Individualität gerichteten Fetischisierung der produzierten Sachenwelt. Sowohl das Wachstum der Produktion als auch das Wachstum der Arbeitsproduktivität, das einstweilen noch sehr selten kritisch befragt wird, werden *praktisch* ihres Heiligenscheins als unentrinnbare ökonomische Erfordernisse verlustig gehen, womit übrigens nicht umgekehrt »Nullwachstum« zum Gesetz erhoben, sondern *überhaupt das Kriterium der Quantität von der ersten Stelle verdrängt wird.* Wenn eine Gesellschaft so weit industrialisiert ist, daß sie ihren Mitgliedern die elementaren Bedürfnisse auf der erreichten Kulturstufe einigermaßen zuverlässig befriedigen kann, muß die Planung des ganzen Reproduktionsprozesses allmählich, aber bestimmt auf die *Priorität* der allseitigen Entwicklung der Menschen, auf die Vermehrung ihrer positiven Glücksmöglichkeiten umgestellt werden. Die nichtkapitalistische Industriegesellschaft ist im großen und ganzen reich genug dazu, zumindest steht sie an der Schwelle, während sie, wie schon gesagt, bei fortdauernder Herrschaft der bisherigen Ökonomie *immerzu* arm erscheinen wird. Diejenigen Ökonomen, die immer so schnell mit Rechenergebnissen darüber zur Hand sind, was alles wir uns »nicht leisten können«, nehmen stets die bestehende Struktur der materiellen Bedürfnisse zur stillschweigenden Voraussetzung. Die materielle Unersättlichkeit kostet uns die Freiheit der höheren Entwicklung, unterwirft uns psychischen Regulationen, die auf Zwang beruhen, erzeugt die Stiefmütterlichkeit der Gesellschaft. Dabei signalisiert das immer weiter um sich greifende Unbehagen der Individuen in der bestehenden Zivilisation längst einen solchen Widerspruch, der die bisherige Lebensweise auch dann unhaltbar dastehen ließe, wenn die Abnahme bzw. Verschlechterung der Ressourcen der materiellen Expansion keine Grenzen setzte. Übrigens zeigen historische Beispiele, daß gleiche oder ähnliche Resultate menschlicher Entwicklung und menschlichen Glücks bei verhältnismäßig großer Differenz in der Quantität des verfügbaren Produkts möglich sind. Auf keinen Fall lassen sich die Bedingungen der Freiheit in Dollar oder Rubel pro Kopf angeben. Die Menschen der entwickelten Länder brauchen nicht Ausdehnung ihrer heutigen Bedürfnisse, sondern Gelegenheit zum Selbstgenuß in ihrer eigenen individualisierten Aktivität: Tatengenuß, Beziehungsgenuß, konkretes Leben im weitesten Sinne. Die Neugestaltung des Sozialisationsprozesses in dieser Zielrichtung wird an der ökonomischen Basis zunächst durch eine systematische Umproportionierung und Umstrukturierung der lebendigen Arbeit und der Akkumulation zugunsten der Entfaltungsbedingungen für die menschliche Subjektivität gekennzeichnet sein.

Das ist das Maximalprogramm der Kulturrevolution, das nun in einer Reihe abgeleiteter Aspekte mehr im einzelnen zu verfolgen ist:

– Produktionsziel reiche Individualität: Umgestaltung der Planung und Organisation in allen Bereichen der Volkswirtschaft und Wissenschaft, Revision ihrer Effektivitätskriterien zwecks Verwirklichung der Einheit von Arbeits- und Bildungsprozeß (Einheit von Produktion und Aneignung der Kultur) – Eröffnung eines allgemeinen Freiheitsspielraums für Selbstverwirklichung und Wachstum der Persönlichkeit auch im Reich der Notwendigkeit;

– Neubestimmung des Bedarfs an materiellen Gütern und der verfügbaren Kapazität an lebendiger Arbeit vom Standpunkt der Optimierung der Entwicklungsbedingungen für voll sozialisierte Menschen (Priorität der Aufwendungen für das Bildungswesen) statt vom Standpunkt der tradierten Nachfrage nach Sachwerten – in solchen Formen der politischen Demokratie, die einen gesellschaftlichen Lern- und Erkenntnisprozeß unter breitester Teilnahme der Massen ermöglichen;

– Harmonisierung der Reproduktion: Verlagerung der Prioritäten von der Ausbeutung der Natur durch die Produktion zu deren Einordnung in den natürlichen Zyklus, von der erweiterten auf die einfache Reproduktion, von der Steigerung der Arbeitsproduktivität auf die Pflege der Arbeitsbedingungen und der Arbeitskultur – Entwicklung einer natur- und menschengemäßen Technik und Technologie, Wiederherstellung der Proportionalität zwischen großer (industrieller) und kleiner (handwerklicher) Produktion;

– Wirtschaftsrechnung für eine neue Ökonomie der Zeit: Verschiebung der Präferenz in der Planung, Statistik, Produktivitätsmessung von der Preis- auf die Arbeitszeitbasis – Arbeitszeitrechnung als Instrument zur Durchsetzung einer ökonomischen Struktur nach dem Maß des Menschen;

– individuelle Initiative und reale Gemeinschaftlichkeit: Aufbau einer ökonomischen Regulationsform, die den Grundeinheiten der vereinigten Arbeit und des gesellschaftlichen Lebens die Eröffnung eines weiten Spielraums für die Voraussetzungen der Planrealisierung verfügbar macht und ihnen die proportionale Entwicklung ihrer eigenen Struktur sichert

– Gesellschaft als Assoziation von Kommunen.

Letzten Endes müssen auch diese Forderungen in direkt eingreifende Maßnahmen umgesetzt werden. Eine bestimmte institutionelle Stabilität, vor allem eine auch bei kontroverser Diskussion über jeweils nächste Schritte aktuell handlungsfähige politische Organisation, war auch schon für die Sofortmaßnahmen vorausgesetzt. Sie muß erst recht immer wieder gesichert werden, wenn der Prozeß in sein Reifestadium tritt. Für die Führung wird sich die Frage erheben, womit zu beginnen ist, an welcher Stelle zuerst die Kräfte für den Durchbruch zu konzentrieren sind. Ich will hier den Grundgedanken vorwegnehmen, weil sich danach besser die operative Funktion der genannten Teilaspekte abzeichnet. Denn die Systematik impliziert keine zeitliche Abfolge, gibt noch keinen Aufschluß über das für die Aktion entscheidende Kettenglied des ganzen Netzes.

Dieses Hauptkettenglied ergibt sich aus der Analyse des Kräfteverhältnisses im gesellschaftlichen Bewußtsein: *Man muß die bereits spontan in Gang gesetzte Produktion überschüssigen Bewußtseins noch aktiv forcieren, muß mit voller Absicht einen Bildungsüberschuß erzeugen,* der nach Quantität und Qualität so groß ist, daß er unmöglich in den bestehenden Arbeits- und Freizeitstrukturen aufgefangen werden kann, daher ihre Widersprüche zuspitzt und ihre Umwälzung unausweichlich macht. Das emanzipatorische Potential, das sich auf diese Weise ansammelt und in der Enge der vorgefundenen Verhältnisse unter Überdruck gerät, findet gar keinen anderen Ausweg als den Angriff auf die alte Arbeitsteilung im Reproduktionsprozeß. Schon jetzt beginnen die Wirtschaftsführer – beider Systeme! – einen Überschuß an Hochqualifizierten zu beklagen, für den sie »keine Arbeit«, d.h. keine ressortierten Planstellen haben: Sind die Ressorts einmal besetzt, so mag sich die Gesellschaft danach richten und nicht mehr Wissen verbreiten, als das wissenschaftlich-technische Fabriksystem in seiner gegenwärtigen sozialen Verfassung verwerten kann. Allerdings, es wäre gefährlich, Menschen, die durch den Charakter ihrer Ausbildung für schöpferische Arbeit motiviert sind, jahraus-jahrein an jene stupiden Tätigkeiten fesseln zu wollen, die man Ungelernten und Angelernten (mit besonderer Vorliebe Frauen), nicht selten sogar Facharbeitern, fortgesetzt zumutet. Wenn es bei der bestehenden Arbeitsteilung bleiben soll, muß man also die Ausbildungsrate eher senken als steigern.

Die Kulturrevolution erfordert die entgegengesetzte Politik, wobei freilich nicht die zahlenmäßige Vermehrung der speziellen Qualifikationen die Hauptsache ist. Sie verfolgt den Bruch mit dem Prinzip der Ausbildungsregulierung nach den Anforderungen isolierter, ressortierter Arbeitsplätze und steuert die Gesamtheit der Entfaltungsbedingungen an, die die massenhafte Herausbildung voll sozialisierter, freier Menschen wahrscheinlich machen. Industrie- und Wissenschaftsorganisation werden dann den Bedürfnissen der umfassendsten polytechnischen und -wissenschaftlichen Ausbildung und überhaupt des Wachstums der Persönlichkeiten angepaßt. Alle wirklich entwickelten Individualitäten, die die Gesellschaft schon besitzt, werden ungeachtet ihrer sonstigen Funktionen zu unprofessionellen Lehrern der Jugend werden. Es steht keineswegs von vornherein fest, daß eine solche humanistische Wende auch nur über einen kürzeren Zeitraum das Gesamtprodukt und die Gesamtproduktivität schmälern würde. Marx hat bekanntlich für längere Sicht eindeutig das Gegenteil angenommen. Zumindest innerhalb der Bereiche, in denen jetzt spezialisierte geistige Arbeit betrieben wird, gibt es Anzeichen dafür, daß sich die alten Rationalisierungsprinzipien in der Zerstörung der Motivation für schöpferische Leistung totlaufen. In jedem Falle wird die Kulturrevolution die Gesellschaft über jenen Zustand hinausführen, in der der Ausstoß der Industrie pro Zeiteinheit als maßgebendes Kriterium des Fortschritts behandelt wird. Wenn die Gesellschaft sowohl das Bildungswesen als auch die Produktion so organisiert, daß alle Individuen in entsprechender theoretischer und praktischer Tätigkeit eine wissenschaftliche und künstlerische Allgemeinbildung höchster Stufe erwerben können, die ihnen die differenzierte Aneignung des sozialen Ganzen ermöglicht, so erzwingt dieses Potential in der Praxis die Umverteilung der Arbeit und die Selbstverwaltung aller gesellschaftlichen Angelegenheiten.

Allerdings darf dieser Angriff auf die Kernsubstanz der Herrschaftsverhältnisse nicht planlos vorgetragen werden. Die komplizierte Ökonomik hochindustrialisierter Gesellschaften verträgt keinen Desorganisationsschock. Die ökonomische Revolution muß bei aller Radikalität des Ziels die Form der geordneten Transformation haben, also von vornherein den systematischen Zusammenhang berücksichtigen, der in dem zuvor skizzierten Tableau der Aktionsaspekte – ohne Anspruch auf Vollständigkeit – umrissen ist, und die Proportionalität der verfügbaren Arbeitskraft wahren. Deshalb ist es dringend notwendig, den ganzen Komplex der Folgerungen vorausschauend zu durchdenken. Erforderlich wären kollektive Planspiele an möglichst realistischen Modellen. Man mag durchaus berechtigt einwerfen, daß Schlachtpläne in der Praxis selten oder nie so durchführbar sind, wie sie auf dem Reißbrett der Strategen entworfen wurden. Dennoch sind sie unerläßlich, um mindestens die Aktivisten vorab mit dem Terrain der Operationen und mit den zu erwartenden Momenten der Situation vertraut zu machen.

Rudolf Bahro: »Die Alternative«, Köln: Europäische Verlagsanstalt, 1977.

Pat Devine
Demokratie und wirtschaftliche Planung (1988)

Die zunehmende Vergesellschaftung der Produktion erfordert eine zunehmende Vergesellschaftung der Produktionsmittel [socialisation of the means of production]. Die gesellschaftliche – im Gegensatz zur privaten oder staatlichen – Kontrolle über die Nutzung der Produktionsmittel ist eine notwendige Bedingung für eine Gesellschaft, in der selbsttätige, selbstbestimmte Menschen über ihr Leben bestimmen können. Der Weg zum Kommunismus, denn darauf läuft eine solche Gesellschaft hinaus, ist heute dringender denn je. Das Gespenst der nuklearen Vernichtung, die Zerstörung des ökologischen Gleichgewichts der Welt, die unkontrollierte Industrialisierung und der ungezügelte Konsum, das Fortbestehen der globalen Ungleichheit, das Wiederaufleben von Fundamentalismus und Irrationalismus, die unaufhörliche Reproduktion von

Unterdrückung und Subalternität – das sind die Herausforderungen. Wenn wir uns nicht gegenseitig zerstören wollen, müssen wir die sozialen Beziehungen und die Organisation schaffen, die es uns als bewusste und informierte Menschen ermöglichen, unser individuelles und kollektives Schicksal in die Hand zu nehmen. […]

In Teil IV wird ein Modell der demokratischen Planung auf der Grundlage einer aushandelnden Koordination [negotiated coordination] entwickelt, das eine Alternative sowohl zur Befehlsplanung als auch zum Marktsozialismus darstellt. Ich glaube, dass es im Gegensatz zu diesen mit einer sich selbst aktivierenden, selbstbestimmenden Gesellschaft vereinbar und für sie notwendig ist, ohne utopisch zu sein. Sie fördert und erfordert zu ihrer vollen Entfaltung die grundlegenden menschlichen Werte, für die Sozialisten und Kommunisten seit jeher stehen – Zusammenarbeit zwischen Gleichen, gegenseitige Achtung, Gemeinschaftssinn.

Aus der Diskussion dieses Kapitels über die Vergesellschaftung der Produktionskräfte und -verhältnisse ergeben sich drei Schlussfolgerungen, die ich besonders hervorheben möchte. Die erste ist, dass die längst überfällige Aufmerksamkeit für die zentrale Bedeutung der Demokratisierung im Vergesellschaftungsprozess nicht dazu führen sollte, dass wir die Bedeutung des öffentlichen oder gemeinsamen Aspekts des gesellschaftlichen Eigentums aus den Augen verlieren. Es ist dieser Aspekt des gesellschaftlichen Eigentums, der eine gesamtgesellschaftliche Planung, d. h. bewusste Entscheidungen über die Gesamtnutzung der Ressourcen, ermöglicht. […]

Die zweite Schlussfolgerung hängt mit der ersten zusammen. Es besteht die reale Gefahr, dass die abschreckende Erfahrung des Stalinismus und die ernüchternde Erfahrung der Sozialdemokratie dazu führen, dass die Prioritäten und Werte, die das sozialistische/kommunistische Projekt revolutionär und lohnenswert machen, aus dem Blickfeld geraten und nicht mehr im Mittelpunkt stehen. Ironischerweise scheint ein Pessimismus nicht nur des Intellekts, sondern auch des Willens um sich gegriffen zu haben. Es scheint, als ob das reaktionäre Argument, dass man die menschliche Natur nicht ändern kann, doch gesiegt hat, diesmal im Gewand eines hartgesottenen, postfundamentalistischen, post-utopischen Realismus. Ich glaube nach wie vor, dass eine Gesellschaft möglich ist, in der »der Gegensatz zwischen geistiger und körperlicher Arbeit verschwunden ist« (Marx). Deshalb halte ich Bahros Projekt der Aufhebung der gesellschaftlichen Arbeitsteilung für historisch so grundlegend wichtig.

Drittens ist es aber sicherlich wichtig, realistisch zu sein. Deshalb messe ich dem Prozess und der transformatorischen Praxis so große Bedeutung bei. Der

Appell an den Realismus kann entweder konservativ oder revolutionär sein. Konservativer Realismus geht von der Art und Weise aus, wie die Menschen zu einem bestimmten Zeitpunkt sind, und nimmt an, dass sie immer so sein werden. Daher der Appell von Nove an die »Erbsünde« (Nove 1983). Der revolutionäre Realismus weist einen Pessimismus des Intellekts auf, indem er von einer unromantischen Sicht der Menschen ausgeht, und einen Optimismus des Willens, indem er glaubt, dass die Menschen sich ändern können: »Aber es kommt alles darauf an, ob ein solcher Realismus fatalistisch und damit apologetisch, oder kritisch und damit revolutionär ansetzt. Kritisch und revolutionär kann dieser Realismus nur sein, wenn er die Herrschaft der alten Arbeitsteilung weder als unabänderliches Fatum noch ihre Überwindung als Aufgabe ungeborener Generationen ansieht.« (Bahro,[99] S. 207).

Die Aufgabe der heutigen Generation besteht darin, der Versuchung einer bequemen Eingliederung in den neurechten Realismus zu widerstehen und einen autonomen, historisch verorteten revolutionären Realismus durchzusetzen. Um revolutionär zu sein, muss der Realismus transformatorisch sein, um Realismus zu sein. Die Herausforderung für die heutige Generation ist, ob »genügend von uns vernünftigerweise glauben können, dass eine neue menschliche Ordnung ernsthaft möglich ist« (Williams 1980, S. 3). [...]

[Ich habe] argumentiert, dass die politische und wirtschaftliche Demokratie zusammen mit der Planung und der Aufhebung der gesellschaftlichen Arbeitsteilung notwendige Bedingungen für die Vergesellschaftung der Produktionsmittel sind. Ich habe auch den Begriff Volkskontrolle [popular control] verwendet, um zu betonen, wie wichtig es ist, dass die demokratische Kontrolle real und nicht nur formal ist und dass sie alle und nicht nur die politisch Aktiven einbezieht. Mein Ziel ist eine Gesellschaft von Menschen, die sich selbst aktivieren, die sich selbst verwalten und die individuell und kollektiv über ihr Leben bestimmen. Eine solche Gesellschaft muss per Definition demokratisch sein. [...]

Damit die Demokratie nicht nur formal, sondern auch real ist, müssen die Menschen an den Entscheidungen, die sie betreffen, mitwirken und diese umsetzen. Wo immer möglich, sollte diese Beteiligung direkt erfolgen. Im Allgemeinen ist es für die Menschen einfacher, sich das Wissen anzueignen und die Fähigkeiten zu entwickeln, die für eine wirksame Beteiligung in Bezug auf ihr unmittelbares, kleinräumiges, lokales Umfeld erforderlich sind, wie von den Befürwortern der Entwicklungsdemokratie seit langem argumentiert wird. Dies spricht für eine Dezentralisierung. Eine Dezentralisierung ist jedoch nicht immer möglich oder wünschenswert. Einige Entscheidungen müssen

99 Alle Zitate nach Bahro 1977, Die Alternative – Zur Kritik des real existierenden Sozialismus

auf gesamtgesellschaftlicher Ebene oder auf Zwischenebenen getroffen und umgesetzt werden. Das Prinzip der Partizipation bleibt gültig, aber in diesen Fällen kann es sich nur um eine indirekte Partizipation handeln. [...]

Die in Kapitel 5 behandelte Vergesellschaftung der Produktionsmittel, die in Kapitel 6 behandelte voll entwickelte politische und wirtschaftliche Demokratie und Selbstverwaltung und die in diesem Kapitel behandelte Abschaffung der gesellschaftlichen Arbeitsteilung sind drei verschiedene Aspekte desselben Ziels – Selbstbestimmung durch selbsttätige Subjekte in einer selbstverwalteten Gesellschaft. Jeder Aspekt wird als Teil des Prozesses betrachtet, in dessen Verlauf die Menschen, individuell und kollektiv, immer mehr Kontrolle über ihr Leben gewinnen und zunehmend in der Lage sind, bewusste, informierte und effektive Entscheidungen darüber zu treffen, wie sie leben wollen. Selbstbestimmung hat sowohl einen objektiven als auch einen subjektiven Aspekt, oder vielleicht besser gesagt, einen äußeren und einen inneren Aspekt. Sie beinhaltet die Fähigkeit, wirksame Entscheidungen über die Determinanten des äußeren Rahmens, in dem wir leben, zu treffen. Sie beinhaltet auch, dass wir uns der Determinanten unseres inneren Lebens, unserer Subjektivität, bewusst sind, sodass wir kollektiv und individuell den äußeren Rahmen so gestalten können, dass wir unsere menschlichen Möglichkeiten voll entfalten können.

Sowohl in kapitalistischen als auch in staatlich gelenkten Gesellschaften wird die zweite dieser Überlegungen durchweg ignoriert. Die Diskussion über die wirtschaftliche Organisation befasst sich mit der Produktion von Waren und Dienstleistungen. Es wird darüber gestritten, ob die Produktion gewinnorientiert oder nutzbringend sein soll, ob die Koordinierung *ex post* durch den Marktmechanismus oder *ex ante* durch Planung erfolgen soll, welche Form der wirtschaftlichen Organisation am effizientesten ist, um makroökonomische Stabilität, Wirtschaftswachstum, Innovation und Verbraucherzufriedenheit zu erreichen. Dies sind natürlich wichtige Fragen, aber sie sind nicht die wichtigste Frage. Letztlich geht es um den Zusammenhang zwischen wirtschaftlicher Tätigkeit und der Art von Menschen, die wir sind oder werden. Die Produktion von Waren und Dienstleistungen ist auch – und vor allem – die Produktion von Menschen.

Wenn die gesellschaftliche Arbeitsteilung aufgehoben werden soll, muss die Produktion so organisiert werden, dass alle Menschen im Laufe ihres Lebens an allen Kategorien gesellschaftlicher Tätigkeiten auf allen Ebenen der Funktionshierarchie teilnehmen können. Erforderlich ist eine Wirtschaft, die so geplant ist, dass jeder so viel Zeit wie möglich mit einer psychologisch produktiven, emanzipatorischen Tätigkeit verbringen kann, die einen Beitrag zu persönlichem Wachstum und Selbstentwicklung leistet. Bahro, den

Sozialismus-Kommunismus diskutierend, argumentiert, dass sich »die Ökonomie der individuellen Zeitpläne als entscheidender Durchgangspunkt der Planung [erweist]« (Bahro, S. 510). Seine Behauptung, der ich mich anschließe, lautet, dass das produktive Potenzial der Gesellschaft, das Niveau der Arbeitsproduktivität, es uns heute ermöglicht, der Entwicklung des menschlichen Potenzials, den Bedürfnissen der persönlichen Entwicklung, zunehmend Vorrang einzuräumen, wenn wir uns dafür entscheiden.

Dies würde bedeuten, dass sich die Wirtschaftsplanung immer mit der Art und Weise befasst, wie die Menschen ihre Zeit im Produktionsprozess verbringen, d. h. mit dem Erreichen einer Matrix produktiver Aktivitäten, die den Umfang der verfügbaren psychologisch produktiven Zeit maximiert. Wenn man den Anforderungen der menschlichen Entwicklung Priorität einräumt, hat das Auswirkungen darauf, was produziert wird, wie viel produziert wird und wie es produziert wird. Die Zusammensetzung der Produktion ist unterschiedlich, je nachdem, ob sie für kompensatorische oder emanzipatorische Zwecke verwendet wird. Ein höheres Niveau der Arbeitsproduktivität kann dazu genutzt werden, mehr zu produzieren oder den Zeitaufwand für psychologisch unproduktive Tätigkeiten zu verringern. Die Art der Technologie, die wir entwickeln wollen, und die Art der Arbeitsorganisation werden sich radikal ändern, wenn die menschliche Entwicklung zum vorrangigen Ziel wird.

Bahro schlägt eine Ökonomie der Zeit vor, die sich aus den Zeitbudgets der Individuen zusammensetzt. Ziel ist es, das gesellschaftliche Leben so zu strukturieren, dass der Zeitaufwand für psychisch unproduktive Tätigkeiten minimiert und der für psychisch produktive Tätigkeiten verfügbare Anteil maximiert wird. Dies ist nicht dasselbe wie die Reduzierung der gesellschaftlich notwendigen Arbeit auf ein Minimum. Manche Arbeit ist psychologisch produktiv und trägt zur persönlichen Entwicklung bei. In der Tat sind in den bestehenden Gesellschaften Menschen, die Freude und Befriedigung an ihrer Arbeit haben, höchst privilegiert und natürlich eine Minderheit. Erforderlich ist »vorrangig [eine] Verkürzung der psychologisch unproduktiven Arbeitszeit innerhalb der notwendigen Arbeitszeit« (Bahro, S. 495) und die Aufteilung sowohl der verbleibenden notwendigen unproduktiven Zeit als auch der dann verfügbaren Zeit für psychologisch produktive Tätigkeiten.

Es sollte offensichtlich sein, aber es sollte dennoch betont werden, dass eine Gesellschaft, in der die Zeit, die den Menschen für psychologisch produktive Aktivitäten zur Verfügung steht, bei der Arbeit und im Leben insgesamt maximiert wird, nicht bedeutet, dass die Menschen gezwungen wären, Aktivitäten nach einem vorgeschriebenen Muster zu unternehmen. Es bedeutet, dass wir alle die Möglichkeit haben, so viel Zeit wie möglich für die von uns gewählten psychologisch produktiven Tätigkeiten zu verwenden. Damit dies möglich ist, müssen wir alle Zugang zu den notwendigen Ressourcen haben, was Planung erfordert. Innere Ressource ist unsere Subjektivität, ein autonomes, sich selbst aktivierendes Bewusstsein. Die äußere Ressource ist der Zugang zu den verschiedenen Kategorien der psychologisch produktiven Tätigkeit. Wenn wir gemeinsam die Gesellschaft so planen, dass diese Ressourcen jedem von uns zur Verfügung stehen, damit er sie nutzen kann, wenn er es will, liegt der Rest in unserer Hand.

Auch wenn dies noch in weiter Ferne zu liegen scheint, ist das Prinzip der kollektiven Verantwortung für die Bereitstellung der für die Selbstentwicklung der Menschen notwendigen Ressourcen längst akzeptiert. Die Struktur der allgemeinen und beruflichen Bildung, das Angebot an Fort- und Weiterbildung und Umschulung, das Konzept der beruflichen Entwicklung – all dies ist eine Anerkennung dieses Prinzips. In den bestehenden Gesellschaften werden das Prinzip und seine Anwendung jedoch durch die unhinterfragte Akzeptanz der gesellschaftlichen Arbeitsteilung konterkariert. Die soziale Versorgung und die Menschen werden nach den Erfordernissen der Wirtschaft gestaltet, anstatt dass die Wirtschaft und die soziale Versorgung nach den Bedürfnissen der Menschen gestaltet werden. Die Wirtschaft ist auf der Grundlage von Zwang durch Marktkräfte oder staatliche Lenkung organisiert, wobei die Menschen als Objekte behandelt werden, die im Prozess der Produktion anderer Objekte – der Waren und Dienstleistungen, die die Wirtschaftsleistung ausmachen – manipuliert werden.

Erforderlich ist vielmehr ein Wirtschaftssystem, das das Ziel der Selbstbestimmung durch selbsttätige Subjekte in einer selbstverwalteten Gesellschaft fördert. In Teil IV wird ein Modell der demokratischen Planung entwickelt, das mit diesem Ziel in Einklang steht. Das Modell basiert auf dem Konzept der aushandelnden Koordination. Im Gegensatz zur Koordinierung durch den Zwang der Marktkräfte oder der staatlichen Lenkung erfordert die aushandelnde Koordination, dass sich die Menschen bewusst mit ihrer gegenseitigen Abhängigkeit und den Folgen ihres Handelns für andere auseinandersetzen. Sie ermutigt die Menschen, über ihre Partikularinteressen hinauszugehen und auch die Situation der anderen zu berücksichtigen. Er fördert die Zusammenarbeit auf der Grundlage von Gleichheit, gegenseitigem Respekt und Gemeinschaftssinn. In diesem Sinne ist der Prozess der aushandelnden Koordination potenziell transformativ. Er beinhaltet eine Dynamik, einen Impuls, hin zu einer Situation, in der die Menschen die Verantwortung für die sie betreffenden Entscheidungen übernehmen. Ich glaube, dass demokratische Planung durch aushandelnde Koordination die Form der wirtschaftlichen Organisation ist, die am besten mit einer Gesellschaft vereinbar ist, in der »die menschlichen Subjekte der Entscheidungsfindung mit ihren Objekten identisch sind« (Holesovsky 1977) – mit anderen Worten, eine sich selbst verwaltende Gesellschaft, der Kommunismus. [...]

Das in den nächsten drei Kapiteln entwickelte Modell der demokratischen Planung ist eines, bei dem die Planung die Form eines politischen Prozesses der aushandelnden Koordination annimmt, bei dem Entscheidungen direkt oder indirekt von denjenigen getroffen und umgesetzt werden, die von ihnen betroffen sind. An die Stelle von Zwangskoordination, sei es durch Weisung von oben oder durch den Druck der Marktkräfte, treten bewusste Interaktion und Aushandlung. Dies bietet den Beteiligten die Möglichkeit, ihre Wahrnehmungen und ihr Verhalten im Lichte eines detaillierten Bewusstseins der Art und Weise zu ändern, in der ihre eigenen Interessen mit denen der anderen zusammenhängen. So werden Interessenkonflikte zwar nicht weggewünscht, aber der Prozess beinhaltet eine transformatorische Dynamik, bei der Partikularinteressen im Verhältnis zueinander betrachtet und auf jeder Entscheidungsebene in ein sozial konstruiertes Allgemeininteresse integriert werden. [...]

[Das Modell] geht von einer demokratischen Gesellschaft aus, in der die Menschen durch eine Vielzahl von Selbstverwaltungs- und Vertretungsorganen mitwirken, wobei die Entscheidungsfindung sowohl funktional als auch vertikal so weit wie möglich dezentralisiert ist. Nationale, regionale und lokale repräsentative Versammlungen, die in einem Kontext des politischen Parteienpluralismus demokratisch gewählt werden, verfügen über die höchste politische Macht. Die Zivilgesellschaft ist bevölkert von autonomen, selbstverwalteten Interessen- und Sachgruppen, die sich in Interessenkammern zusammenschließen. Die kollektiv erbrachten Dienste werden von funktionalen, möglichst vertikal dezentralisierten sozialen Einrichtungen organisiert, die ihre Aktivitäten durch Verhandlungen koordinieren. Wirtschaftliche Tätigkeiten aller Art werden von Produktionseinheiten ausgeübt, deren Leitungsorgane aus Vertretern aller von ihren Tätigkeiten Betroffenen bestehen. Die Produktionseinheiten sind intern auf der Grundlage der Selbstverwaltung organisiert.

Grundlegende gesellschaftliche Prioritäten und Änderungen der strategischen Ausrichtung werden im Rahmen eines demokratischen politischen Prozesses auf der Grundlage alternativer Planvarianten entschieden, die von der nationalen Planungskommission ausgearbeitet werden. Diese Prioritäten und strategischen Entscheidungen bestimmen die geplante Gesamtverteilung der verfügbaren Ressourcen auf die verschiedenen Verwendungszwecke und damit die geplante Verteilung der Kaufkraft in der Wirtschaft. Sie sind auch die

Grundlage für die Festlegung der Preise der Primärinputs, die von den Produktionseinheiten bei der Festlegung ihrer Preise in Höhe der langfristigen Kosten verwendet werden. Die Planungskommission ist für die großen Investitionen, die sektorale Koordinierung und die regionale Verteilung zuständig. Ein ähnlicher Prozess findet auf regionaler und lokaler Ebene statt.

Die Produktionseinheiten befriedigen die Nachfrage der Kunden, die im Allgemeinen die Anbieterwahl haben. Vor allem in dieser Phase unterscheidet sich das Modell der aushandelnden Koordination von der Koordinierung durch die atomistische Reaktion autarker Produktionseinheiten auf die Marktkräfte, unabhängig davon, ob diese reguliert sind oder nicht. Das Nachfragemuster spiegelt die gewünschte Struktur der Produktionskapazitäten wider, wie sie durch die Entscheidungen über die Gesamtverteilung zwischen alternativen Verwendungen und die detaillierten Entscheidungen der sozialen Einrichtungen und Individuen bestimmt wird. Die gewünschte Struktur und die bestehende Struktur stimmen nur in einem stabilen Zustand überein. In der Realität werden einige Produktionszweige schrumpfen und andere expandieren müssen. Darüber hinaus kann innerhalb eines bestimmten Produktionszweigs die Produktion einiger Produktionseinheiten gegenüber der anderer bevorzugt werden, sodass es auf den *ersten Blick sinnvoll sein kann*, dass einige Einheiten expandieren und andere schrumpfen. Die Koordinierung wirtschaftlicher Entscheidungen wird erst dann wirklich zum Thema, wenn sich die Dinge ändern, wenn Ressourcen umverteilt werden müssen und Kapazitäten durch Investitionen oder Desinvestitionen erweitert oder verringert werden müssen.

Um das Argument aus Kapitel 1 noch einmal aufzugreifen: »Die Wirtschaftsplanung besteht im Wesentlichen aus dem Versuch, eine koordinierte Reihe von Investitionsentscheidungen *ex ante* zu treffen, d. h. vor der Bindung von Ressourcen an bestimmte Bauprojekte oder Anlagen« (Dobb 1960, S. 5). Im Modell der aushandelnden Koordination wird unterschieden zwischen der Nutzung bestehender Kapazitäten, die von den Produktionseinheiten als Reaktion auf die aktuelle Nachfrage beschlossen wird, und Kapazitätsänderungen, die von Koordinations- und Verhandlungsgremien [negotiated coordination bodies] beschlossen werden, die alle Produktionseinheiten in einem bestimmten Produktionszweig umfassen. Änderungen der Produktionskapazität betreffen die Beschäftigten in den betreffenden Produktionseinheiten und in voneinander abhängigen Produktionseinheiten, die Bewohner der Gemeinden, in denen diese Einheiten angesiedelt sind, die Kunden und in der Regel auch die Anliegen einiger Interessen- und Anspruchsgruppen. Alle sind an der Entscheidungsfindung beteiligt.

Koordinations- und Verhandlungsgremien für jeden Produktionszweig, die alle von den Tätigkeiten der betreffenden Produktionseinheiten Betroffenen vertreten, würden versuchen, eine Reihe von Investitionsentscheidungen für ihren Produktionszweig einvernehmlich zu treffen. Sie würden sowohl die sich ändernden Nachfragemuster als auch die besonderen Umstände und Interessen der Produktionseinheiten, Gemeinden und anderer betroffener Gruppen berücksichtigen. Ihre Tätigkeit wäre somit ein zentraler Bestandteil der sozialen Konstruktion dessen, was als gesellschaftlich nützliche Produktionstätigkeit gelten soll. In diesem Zusammenhang würden sie den Auswirkungen ihrer Entscheidungen auf die Verteilung der psychologisch produktiven Tätigkeiten besondere Aufmerksamkeit widmen. Ein vergleichbarer Prozess wäre für die Koordinierung von Investitionsentscheidungen innerhalb von Sektoren erforderlich, in denen die Interdependenz zwischen Produktionszweigen besonders ausgeprägt sein dürfte. [...]

Die nationalen und regionalen Planungskommissionen, die Koordinations- und Verhandlungsgremien und die Produktionseinheiten interagieren miteinander, um die koordinierten Investitionsentscheidungen auszuhandeln, die die Wirtschaftsplanung ausmachen. [...]

Entscheidungen über soziale Prioritäten sind zwangsläufig politische Entscheidungen. In einer Planwirtschaft [planned economy] bestimmen diese Entscheidungen die gewünschte Struktur der Gesamtressourcenallokation und die gewünschte strategische Entwicklungsrichtung der Wirtschaft. Auf nationaler Ebene können nur sehr allgemeine Prioritäten festgelegt werden. [...]

Damit eine echte Wahl auf dieser Ebene möglich ist, muss sich der demokratische Prozess auf eine begrenzte Anzahl von Alternativen konzentrieren, die jeweils aus einer Reihe realisierbarer Ziele bestehen, aber von unterschiedlichen Werten oder unterschiedlich gewichteten Werten geprägt sind. Solche Planvarianten würden von der nationalen Planungskommission auf der Grundlage von Leitlinien der nationalen Interessenvertretung, der Kenntnis der wichtigsten Diskussions- und Streitpunkte in der Gesellschaft zum jeweiligen Zeitpunkt und der Schätzung der verfügbaren Produktionskapazitäten ausgearbeitet. Auf diese Weise würden die Planvarianten auf den in der öffentlichen Diskussion vertretenen Hauptpositionen beruhen, während die öffentliche Diskussion durch das Bewusstsein für das Mögliche und die Auswirkungen unterschiedlicher Prioritäten, wie sie in den Planvarianten dargelegt werden, geschärft werden würde.

Pat Devine: »Democracy and economic planning«, Cambridge: Polity Press, 1988.

Paul Cockshott/Allin Cottrell
Alternativen aus dem Rechner (1993)

Arbeit, Zeit und Computer

Die jährliche Arbeitsleistung einer jeden Nation ist der Fundus, auf dem alle lebensnotwendigen Erfordernisse und Annehmlichkeiten des Lebens beruhen, die jährlich konsumiert werden. (Adam Smith, Reichtum der Nationen)

In diesem Kapitel legen wir dar, dass die volkswirtschaftlichen Berechnungen auf einer Zeitrechnung basieren sollten, nämlich auf der Arbeitszeit. Dies dient nicht nur der sozialen Gerechtigkeit, sondern gleichermaßen dem technischen Fortschritt. Wir wollen aufzeigen, dass ein System von Kostenelementen, dargestellt in Ausdrücken von Arbeitszeit, nicht nur eine schöne Idee ist, sondern auch bei einer Rechnersimulation praktisch angewendet werden kann. Bei diesem Prozess führen wir den Leser in bestimmte Konzepte von Rechenmethoden ein, die für die Organisierung einer Volkswirtschaft relevant sind.

Im letzten Kapitel haben wir gezeigt, dass, wenn die Menschen durch Arbeitsgutscheine bezahlt würden, also für jede geleistete Arbeitsstunde einen Arbeitsgutschein erhielten, die Ausbeutung abgeschafft wäre. Dieser große soziale Gewinn wäre allein schon eine Rechtfertigung für die Übernahme von Arbeitsgutscheinen. In der Tat war dies die klassische Rechtfertigung für den Sozialismus, der die Lohnsklaverei abschafft und den Arbeitern die Früchte ihrer Arbeit zurückgibt. Solche Gerechtigkeit und Fairness sind nicht die einzigen Vorteile dieser volkswirtschaftlichen Gesamtrechnung, sie unterstützt auch den technischen Fortschritt.

Die Lebenszeit eines Menschen ist sehr begrenzt. Die Menge (an Produkten und Dienstleistungen), die die Menschen während ihrer Lebenszeit produzieren können, ist ein Maßstab für den Reichtum ihrer Gesellschaft. Der Reichtum hängt davon ab, wie viel Zeit ihres Lebens sie aufwenden müssen, um die Sachen herzustellen, die sie begehren oder benötigen. Unser Kulturfortschritt ist durch die Zeitökonomie bestimmt. Je größer der Zeitaufwand und die Anstrengung, die eine Gesellschaft aufbringen muss, um die notwendigen Dinge oder Dienstleistungen zu erzeugen, desto ärmer wird sie sein und um so weniger vermag sie die Annehmlichkeiten, die Künste und die Kultur, das, was wir unter dem Begriff Zivilisation verstehen, hervorzubringen. So ist jeder frühzeitige Einsatz von arbeitszeitsparenden Maschinen eine wirtschaftlichere Nutzung der Zeit. Wie die Erfahrung der letzten zwei Jahrhunderte zeigt, ist dies der tiefere Grund für den wachsenden Wohlstand der Industrienationen. [...]

Objektive Sozialkostenrechnung

Der Markt versorgt die Unternehmen mit Preisinformationen, auf deren Basis die Firmen ihre Kosten kalkulieren können. Daraus ergibt sich für die Unternehmen eine Art rationaler Basis für die Entscheidung darüber, welche Produktionsmethode als die scheinbar billigste ausgewählt wird, wenngleich diese Vorgehensweise systematisch solche Methoden befördert, die Arbeit verschwenden. Um eine objektivere Quelle für die Kostendaten zu bekommen, ist ein System von Datenerhebung erforderlich, das unabhängig vom Markt ist. Hier kommt die Computertechnik ins Spiel. Benötigt wird ein rechnergestütztes Informationssystem, das den Produktions- und Verfahrensingenieuren unvoreingenommene Kostenschätzungen für die Arbeitszeit bei verschiedenen Produktionsverfahren liefert.

Marktpreise werden in den kapitalistischen Ländern als Kostenindikator benutzt, aber sie haben einen gewissen willkürlichen Charakter. Ein Kunstmaler stirbt in Armut, aber einige Jahrzehnte später werden seine Bilder für Millionen Euro gehandelt. Eine plötzliche Panik trifft die Börse; in wenigen Stunden werden Milliarden von Aktiennotierungen ausgelöscht. Bauern vernichten die Ernte, weil die Preise zu niedrig sind. Geht man durch die Armenviertel englischer oder US-amerikanischer Städte, so sieht man bedrückte Gesichter und verkümmerte Gestalten von Menschen, für die ein Essen zu teuer ist.

Marktpreise sind der Spielball von Angebot und Nachfrage. Die Nachfrage hängt nicht davon ab, was die Menschen brauchen, sondern davon, was sie bezahlen können oder wollen. Das bedeutet, dass die Nachfrage von der Verteilung des Reichtums, von Launen und der Mode beeinflusst wird. Angebot ist der Gegenstand eines mehr irdischen Zwanges, nämlich der Ressourcen, die zur Fertigung der Produkte benötigt werden. Ein neues Bild von van Gogh erfordert den Maler selber. Wo ist er? Das Angebot von Originalgemälden von van Gogh kann sich nicht vergrößern. Ihre Preise, Merkmale subjektiver Launen, sind jenseits von Vernarrtheit und Eitelkeit der Reichen grenzenlos.

Das Angebot von Tomaten ist abhängig von der Arbeit, dem Land, der Sonne, dem Wasser, den Gewächshäusern, Öl, usw. Ihre Produktionskosten sind gegeben durch den Stand der Agrikulturtechnik und durch die Kosten für die erforderlichen Einsatzmaterialien. Ihr Angebot ist Gegenstand von objektiven Zwängen, die ihren Preisen Schranken setzt.

Wir können niemals auf einen rationalen Bewertungsmaßstab für die gegenwärtigen Kosten eines Gemäldes von Leonardo hoffen, aber eine sozialistische

Volkswirtschaft sollte einige Maßstäbe haben, um die tatsächlichen Kosten für verschiedene Produkte zu ermitteln. Wir könnten im Prinzip die Kosten in Größen der benutzten Ressourcen messen. In einer industriellen Ökonomie könnte man vernünftige Preise für Güter durch Energieeinheiten ausdrücken, die zur Herstellung erforderlich sind. Wenn die Gesellschaft den Zwängen zu einem rücksichtsloseren Energieverbrauch entgegentreten würde, könnte das – vielleicht aus Umweltgründen – ein guter Weg sein, um die Dinge zu auszupreisen. Wir schlagen vor, die Arbeitszeit als Basiseinheit für die Berechnung zu benutzen, weil wir denken, dass die Gesellschaft aus Menschen besteht und es schließlich von Belang ist, wie viel Zeit den Menschen in ihrem Leben außerhalb der Arbeitszeit verbleibt. Das ist wichtiger als eine beliebige natürliche Ressource. [...].

Bestimmung des Arbeitsinhalts

Um die Kosten der Güter in Ausdrücken von Arbeitszeit zu kalkulieren, ist es erforderlich, den Arbeitsinhalt einer Ware zu bestimmen. Wenn wir den Arbeitsinhalt für eine Tomate wissen wollen, würde es nicht so einfach sein, nur die Zeit zu messen, die der Farmer zum Pflanzen und Pflücken braucht. Wir müssen in der Berechnung auch die indirekte Arbeit berücksichtigen: Die Arbeit der Personen, die das Gewächshaus aufgebaut haben, in dem die Tomate wächst, die Arbeit der Arbeiter in der Ölverarbeitung, die das Heizöl für das Gewächshaus produziert haben, usw. Dies erscheint ein Kreislaufproblem zu erzeugen: Um den Arbeitsinhalt von jeder Ware zu wissen, brauchen wir den Arbeitsinhalt weiterer Güter.

Um die komplexen Abhängigkeiten zu behandeln, benötigen wir die bekannten Input-Output-Tabellen, die aufzeigen, wie der Output der Industrien als Input für andere Industrien benutzt wird. In dem Beispiel, das in der Tabelle 3.2 angegeben ist, braucht die Nahrungsmittelindustrie 2000 Barrel Öl und beschäftigt dabei 2000 Arbeiter, um 40.000 Brotlaibe herzustellen. Die Ölindustrie beschäftigt 1000 Arbeiter und verwendet 500 Barrel Öl, um 3000 Barrel Öl pro Woche herzustellen. Dieser kleine Wirtschaftszweig hat einen Nettooutput von 40.000 Brotlaiben und 500 Barrel Öl, die an die 3000 Beschäftigten als Lebensmittel und Brennstoff zu verteilen sind.

Die Beziehungen, die in der Tabelle 3.2 aufgezeigt werden, können dazu benutzt werden, die Arbeitsinhalte von Öl und Brot zu berechnen. Wir betrachten zuerst das Brot. Wir wollen herauszufinden, wie hoch die Arbeitszeit, ausgedrückt in Mannwochen, ist, um ein Brot herzustellen. Eine Person, die eine Woche lang arbeitet, erzeugt den Wert einer Mannwoche.

Tabelle 3.2 Ein einfaches Input-Output System

Industrie	Input		Bruttooutput
	Arbeiter	Öl	
Brotproduktion	2000	2000	40.000 Laibe
Ölproduktion	1000	500	3000 Barrel
Insgesamt	3000	2500	
Nettooutput			
Brot			40.000 Laibe
Öl			500 Barrel

Wir entnehmen der Tabelle: Wert von 40.000 Broten = 2000 Mannwochen + 2000 · Barrelpreis des Öls. (3.1)

Das heißt, der gesamte Arbeitswert der Brotproduktion ist gleich der direkten (lebendigen) Arbeit in diesem Bereich plus der gesamten indirekten (toten) Arbeit, ausgedrückt durch den Input an Öl. Die Gleichung (3.1) kann so umgeschrieben werden, dass der Brotwert in Mannwochen durch

Brotwert = (2000 + 2000 · Ölwert)/40.000 = (1 + Ölpreis)/20 (3.2) ausgedrückt werden kann. Demgemäß können wir, wenn wir den Ölwert, dargestellt in der Arbeitsmenge, kennen, auch den Brotwert in Arbeitseinheiten angeben. Aus der Tabelle ersehen wir, dass

Wert der 3000 Barrel Öl = 1000 Mannwochen + Wert der 500 Barrel Öl (3.3) ist. Folglich müssen 2500 Barrel den 1000 Mannwochen entsprechen. Ein Barrel hat dann den Wert von 0,4 oder 2/5 Mannwochen. Benutzt man jetzt das Ergebnis aus (3.3), so kann nun der Wert eines Brotes berechnet werden:

Brotwert = 1,40/20 = 0,07 Mannwochen

So haben wir als Endergebnis, dass die Arbeitswerte eines Brotlaibes bzw. eines Barrels Öl 0,07 bzw. 0,4 sind.

Das Größenordnungsproblem

In seinem Buch *The Economics of Feasable Socialism* (1983) unterstreicht Alec Nove die Wichtigkeit der unverfälschten Skalierung der modernen Wirtschaft. Er sagte, dass die sowjetische Wirtschaft ungefähr 12 Millionen verschiedene Produktentypen umfasste und zitierte die Abschätzung von O. Antonov, wonach die Aufstellung eines kompletten und ausgeglichenen Plans für die Ukraine die Arbeit der gesamten Weltbevölkerung über einen Zeitraum von zehn Millionen Jahren erfordern würde.

Dasselbe Argument könnte man für die Berechnung von Arbeitswerten geltend machen. Es ist leicht, die Gleichungen unseres einfachen Beispiels einer Input-Output-Tabelle aufzulösen. Eine ganz andere Sache ist es, ein lineares Gleichungssystem mit 12 Millionen Unbekannten zu lösen. Aber es reicht nicht zu sagen, dass die Berechnung der Arbeitszeiten für eine große Volkswirtschaft komplex ist, sondern man muss wissen, wie komplex sie ist. Die Abschätzungen von Nove erwecken den Eindruck, dass die Komplexität riesengroß und praktisch nicht zu bewältigen sei. Jede weitere Diskussion scheint damit ausgeschlossen. (Wir weisen hier darauf hin, dass Nove mit seiner Auffassung nicht alleine dasteht. Solche Art von Argumenten sind gängige Praxis unter den Gegnern des Sozialismus. Wir führen Nove nur an, um zu zeigen, dass auch linksorientierte Ökonomen dazu neigen, vor der Komplexität einer sozialistischen Planung zu kapitulieren.) Aber was wir brauchen, sind Gesetzmäßigkeiten für die Rechenzeit von Berechnungen der Arbeitswerte für Volkswirtschaften von unterschiedlichem Komplexitätsgrad. Es dürfte unmöglich sein, mit manuellen Methoden solch einen Plan zu erstellen (oder die Arbeitszeiten zu ermitteln), aber daraus folgt nicht, dass dies auch mit Hilfe eines Rechners unmöglich sei. Um dies entscheiden zu können, müssen wir quantitative Beziehungen zwischen der Größenordnung der zu planenden Volkswirtschaft und der Rechenzeit, die dazu erforderlich ist, ermitteln. Die Zeit, die benötigt wird, um die Berechnungen durchzuführen, wird in der Komplexitätstheorie, einem Teilgebiet der Computerwissenschaften, näher untersucht. [...]

Das Internet und die Arbeitswerte

Beim Gebrauch heutiger Supercomputer ist die Berechnung der Arbeitszeiten für eine ganze Volkswirtschaft in nur wenigen Minuten machbar. Diese Computer sind teuer, aber nicht unerschwinglich. Sie werden schon als Internet-Server und in der wissenschaftlichen Forschung eingesetzt. Kurz bevor die UdSSR die volkswirtschaftliche Planung aufgab, hatte sie im Rahmen einiger Projekte begonnen, ähnliche Supercomputer zu entwickeln. Aber es ist wohl eher unwahrscheinlich, dass einige dieser Computer in Serienfertigung gingen (siehe Wolcott und Goodman, 1988).

Die aktuelle Berechnung der Arbeitswerte ist nur ein Teil des Problems. Die Gleichungen können nur von einem großen Server gelöst werden, falls die dazugehörigen Daten unbearbeitet sind. Die für die Sammlung und Verteilung der Daten erforderliche Technologie muss nicht teuer sein. Vier Komponenten werden gebraucht: ein öffentliches Telefonnetzwerk, eine Reihe von Internetzugängen, ein PC mit einem Modem (die momentanen Kosten liegen bei ein paar hundert Pfund Sterling) und ein allgemeines Artikelkennzeichnungssystem, wie es für den Einzelhandel entwickelt wurde. Die Artikelnummern können für alle marktgängigen Waren über einen Barcode eingelesen und angezeigt werden. Auch Länder mit bescheidenem industriellen Entwicklungsniveau verfügen über diese Einrichtungen.

Es ist gängige Praxis für alle Firmen, mit Ausnahmen der kleinsten, Kostenanalyse auf einem PC mit einem Tabellenkalkulationsprogramm zu betreiben. In unserem hypothetischen sozialistischen Wirtschaftsmodell benutzt jede Produktionsstätte solch ein Softwarepaket, um ein Modell seines Produktionsprozesses abzubilden. In dem Tabellenkalkulationsmodell würden folgende Daten abgespeichert werden: Wie viele Arbeitsstunden wurden in der letzten Woche gebraucht, was wurde sonst noch benötigt (Input) und wie war der Bruttoausstoß von Waren? Das Tabellenkalkulationsprogramm würde sehr schnell die Arbeitszeiten für die erzeugten Waren berechnen und ein aktuelles Bild über die Arbeitszeiten des benötigten Inputs geben. Das Werk könnte diese ermittelten Arbeitskosten dazu benutzen, um für sich zu entscheiden, welche Produktionsmethode die beste für die ganze Volkswirtschaft ist. [...]

Benutzt man dieses verteilte Kalkulationssystem in jeder Produktionsstätte, so ist die Veranschlagung der momentanen sozialen Arbeitskosten von Produktionsalternativen zwar nicht minutengenau, jedoch tagesgenau verfügbar. Das ist viel schneller als das, was eine kapitalistische Marktwirtschaft je erreichen kann, und schnell genug für alle praktischen Belange. [...]

Was wären Ziele erster Ordnung?

[...] Für eine bereits industrialisierte Wirtschaft schließen ökonomische Ziele, auf die eine sozialistische Planung gerichtet ist, indes die folgenden ein. (1) Ein allgemeiner Anstieg des kulturellen Niveaus und des Lebensstandards vor allem der Arbeiterklasse, solange eine ausgeprägte Arbeiterklasse noch existiert. Dies schließt die Ausdehnung, die Verbesserung der Qualität sozialer Versorgung ein (gesellschaftliche Konsumtion), die Entwicklung der Auswahl und Qualität von Konsumgütern, eine allgemeine Verkürzung der Arbeitszeit und Verlängerung der Freizeit und das Bestreben, die Arbeit selbst angenehmer und persönlich lohnend zu machen.

(2) Das Einschlagen eines langfristigen ressourcenschonenden Entwicklungsweges, d.h. eines ökonomischen Entwicklungsweges, der ökologische Zwänge berücksichtigt und lösbare Zukunftsprobleme, die den erschöpften Ressourcen oder der Umweltzerstörung geschuldet sind, nicht aufstaut.

(3) Eine Änderung der ökonomischen Struktur dahingehend, dass wirkliche ökonomische Geschlechtergleichheit durch fortschreitende Eliminierung patriarchalischer Formen der Ökonomie gesichert ist. Reduzierung von Klassen- und regionalen Unterschieden (und in weniger entwickelten Ökonomien die Unterschiede zwischen Stadt und Land).

Dies sind natürlich sehr allgemeine Ziele (obgleich sie spezifischer als typische ökonomische Ziele kapitalistischer Regierungen sind). Sie müssen im Laufe der Aufstellung des operativen Plans weiter spezifiziert werden. Der nächste Abschnitt untersucht verschiedene Aspekte dieses Prozesses.

Planungsebenen

Planentscheidungen können in drei Ebenen aufgeteilt werden: makroökonomische Planung, strategische Planung und detaillierte Produktionsplanung. Der Zusammenhang zwischen diesen Ebenen besteht in Folgendem.

Erstens setzt ein makroökonomischer Plan gewisse Parameter, die für die ökonomische Entwicklung im Zeitablauf bestimmend sind. Insbesondere betrifft dies die Aufgliederung der Gesamtproduktion (oder, wie wir es lieber ausdrücken würden, die Aufgliederung der Gesamtarbeitszeit) zwischen verschiedenen, hoch aggregierten Kategorien des Endverbrauchs. Wie viel der gesellschaftlichen Arbeit sollte der Produktion von Konsumgütern gewidmet sein? Wie viel der Versorgung mit gesellschaftlichen Gütern wie Gesundheit, Erziehung oder sozialisierte Kinderbetreuung? Wie viel der Akkumulation von Produktionsmitteln für die Erweiterung der zukünftigen Produktionskapazität? Und wie viel (wenn überhaupt) der Rückzahlung ausländischer Schulden oder dem Erwerb ausländischer Aktivposten? Ein makroökonomischer Plan muss diese Fragen beantworten. Er muss ebenso die Frage stellen, wie intensiv das vorgegebene Produktionspotenzial der Wirtschaft ausgenutzt werden soll. Die Antwort ist nicht notwendig: »maximal«, wenngleich dies in Kriegszeiten der Fall sein wird. Eine kapitalistische Regierung könnte z. B. entscheiden, zur Reduzierung der Inflationsrate die Nachfrage zu reduzieren und Arbeitslosigkeit zu erzeugen – dies ist makroökonomische Planung der einen Art. Eine sozialistische Planungsbehörde wird kein Interesse an der Erzeugung von Arbeitslosigkeit haben, aber gleichzeitig will sie auch nicht die Bevölkerung so hart wie möglich arbeiten lassen. Es gibt einen Zielkonflikt zwischen produktiver Arbeit und Freizeit, und die makroökonomischen Planer werden in dieser Hinsicht die Präferenzen der Leute in Rechnung stellen müssen, wenn sie berechnen, wie viel Arbeitszeit für die verschiedenen Verwendungen zur Verfügung steht.

Zweitens betrifft der strategische Plan die sich verändernde industrielle Struktur der Wirtschaft. Wenn soundsoviel an verfügbarer Arbeitszeit der öffentlichen Versorgung, soundsoviel den Konsumgütern und soundsoviel der Produktionsmittelproduktion gewidmet sind, welche bestimmten Sektoren mit welchen Technologien sollten dann entwickelt werden? Welche Arten von Gütern sollten importiert werden, weil sie anderswo billiger produziert werden können? Welche Industrien sollten auf lange Sicht eingestellt werden? Im Kontext einer strategischen Planung müssen Fragen wie die umweltmäßige Auswirkung verschiedener Industrien und Technologien und nach geeigneten Kriterien für die Bewertung möglicher Investitionsvorhaben gestellt werden.

Drittens betrifft die – sich innerhalb des durch den makroökonomischen und strategischen Plan bestimmten Rahmens bewegende – detaillierte Produktionsplanung die genaue Ressourcenverteilung: Welche spezifischen Arten von Gütern müssen in welcher Menge mit wie viel Arbeit und an welchen Orten produziert werden? Welche Produktionseinheiten müssen Inputs von welchen anderen erhalten? Und so weiter. [...]

Kapitalistische Regierungen sind bis zu einem gewissen Grad zu einer makroökonomischen und strategischen Industrieplanung in der Lage (von Kriegszeiten abgesehen nehmen sie eine detaillierte Produktionsplanung natürlich gar nicht erst in Angriff). Da diese aber keine Eigentumsrechte an den meisten Produktionsmitteln haben, ist ihre Möglichkeit zu planen begrenzt und hängt von der Kooperation der kapitalistischen Unternehmen und anderer privater Akteure ab. [...] Im Prinzip sollte sich eine sozialistische Regierung, die über Eigentumsrechte an den Produktionsmitteln verfügt, in einer viel besseren Position befinden, um eine kohärente und effektive makroökonomische und strategische Industrieplanung durchzuführen. Die Tatsache, dass solch eine Regierung die Macht hat, diese Aspekte der Ökonomie zu gestalten, garantiert natürlich noch nicht, dass von dieser Macht auch ein weiser Gebrauch gemacht wird. Aber wenn der Planungsprozess offen debattiert wird, demokratisch, wenn immer es möglich ist, und wenn er systematisch die besten Leistungen der wissenschaftlichen Gemeinschaft in Anspruch nimmt, gibt es einen guten Grund für die Hoffnung, dass die Resultate denen des kapitalistischen Marktes überlegen sind.

Paul Cockshott/Allin Cottrell: »Alternativen aus dem Rechner«, Köln: PapyRossa Verlag, 2012 (Originaltext 1993).